商用汽车空调检测与维修

主 编 覃京翎　冯　杰　殷振波

副主编 李春术　韦淇淋　温　华　梅　晶

参 编 黄　彧　岳全斌　孙雪峰　邱　旻
　　　　杨永贵　董志辉　覃志高

电子工业出版社
Publishing House of Electronics Industry
北京·BEIJING

内 容 简 介

本书以东风柳州汽车有限公司生产的商用汽车空调为例，采用基于任务导向的一体化教学模式编写而成。全书分为4个项目，主要内容包括商用汽车空调性能检测与维修、商用汽车手动空调检测与维修、商用汽车自动空调检测与维修和商用汽车驻车空调检测与维修。每个项目包含若干学习任务，各学习任务均以任务为导向并配有工作页，用于引导学生进行理论学习与实践操作。

本书可作为职业院校汽车维修类专业相关课程教材，也可作为汽车技术培训机构及汽车维修从业人员的参考用书。

未经许可，不得以任何方式复制或抄袭本书之部分或全部内容。
版权所有，侵权必究。

图书在版编目（CIP）数据

商用汽车空调检测与维修 / 覃京翎，冯杰，殷振波主编. —北京：电子工业出版社，2023.3
ISBN 978-7-121-44703-7

Ⅰ. ①商… Ⅱ. ①覃… ②冯… ③殷… Ⅲ. ①商用车辆－汽车空调－车辆检修－高等学校－教材 Ⅳ. ①U469

中国版本图书馆 CIP 数据核字（2022）第 241147 号

责任编辑：陈　虹
印　　刷：北京天宇星印刷厂
装　　订：北京天宇星印刷厂
出版发行：电子工业出版社
　　　　　北京市海淀区万寿路 173 信箱　邮编 100036
开　　本：787×1 092　1/16　印张：9.25　字数：340 千字　插页：32
版　　次：2023 年 3 月第 1 版
印　　次：2024 年 3 月第 2 次印刷
定　　价：42.00 元

凡所购买电子工业出版社图书有缺损问题，请向购买书店调换。若书店售缺，请与本社发行部联系，联系及邮购电话：（010）88254888，88258888。

质量投诉请发邮件至 zlts@phei.com.cn，盗版侵权举报请发邮件至 dbqq@phei.com.cn。
本书咨询联系方式：（010）88254470，chitty@phei.com.cn。

序——行程万里，未来可期

首先，很高兴能看到《商用汽车空调检测与维修》一书的正式出版，感谢编写团队增删推敲、数易其稿的辛勤工作！

其次，谨代表东风柳州汽车有限公司（以下简称"东风柳汽"）向本书的全球读者表示感谢，感谢你们对商用汽车和东风柳汽品牌一直以来的关注和支持！

东风柳汽自1954年创建以来，秉持"自立自强、为国为民"的初心，沐雨栉风，砥砺前行，发展至今，已成为具备年产10万辆商用汽车、40万辆乘用车生产能力的民族龙头企业。"乘龙"品牌更是成为商用汽车领域"皇冠上的明珠"，不仅在国内市场占据重要位置，还让世界看到了"柳州制造"的力量。

但可惜的是，在职教领域和出版领域，商用汽车却一直甚少涉及，职教人才培养和技术资料积累一直是行业痛点。在此感谢柳州城市职业学院教学团队，长期以来，我们校企双方在"乘龙"品牌全球服务体系建设中，特别是东风柳汽、柳州城市职业学院共建"中国—老挝鲁班工坊"合作中，逐步构建起了规范化的技术课程、实习实训和技能评价标准体系。正是前期双方团队大量细致、严谨的调研、交流、探讨和凝练，厚积薄发，才有了今天这本书的诞生。相信本书一定能给全球商用汽车行业的初学者、从业者带来帮助和启迪，也期待双方团队能再接再厉，成为中国商用汽车出版领域的开创者和引领者。

最后，致你们，也致我们——70载激荡岁月，行程万里，热血犹在。初心不改，笃志不怠。万山无阻，未来可期！

路在脚下，让我们一起"乘"风而行，"龙"行天下！

东风柳汽进出口总经理

程源

前　　言

随着"一带一路"倡议广泛赢得国际社会认同，越来越多的中国企业走出国门，进入全球中高端产业，企业对国内外商用汽车后市场的高素质技术技能人才需求也快速增长。为了助力中国企业和产品更快更好地"走出去"，职业院校协同企业将专业、课程、教材等标准"走出去"，实施国际交流与合作，充分实践了"企业走出去，职业教育伴随行动计划"，既为中国企业走向全球中高端产业提供了国际化人才支撑和智力支持，又加强了国际教育的交流与合作。

本教材是柳州城市职业学院（以下简称学院）与东风柳州汽车有限公司（地方龙头企业）、老挝职业院校、老挝企业四方协同合作共建中国—老挝"鲁班工坊"的建设成果，是在商用汽车后市场开展学历教育、员工培训、技术服务、科学研究等活动的重要教育资源，同时也是国际、国内现代学徒制人才培养模式改革的建设成果，是围绕首批现代学徒制试点项目建设过程，学院与东风柳汽联合培养具备国际竞争力的新工科人才实践中，校企共同开发的专业教材。

本教材以解决企业产品实际问题为原则，运用任务驱动、案例分析等教学模式编写，教材中所有中文的内容皆有与之相应的英文，有助我国职业教育课程、教材的国际交流。本教材具有以下主要特点：

（1）适用于理论教学与实训相结合的模块一体化教学模式，每个学习内容都将理论教学与实践训练内容相结合，将社会上已经实用化的教学结构纳入教材，实现理论与实践的有机结合，提高学生分析问题、解决问题的能力。

（2）配有对应英译版可作为教辅提供，既可满足国内教学使用，也可满足企业全球员工学习之需。

（3）有机融入了大量的图片，便于读者阅读和理解，为进一步深入学习打下了良好的基础。

本教材可作为中、高等职业院校汽车检测与维修技术类专业的教材用书及指导书，也可以供从事商用汽车维修行业或其他相关行业的国内外技术人员参考。本教材突出能力培养，注重实用原则，并配备了相应的工作页，以方便读者学习。

本教材由覃京翎（柳州城市职业学院）、冯杰（东风柳州汽车有限公司）和殷振波（柳州城市职业学院）任主编，由李春术（柳州城市职业学院）、韦淇淋（柳州城市职业学院）、温华（东风柳州汽车有限公司）和梅晶（湖北交通职业技术学院）任副主编，此外还有黄彧（柳州城市职业学院）、岳全斌（东风柳州汽车有限公司）、孙雪峰（东风柳州汽车有限公司）、邱旻（柳州城市职业学院）、杨永贵（柳州城市职业学院）、董志辉（柳州城市职业学院）、覃志高（柳州城市职业学院）参与了教材编写工作。

由于作者经验、水平有限，加之时间仓促，书中难免存在不足和缺陷，敬请广大读者批评指正。

目　录

项目一　商用汽车空调性能检测与维修 ·· 1
　　任务 1　送风装置性能检测与维修 ·· 1
　　任务 2　制冷装置性能检测与维修 ·· 10
　　任务 3　制冷装置泄漏检测与维修 ·· 21
　　任务 4　采暖装置检测与维修 ·· 30
　　任务 5　动力传递装置与管路检测与维修 ·· 34

项目二　商用汽车手动空调检测与维修 ·· 41
　　任务 1　送风异常故障检测与维修 ·· 41
　　任务 2　气流分配异常故障检测与维修 ·· 50
　　任务 3　制冷异常故障检测与维修 ·· 59
　　任务 4　暖风异常故障检测与维修 ·· 71

项目三　商用汽车自动空调检测与维修 ·· 77
　　任务 1　温度传感器信号异常故障检测与维修 ·· 77
　　任务 2　压缩机不工作故障检测与维修 ·· 86
　　任务 3　暖风水阀电机工作异常故障检测与维修 ······································ 92
　　任务 4　模式伺服电机工作异常故障检测与维修 ······································ 99
　　任务 5　鼓风机工作不正常故障检测与维修 ·· 104
　　任务 6　内外循环伺服电机故障检测与维修 ·· 112

项目四　商用汽车驻车空调检测与维修 ·· 117
　　任务 1　驻车空调使用与维护 ·· 117
　　任务 2　驻车空调压缩机工作异常检测与维修 ·· 122
　　任务 3　差速锁控制器故障检测与维修 ·· 128
　　任务 4　独立暖风系统故障诊断与维修 ·· 131

项目一　商用汽车空调性能检测与维修

空调，全称为空气调节器，一般是指将指定区域内的空气温度和湿度从自然状态调节到所需的人工状态，并保证其新鲜和洁净的装置。从空调的定义来看，空调的研究主体就是如何精确有效地将热量从一个空间转移至另一个空间。经过多年的发展，汽车空调技术已经广泛地应用于商用汽车领域，很大程度上改善了驾驶安全性和乘坐舒适性。正确地对空调装置进行使用、检查与维护，是充分发挥商用汽车空调系统的使用功能、提高其工作效率、降低其故障发生率的前提。作为一名商用汽车维修从业人员，应能够正确合理地操作商用汽车空调，按时对商用汽车空调系统进行检查，定期对其进行维护，以延长商用汽车空调的使用寿命。

本项目包括以下 5 个任务：
任务 1　送风装置性能检测与维修
任务 2　制冷装置性能检测与维修
任务 3　制冷装置泄漏检测与维修
任务 4　采暖装置检测与维修
任务 5　动力传递装置与管路检测与维修

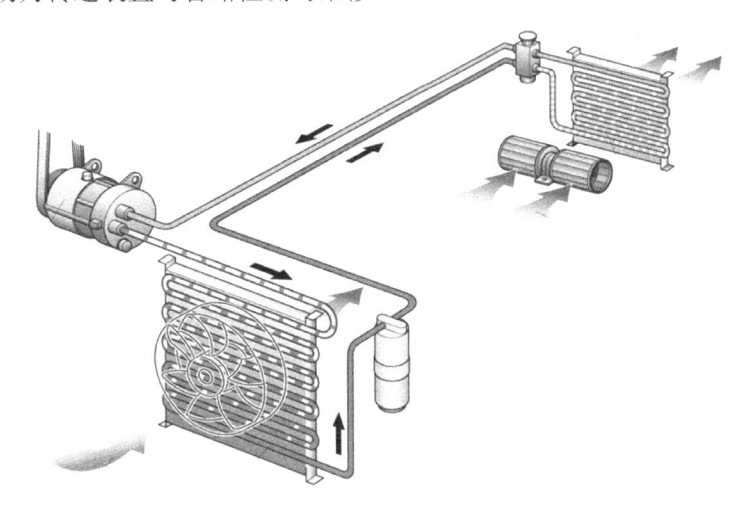

任务 1　送风装置性能检测与维修

学习目标

1. 能识别商用汽车空调送风装置各个部件。
2. 能检测商用汽车空调的送风性能。
3. 能检查、清洁与更换商用汽车空调滤清器。
4. 能通过风速仪检测送风装置性能，建立起标准检测的意识。

任务分析

车厢内的空气质量是车辆乘坐舒适性的重要保证。由于商用汽车车内空间小、乘员密度大，车内极易出现缺氧和二氧化碳浓度过高的情况。为此，商用汽车空调均设置了送风装置，以补充车外新鲜空气、过滤和净化车内空气并辅助制冷装置和采暖装置工作。良好的送风性能是商用汽车空调保持正常工作的重要条件之一，送风装置也是商用汽车空调检查与维护的主要内容之一。商用汽车维修人员需熟悉汽车空调的功能，掌握汽车空调送风装置的操作与检测方法，并能正确维护送风装置以保持送风性能的正常。

任务准备

一、汽车空调的功能

汽车空调，全称汽车空气调节系统，英文全称 Air Conditioner，简称 A/C。它是指在汽车封闭的空间内（车厢），对温度、湿度及空气清洁度进行调节控制的装置，主要有四个功能。

1．温度调节

温度调节是汽车空调最主要的功能。汽车空调制冷装置在夏季产生冷空气以降低车厢内温度，在冬季，汽车空调采暖装置产生暖空气以提高车厢内温度（某些大型商用汽车采用独立燃烧式加热器，其他车辆基本上采用发动机余热）。

2．湿度调节

在同样的温度下，湿度越大，人感到越热，因此车厢内的湿度一般应保持在30%～70%。普通汽车空调对湿度的调节方式是降低空气的湿度，即除湿。湿度的降低是通过车内空气中的水蒸气在蒸发器表面凝结成水，然后流出车外完成的。另外也可以通过使用通风装置或打开车窗靠车外空气来调节。

3．气流调节

空气流动（简称气流）的速度和方向对舒适性影响也很大。夏季温度较高时气流速度稍大，有利于人体散热降温，风速一般为 0.25m/s 左右。冬季温度低时气流速度大影响保温，风速一般为 0.15～0.20m/s。另外，空调出风口在布置时应让冷风吹到乘员头部（人体头部对冷比较敏感），暖风吹到乘员脚部（脚部对热比较敏感）。

4．空气净化

空气质量是车厢舒适性的重要保证。由于车内空间狭小，乘员较多，极易出现缺氧和二氧化碳浓度过高的情况。另外，汽车发动机废气中的一氧化碳和道路上的粉尘、野外的各类花粉进入车内，都会影响乘员的身体健康。因此，汽车空调都有补充车外新鲜空气、过滤和净化车内空气的功能。

二、汽车空调的组成

1．制冷装置

制冷装置通过对车内空气或外部进入车内的新鲜空气进行冷却和除湿，使车内空气凉爽而舒适，也使驾驶员保持警醒。制冷装置主要包括压缩机、冷凝器、储液干燥器、节流元件、蒸发器、散热风扇、管道、制冷剂等。

2．采暖装置

采暖装置通过发动机冷却液给车内空气或外部进入车内的新鲜空气加热实现取暖、除湿的效果，在冬天既可避免乘员过量着装，还可以给前、后风窗玻璃除霜、除雾。采暖装置由加热器芯、热水控制阀、水管、发动机冷却液等组成。

3．送风装置

送风装置的作用是控制车厢内空气的循环和流动方向，并净化车厢内空气。驾驶员可根据需要，使用外循环或内循环在控制气流流向的同时实现车内空气的转换，从而达到制冷、加热及通风的功效。送风装置包括鼓风机、空调滤清器、进风口、风门、风道及出风口。

4．控制装置

控制装置通过控制制冷装置的压力和温度，控制采暖装置的温度，控制送风装置的风量、流向，使车厢内保持适宜的温度、湿度、风速和风向。

三、汽车空调送风装置的功用

汽车空调送风装置的作用是净化车厢内的空气并向车厢内输送不同方向、不同风量的空气。汽车空调送风装置与制冷装置和采暖装置一起调节车内的温度和湿度，同时防止风窗玻璃起雾影响驾驶员视线。汽车空调的送风方式一般有自然通风、强制通风和综合通风三种。

1．自然通风

自然通风是利用车辆运动所产生的空气压力使车厢外部的空气通过进风口进入车厢内部，经车厢内的排气口流出车外，从而实现车内的通风换气，也称为动压通风。在车辆行驶时，进风口的部位产生正压力，排气口的部位产生负压力，从而使外部空气进入车内。进气口一般安装在离地间隙较高的产生正压力的部位，以免将汽车行驶时扬起的灰尘吸入车内。排气口一般设置在车尾产生负压力的部位，其面积较大，以提升排气效果。自然通风不消耗动力，结构简单，通风效果较好。

2．强制通风

强制通风进气口和排气口的位置与自然通风相同，它是使用鼓风机强制地将车外空气送入车厢内部进行通风换气的。强制通风装置一般与汽车采暖装置或制冷装置一起装备和使用，从而调节车厢内的温度、湿度和为挡风玻璃除雾。

3．综合通风

在一辆汽车上同时采用自然通风和强制通风两种方式称为综合通风。综合通风装置的经济性好，运行成本低，如在春秋季节时，用自然通风导入凉爽的车外空气，以取代制冷装置工作，同样可以保证舒适性要求，是当前商用汽车空调主要采用的通风方式。

四、汽车空调送风装置的组成

送风装置由空气进入段、空气混合段和空气分配段三个部分组成。如图 1-1-1 所示，空气进入段主要由鼓风机和气源门（控制内、外循环风门）组成，用来控制新鲜空气和车内再循环空气的进入。如图 1-1-2 所示，空气混合段主要由蒸发器、加热器芯和温度控制风门组成，用来调节所需空气的温度。如图 1-1-3 所示，空气分配段主要由各种风门和风道组成，用来控制空气的流向。

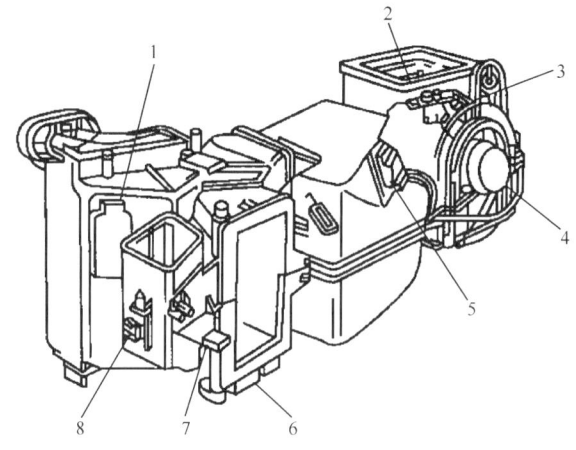

1—脚部/除霜控制风门位置电动机；2—进气温度传感器；3—气源控制风门位置电动机；4—鼓风机；
5—鼓风机控制单元；6—中间风门位置电动机；7—温度控制风门位置电动机；8—脚部通风温度传感器

图 1-1-1　空气进入段

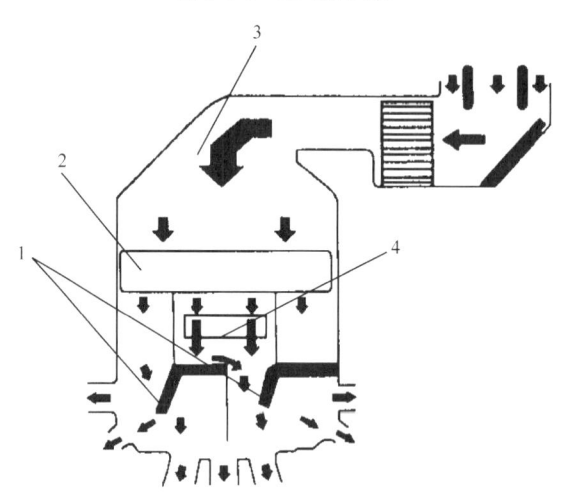

1—温度控制风门；2—蒸发器；3—空气混合段；4—加热器芯

图 1-1-2　空气混合段

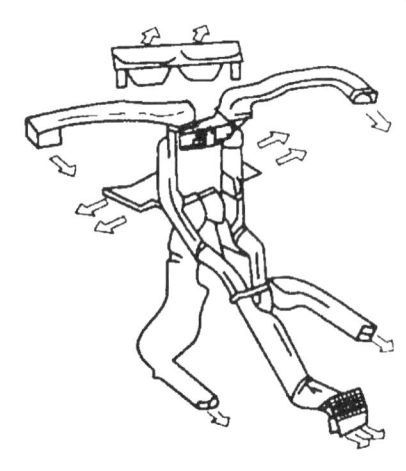

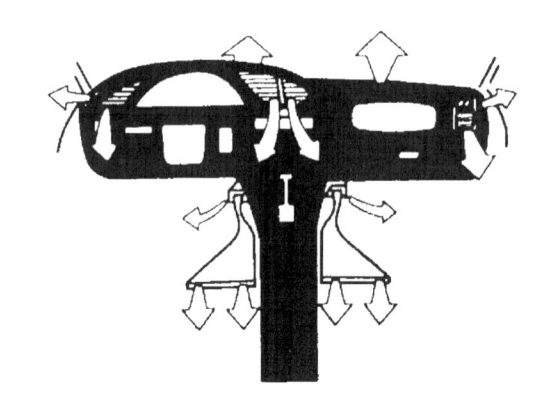

（a）各风道　　　　　　　　　　　　　　（b）各风门

图 1-1-3　空气分配段

五、汽车空调净化空气的方式

1. 过滤式空气净化

在汽车空调系统进风口设置空调滤清器,用以滤除空气中的灰尘和杂物的方式,称为过滤式除尘。过滤式除尘装置结构简单,是目前汽车空调使用最为广泛的除尘方式。只需要定期清理过滤网上的灰尘和杂物或更换空调滤清器即可。如图1-1-4所示,汽车空调系统目前使用的空调滤清器主要有三种。普通空调滤清器呈白色,其材料为纸质,能过滤空气中的灰尘、花粉等颗粒物,价格较便宜,主要应用于中低档汽车上;活性炭空调滤清器呈灰黑色,材料也为纸质,它不但能过滤灰尘和花粉,还能吸附有害气体,如苯、甲醛等,其价格较高;金属滤网式滤清器主要用于低档汽车,只能阻挡一些大的杂物,过滤效果差,成本最低。

(a)普通空调滤清器　　(b)活性炭空调滤清器　　(c)金属滤网式滤清器

图 1-1-4　汽车空调滤清器

2. 静电集尘式空气净化

利用高压电极产生高压电场,对空气进行电离,使尘粒带电,然后在电场作用下产生定向运动,沉降在正负电极上,从而实现对空气除尘的方式,称为静电集尘式。静电集尘式空气净化装置是在空气进口的滤清器后再安装一套静电集尘装置或单独安装一套用于净化车内空气的静电除尘装置。它具有过滤、除臭、杀菌和产生负离子的作用,空气清洁度很高。静电集尘式空气净化装置结构如图1-1-5所示,粗滤器用于过滤大颗粒的杂质,静电集尘器则以静电集尘方式吸附微小的颗粒和尘埃,细滤器一般采用活性炭过滤器、纤维式或滤纸式空气过滤器来吸附烟尘和臭气等有害气体,负离子发生器供给负氧离子。

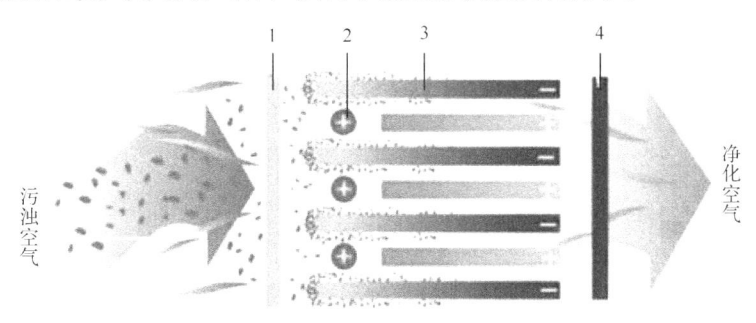

1—粗滤器;2—离子区;3—集成板;4—细滤器

图 1-1-5　静电集尘式空气净化装置

任务实施

一、专用工具准备

风速计常用来检查商用汽车空调送风装置的出风速度和出风温度，外形如图 1-1-6 所示。

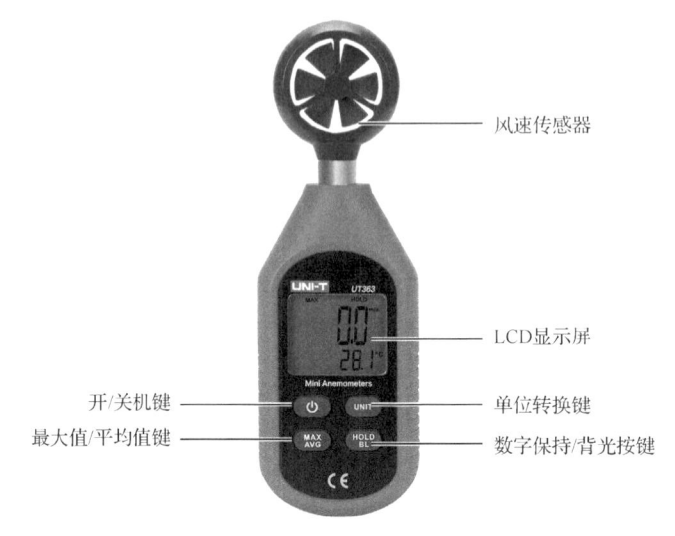

图 1-1-6　风速计外形

1．按键操作

（1）开/关机键——短按此键，开机；再次短按此键，关机。

（2）单位转换键——快速按动此按键可以切换送风速度显示单位，有 m/s（米/秒）、km/h（千米/时）、ft/min（英尺/分）、kmots（海里/时）和 mph（英里/时）五种，可根据实际情况进行选择；长时间按动此按键可以将温度单位在℃和℉之间进行切换。

（3）最大值/平均值键——按动此按键可切换风速计的测量模式，使其在最大值和平均值之间进行切换。选择最大值模式时风速计显示为最大风量值，选择平均值模式时风速计显示为平均风量值。

（4）数字保持/背光按键——快速按动此按键可以使测量数据保持在某一特定数值，再快速按动此按键可解除数字保持模式。长时间按动此按键可以开启背光灯，再长时间按动此按键可以关闭背光灯。

2．显示说明

如图 1-1-7 所示，风速计可显示各项设置和测量结果。

二、空调控制面板识别

汽车空调按控制方式可分为手动空调（MTC）和自动空调（ATC）两种。

1．手动空调

手动空调是指进气源、空气温度、空气分配及鼓风机速度等功能都是通过旋钮或拨杆进行手动选择或调节的。柳汽乘龙系列汽车手动空调控制面板如图 1-1-8 所示。

（1）A/C 开关：按下此开关，可以启动/关闭整车制冷装置。

（2）温度风门控制旋钮：旋转旋钮，可实现暖风和自然风（或者冷气）的转换。

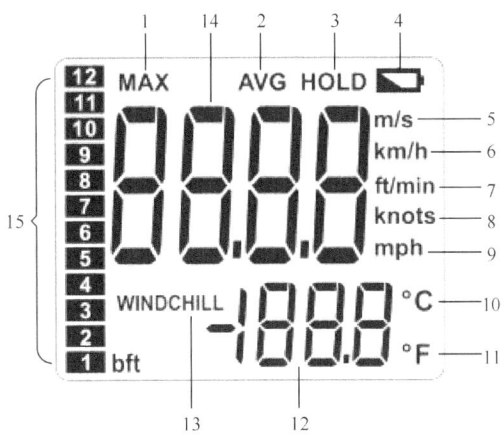

1—最大值测量模式；2—平均值测量模式；3—数据保持；4—内置电池低电量报警；5—风速单位为 m/s（米/秒）；6—风速单位为 km/h（千米/时）；7—风速单位为 ft/min（英尺/分）；8—风速单位为 kmots（海里/时）；9—风速单位为 mph（英里/时）；10—温度单位为摄氏温度；11—温度单位为华式温度；12—温度数值；13—风寒提示（当环境温度达到 0℃以下，风速达到 25m/s 时）；14—风速数值；15—显示风级，共有 12 级

图 1-1-7　风速计显示信息说明

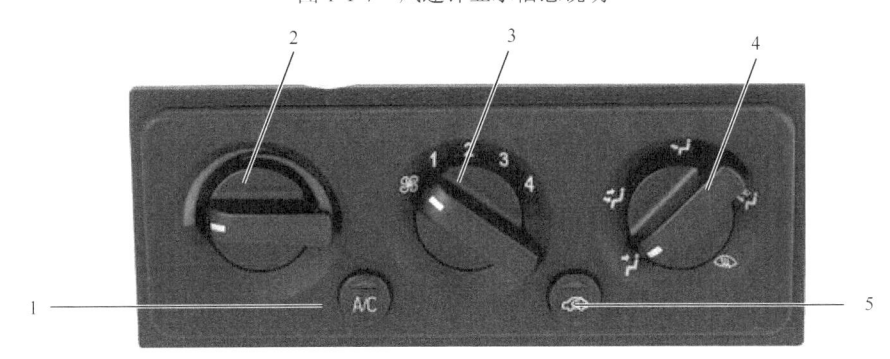

1—A/C 开关；2—温度风门控制旋钮；3—风速调节旋钮；4—送风模式选择旋钮；5—内外循环模式选择开关

图 1-1-8　柳汽乘龙系列汽车手动空调控制面板

（3）风速调节旋钮：旋转旋钮，调节出风口出风速度大小。在 OFF 挡时鼓风机关闭，在最高挡时风量最大。

（4）送风模式选择旋钮：旋转旋钮，可实现模式循环转换，共有面部、面部+脚部、脚部、脚部+除霜、除霜五种模式。

（5）内外循环模式选择开关：按此按键，可实现内循环和外循环两种状态的互相切换，选择外界空气是否进入驾驶室。注：开关指示灯发光代表此时开启的是内循环。

2．自动空调

自动空调是指空调可以自动监控并调节温度、鼓风机速度和空气分配，有两种操作模式。其中，自动模式提供了最适宜的系统控制，并且不需要手动干预；手动模式允许忽略单个功能的自动运行，以适应个人偏好。柳汽乘龙系列汽车自动空调控制面板如图 1-1-9 所示。

（1）A/C 开关：按下此开关，可以启动整车制冷装置，指示灯亮表示制冷装置已经启动。整车未启动时，启动驻车空调电动压缩机和冷凝器风扇；整车启动时，启动传统压缩机。

（2）OFF 开关：按下此开关，关闭系统设备，空调显示屏幕关闭。

（3）FAN+：按此开关，风量增加一挡，最大为 8 挡，同时屏幕显示向上增加一格。

（4）FAN-：按此开关，风量减小一挡，最小为 1 挡，同时屏幕显示向下减小一格。

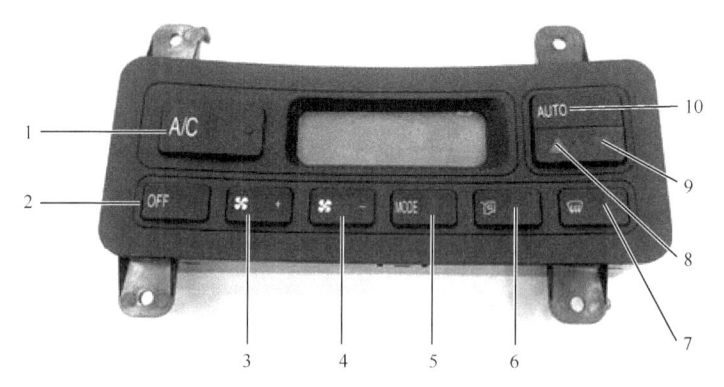

图 1-1-9　柳汽乘龙系列汽车自动空调控制面板

（5）模式开关：按此开关，可实现送风模式循环转换。

（6）CYC 开关：按此开关，可实现内外循环模式的转换。注：⬅ 代表内循环，由车厢内部引入空气；➡ 代表外循环，由车厢外部引入新鲜空气。

（7）DFROST 开关：按此开关，进入前挡风玻璃除霜模式。

（8）△开关：按"△"键一次，设置温度上升1℃，最高可设置为32℃。

（9）▽开关：按"▽"键一次，设置温度下降1℃，最低可设置为17℃。

（10）AUTO 开关：按 AUTO 按键进入自动模式，吹风模式、内外循环、水阀开启度、A/C、风量自动调节。

三、汽车空调出风口风速检测

（1）取风速计，按电源键，开机，确认风速计电量充足，将风速单位设置为 m/s。

（2）将空调风源设置为外循环，送风模式调节为面部模式，将风速开关依次设置为0、1、2、3、4、5、6、7、8挡（手动挡为0、1、2、3、4挡），将风速计分别放置在空调相应出风口处，读取数值并将其记录在工作页相应表格内。

（3）将空调风源设置为内循环，送风模式调节为面部模式，将风速开关依次设置为0、1、2、3、4、5、6、7、8挡（手动挡为0、1、2、3、4挡），将风速计分别放置在空调相应出风口处，读取数值并将其记录在工作页相应表格内。

（4）将空调风源设置为外循环，送风模式调节为除霜模式，将风速开关依次设置为0、1、2、3、4、5、6、7、8挡（手动挡为0、1、2、3、4挡），将风速计分别放置在空调相应出风口处，读取数值并将其记录在工作页相应表格内。

（5）将空调风源设置为内循环，送风模式调节为除霜模式，将风速开关依次设置为0、1、2、3、4、5、6、7、8挡（手动挡为0、1、2、3、4挡），将风速计分别放置在空调相应出风口处，读取数值并将其记录在工作页相应表格内。

（6）将空调风源设置为外循环，送风模式调节为脚部模式，将风速开关依次设置为0、1、2、3、4、5、6、7、8挡（手动挡为0、1、2、3、4挡），将风速计分别放置在空调相应出风口处，读取数值并将其记录在工作页相应表格内。

（7）将空调风源设置为内循环，送风模式调节为脚部模式，将风速开关依次设置为0、1、2、3、4、5、6、7、8挡（手动挡为0、1、2、3、4挡），将风速计分别放置在空调相应出风口处，读取数值并将其记录在工作页相应表格内。

（8）将空调风源设置为外循环，送风模式调节为脚部+除霜模式，将风速开关依次设置为

0、1、2、3、4、5、6、7、8挡（手动挡为0、1、2、3、4挡），将风速计分别放置在空调相应出风口处，读取数值并将其记录在工作页相应表格内。

（9）将空调风源设置为内循环，送风模式调节为脚部+除霜模式，将风速开关依次设置为0、1、2、3、4、5、6、7、8挡（手动挡为0、1、2、3、4挡），将风速计分别放置在空调相应出风口处，读取数值并将其记录在工作页相应表格内。

注意：及时观察蓄电池电量，如有不足，应及时给蓄电池充电。

四、汽车空调送风装置维护

1. 空调滤清器的检查与更换

如图1-1-10所示，拧松空调滤清器盖板，取出空调滤清器，检查空调滤清器是否脏污、变形或损坏。如果轻微脏污，可用高压空气吹干净；如果严重脏污、变形或损坏，则需要更换。安装时注意空调滤清器的方向，如图1-1-11所示。

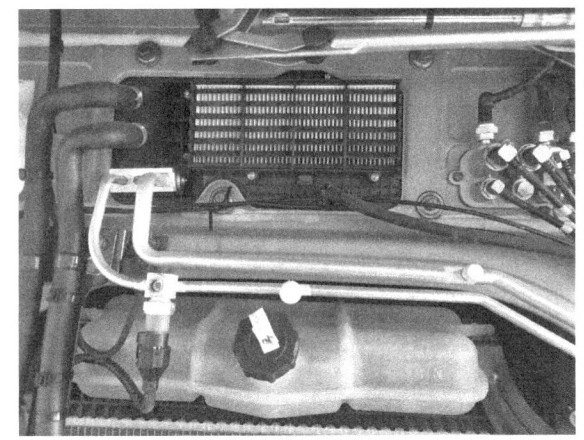

图1-1-10　柳汽H7乘龙系列汽车空调滤清器的安装位置　　图1-1-11　空调滤清器的方向

2. 送风管道的清洗

汽车空调蒸发器、鼓风机等长期处于封闭阴暗、高温且潮湿的汽车仪表台内部。空气中的杂质、灰尘、细菌、病毒等进入空调内部后，与冷凝水一起黏合在空调蒸发器等部件上，日积月累后将吸附大量污垢、油垢、胺、烟碱、病毒、细菌、真菌、螨虫、LP杆菌等。如果不及时清洗会造成车内异味、制冷性能下降、油耗增加等一系列问题，不仅容易让人患上"空调病"，导致鼻腔、气管、肺部等不适，严重危害身体健康，而且会导致空调制冷效果下降，油耗加大，增加养车费用。

空调清洁剂又名空调消毒剂，是专门针对空调内部散热片清洁消毒的专业产品，具有高效除菌、迅速除臭的功效。它产生的强力膨胀泡沫，可深入空调内部，直接洗去空调内鼓风机、蒸发器、加热器芯的灰尘、油污、虫渍和其他杂物，并能杀灭病菌、消除臭味，防止病菌滋生，并可长时间散发花香味，起到恢复和加强空调制冷功能、节能降耗、延长空调使用寿命的作用。

任务考评

本节内容的考核与评分见表1-1-1。

表 1-1-1　考核与评分表

考核内容	考核要求	评分标准	配分	得分
1. 车辆基本检查	（1）正确放置车轮挡块。 （2）正确安装座椅套、方向盘套、变速杆手柄套、脚垫。 （3）正确检查蓄电池电压	错误一处扣5分	20	
2. 车辆基本信息检查	准确记录车辆基本信息	错误一处扣5分	10	
3. 空调系统操作	（1）正确操作鼓风机风速调整开关。 （2）正确操作送风模式开关	错误一处扣5分	10	
4. 风速测量	（1）正确使用风速计。 （2）正确选择出风口。 （3）正确读取数值。 （4）正确填写作业记录表。 （5）正确回收工具	错误一处扣5分	50	
5. 职业素养	（1）学习态度：积极主动参与学习。 （2）团队合作：与小组成员一起分工合作，不影响学习进度。 （3）现场管理：服从工位安排、执行实训室管理规定	不足之处扣3分	10	
6. 安全文明生产	自觉遵守安全文明生产规程	违反一项规定扣5分		
合计	——		100	
操作时间	开始时间：	结束时间：	实际用时：	

任务2　制冷装置性能检测与维修

学习目标

1. 能识别商用汽车空调制冷装置的各个部件。
2. 能检测商用汽车空调的制冷性能。
3. 能维护商用汽车空调制冷装置。
4. 锻炼科学的分析和解决问题的能力。

任务分析

温度调节是汽车空调最重要的功能，夏季由制冷装置产生冷气降低车厢内温度，冬季由采暖装置产生热风升高车厢内温度。制冷装置是汽车空调使用频率最高的装置，它对车内空气或由外部进入车内的新鲜空气进行冷却和除湿，使车内空气变得凉爽舒适，令司机保持警醒。制冷装置由压缩机、冷凝器、储液干燥器、节流元件、蒸发器、鼓风机、膨胀阀、管路等组成。良好的制冷性能是商用汽车空调正常工作的重要条件之一，制冷装置也是商用汽车空调检测与维护的主要内容之一。商用汽车维修人员需了解汽车空调制冷装置的作用与结构，掌握汽车空调制冷装置的操作与性能检测方法，并能检测与维护商用汽车空调制冷装置。

任务准备

一、汽车空调温度调节的理论基础

1．物质的三种基本形态

物质有固体、液体和气体三种存在形态。当热量发生足够的变化时，物质会从一种状态转变为另一种状态，如图 1-2-1 所示：由固体转变成液体的现象称为溶化；由液体转变成气体的现象称为汽化或蒸发；由气体转变为液体的现象称为液化或凝结；由液体转变成固体的现象称为凝固；由气体转变成固体的现象称为凝华；由固体直接转变成气体而不经过液体过程的现象称为升华。

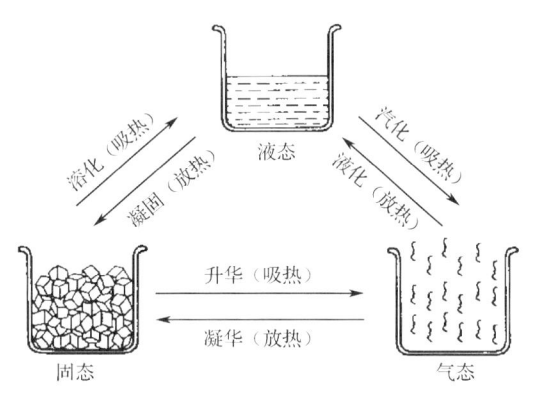

图 1-2-1　物质的三种基本形态

2．温度

温度是物体冷热程度的度量，常用 T 或 t 表示。温度越高，物体就越热。常用的温度表示单位是摄氏度，用符号"℃"表示。

温度还可以用华氏温度、绝对温度来表示，符号分别为℉和 K。它们之间的换算关系为

摄氏度（℃）= 5/9×[华氏温度（℉）-32]

华氏温度（℉）= 9/5×[摄氏度（℃）]+32

绝对温度（K）= 摄氏度（℃）+273.15

3．湿度

湿度表示空气里含有水蒸气的量，有绝对湿度与相对湿度之分。在日常生活中所指的空气湿度就是空气的相对湿度。人体感觉舒适的湿度在夏季为 60%～70%，冬季为 50%～60%。相对湿度是指在单位体积空气中水蒸气质量与同温度下饱和空气中水蒸气质量之比，即

$$相对湿度 = \frac{空气中水蒸气质量}{同温度下饱和空气中水蒸气质量} \times 100\%$$

相对湿度越小，表示空气越干燥，吸收水蒸气的能力就越强；相对湿度越大，表示空气越潮湿，吸收水蒸气的能力就越弱。当相对湿度为零时，则为干燥空气；当相对湿度等于 100%时，则为饱和空气。空气吸收水分的能力与压力的大小成反比，即空气压力越大时吸收水分的能力就越小。

4．热量的传递

温度不同的物体接触时，热量会从温度较高的物体传递给温度较低的物体，或者从同一

物体内温度较高的部分传递到温度较低的部分，直到温度趋于平衡为止。热量传递有传导、对流和辐射三种形式。

1）传导

当物体两点之间有温度差时，热量将通过物体内部从高温度点向低温度点移动，这种现象就是传导。一般来说，金属是良好的热导体，而一些非金属，如木头、石棉等导热能力极差，称为绝热材料。如图 1-2-2 所示。

2）对流

气体或液体中较热部分和较冷部分之间通过流体循环流动使温度趋于均匀的过程称为对流，如图 1-2-3 所示。冷凝器就是利用空气对流进行散热的。

3）辐射

辐射是指发热源直接向其周围的空间散发热量，通过辐射波将热量传递给其他物体的过程，如图 1-2-4 所示。热辐射和电波的传播类似，其特点是热量由热源表面以电磁波的形式连续发射，以光速传播，可以不依靠其他介质。

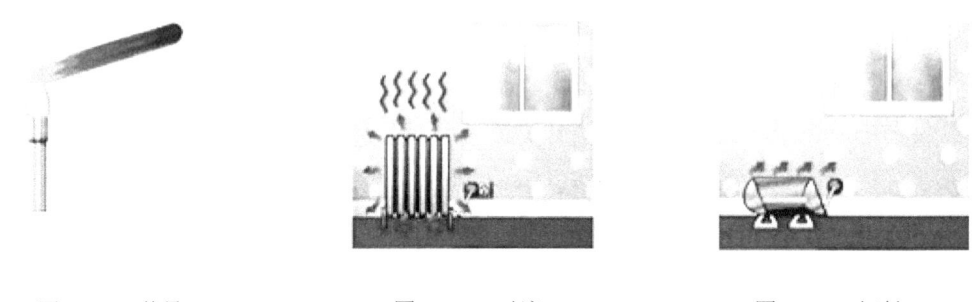

图 1-2-2　传导　　　　　图 1-2-3　对流　　　　　图 1-2-4　辐射

二、汽车空调制冷装置的组成

汽车空调制冷装置主要零部件的分布如图 1-2-5 所示。

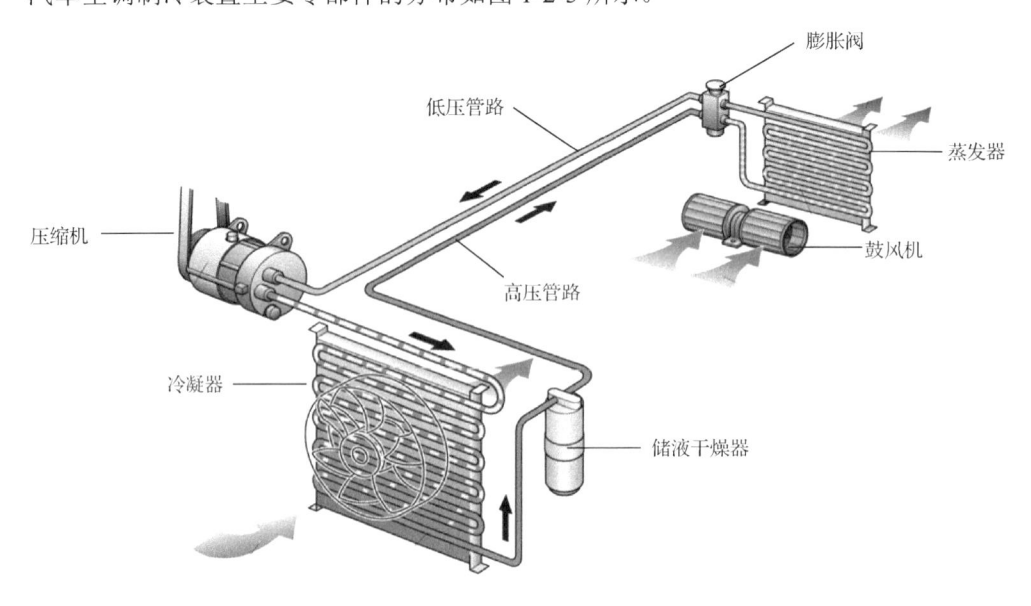

图 1-2-5　汽车空调制冷装置主要零部件的分布

1. 压缩机

压缩机是推动制冷剂在制冷装置中循环的动力源,其作用是吸入蒸发器内的低温低压制冷剂气体并将其压缩成高温高压制冷剂气体后输送至冷凝器进行冷凝。汽车空调压缩机工作时要满足几点要求:(1)汽车低速时制冷力要强、高速时能耗要低;(2)体积小,质量轻;(3)经久耐用,易损部件少;(4)工作稳定,噪声小;(5)制造容易,价格低。

2. 冷凝器

冷凝器是热交换装置,其作用是对压缩机排出的高温高压制冷剂气体进行冷却,使之凝结成高温高压的制冷剂液体。冷凝器由管子与散热片组合而成,一般安装在发动机散热器之前。汽车冷凝器主要有管片式、管带式和平行流式三种结构。

3. 储液干燥器

储液干燥器安装在空调高压管路中,其作用有:(1)吸附制冷剂内的湿气;(2)过滤制冷剂内的颗粒杂质;(3)储存多余的液态制冷剂。

4. 蒸发器

如图1-2-6所示,蒸发器是汽车空调制冷装置中另一个热交换装置,其作用是使经过节流降压后的液态制冷剂在蒸发器内沸腾汽化,吸收蒸发器表面周围空气的热量而使之降温,鼓风机再将冷空气吹到车厢内,达到降温的目的。蒸发器安装在汽车车厢内部,仪表板后方,有管片式、管带式和层叠式三种结构,通常与鼓风机、加热器芯等集成在蒸发箱内。由于车厢内的空间小,对蒸发器的尺寸有很大的限制,故蒸发器具有制冷效率高、尺寸小、质量轻等特点。

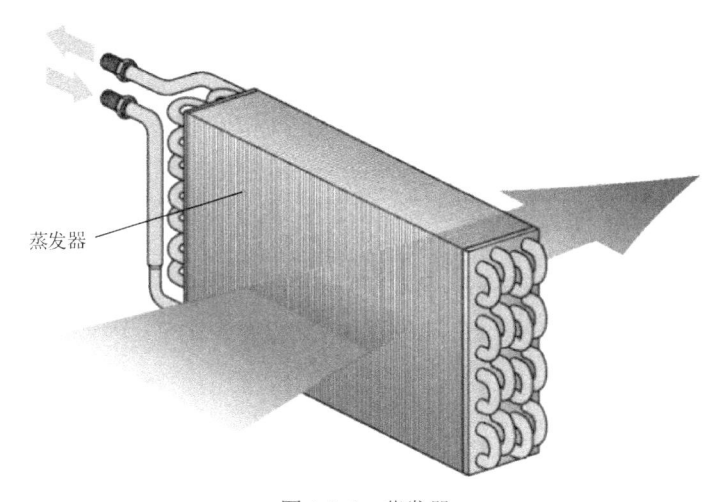

图1-2-6 蒸发器

5. 膨胀阀

膨胀阀安装在蒸发器入口管路上,分为F型和H型两种。其功能有:(1)降低制冷剂的压力,保证制冷剂在蒸发器内低温下沸腾蒸发,降低流过蒸发器表面空气的温度;(2)调节供给蒸发器的制冷剂循环量,以适应制冷负荷变化的需要;(3)控制蒸发器的出口过热度,防止压缩机出现液击。

6. 管路

管路用来连接蒸发器、冷凝器、压缩机等部件,分为高压管路和低压管路。高压管路用来连接压缩机、冷凝器、储液干燥器、膨胀阀,其内部温度较高,管内压力较大。低压管路用来连接蒸发器和压缩机，其内部温度较低，压力较小。

7．制冷剂

制冷剂，俗称冷媒，是制冷装置中的工作介质，通过自身"相态"的变化来实现热交换，从而达到制冷的目的。常见的罐装制冷剂如图 1-2-7 所示。

8．冷冻机油

在空调制冷装置中，为保证压缩机正常运转与可靠工作而加注的润滑油称为冷冻润滑油或冷冻机油，有润滑、密封、冷却和降低压缩机噪声的作用，如图 1-2-8 所示。

图 1-2-7　制冷剂　　　　　　　　图 1-2-8　冷冻机油

三、汽车空调制冷装置的工作过程

制冷剂在汽车空调制冷装置内不断循环。在循环过程中，制冷剂经历两种温度和压力模式，在每一种温度和压力模式下，制冷剂改变其状态。在改变状态的过程中，最大限度地吸收与释放热量，从而实现热交换。整个循环可分为四个基本过程，制冷循环原理如图 1-2-9 所示。

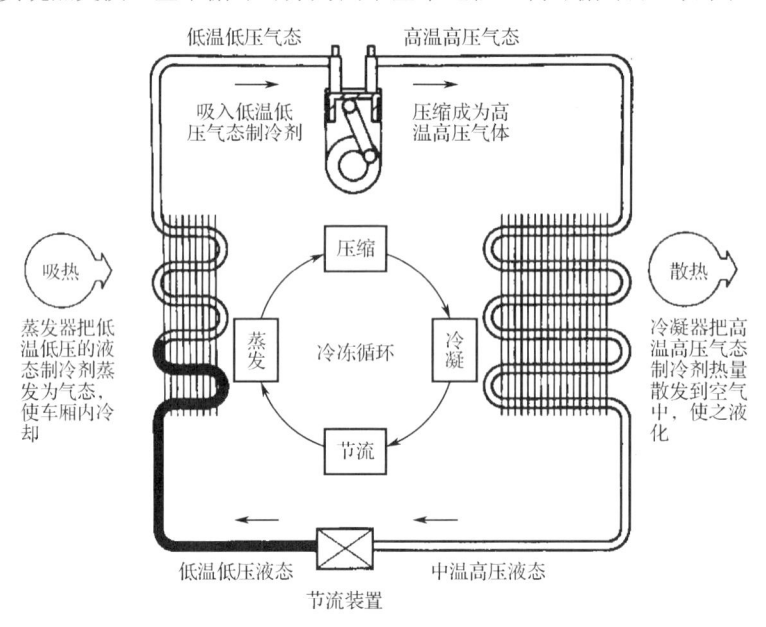

图 1-2-9　制冷循环原理图

（1）压缩过程：蒸发器出口处的低温低压制冷剂气体被压缩机吸入，经压缩后形成高温高压的气体排出。

（2）冷凝过程：压缩机排出的高温高压制冷剂气体进入冷凝器，通过降低压力与温度，制冷剂冷凝成液体，并向车辆外部放出大量的热量。

（3）节流过程：温度和压力较高的制冷剂液体通过节流装置后体积变大，压力和温度急剧下降，以雾状（细小液滴）排出节流装置。

（4）蒸发过程：雾状制冷剂液体进入蒸发器，蒸发成气体。在蒸发过程中，大量吸收周围的热量，而后低温低压的制冷剂蒸气又进入压缩机。

任务实施

一、工具准备

判断汽车空调制冷装置性能是否正常，需要检测各工作部件的温度、汽车空调出风口温度与湿度和高低压管路的压力，常用的检测工具有干湿温度计、红外线测温仪和歧管压力表。其中，干湿温度计用来检测汽车空调出风口温度与湿度，红外线测温仪用来检测汽车空调各部件的温度。

1. 干湿温度计

干湿温度计外形如图 1-2-10 所示，主要由温湿度传感器、LCD 显示屏和功能显示键组成。其显示屏显示说明如图 1-2-11 所示，各按键作用如下。

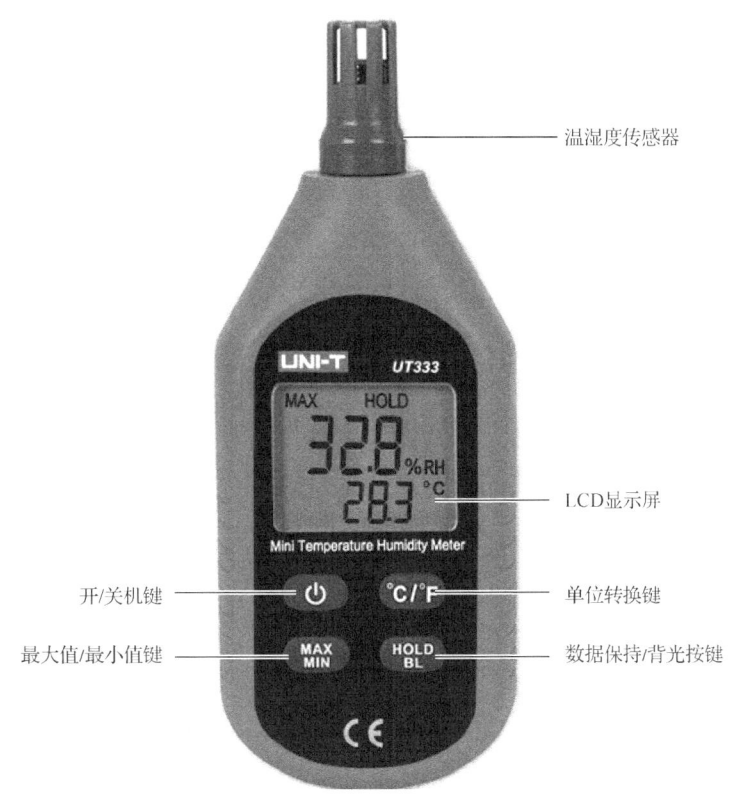

图 1-2-10　干湿温度计的外形

1—最大值测量指示；2—最小值测量指示；3—数据保持指示；4—电池电量指示；
5—相对湿度；6—摄氏度；7—华氏度；8—温度数值；9—湿度数值

图 1-2-11　干湿温度计显示屏显示说明

（1）开/关机键（⏻）：短按开机，再次短按关机。

（2）单位转换键（℃/℉）：在温度测量时，短按此键可使温度单位在摄氏度与华氏度之间切换。

（3）最大值/最小值键：(MAX/MIN) 在温度测量时，按此键可依次选择最大值、最小值及平均值测量。当选择最大值时，温湿度始终显示最大的数值；当选择最小值时，温湿度则显示最小值。

2．红外线测温仪

红外线测温仪是通过测量目标表面辐射的红外能量确定其表面温度的，它无须与被测量物体接触即可测量不透明物体的表面温度。如图 1-2-12 所示，红外线测温仪主要由外壳、LED 显示屏、功能按键等组成。测量温度时，将红外线测温仪的 LED 显示屏瞄准被测目标，按下测量按键，LED 显示屏即可实时显示测量结果，LED 显示屏的显示说明如图 1-2-13 所示。

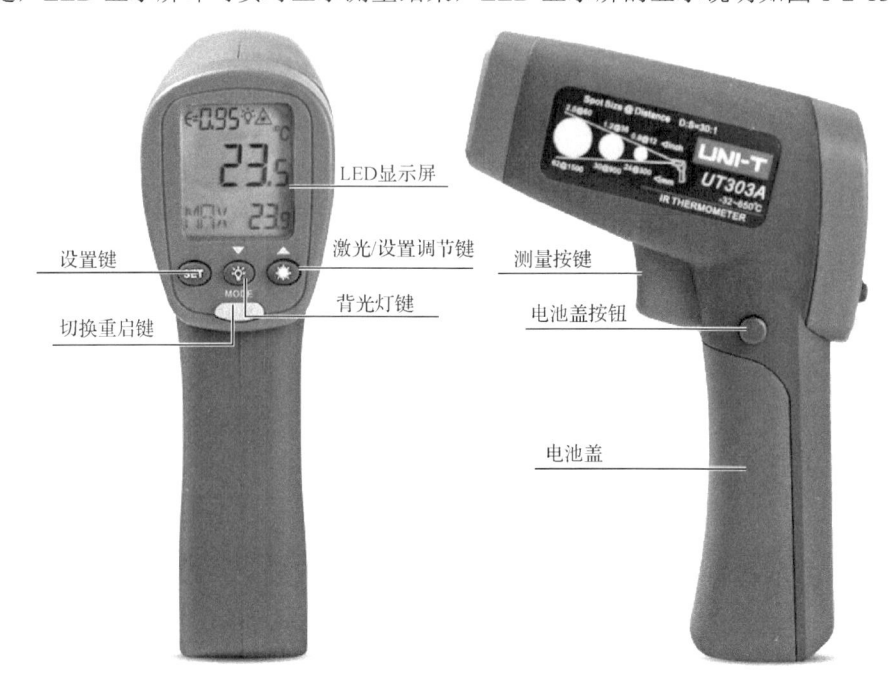

图 1-2-12　红外线测温仪外形

· 16 ·

图 1-2-13 LED 显示屏的显示说明

3．歧管压力表

歧管压力表，俗称高低压表组，主要由高压表、低压表、阀体和阀门组成，它与制冷装置相连后可以抽真空、加注制冷剂和测量空调系统或零部件内气体压力的操作。其结构如图 1-2-14 所示，低压表既用于显示压力也用于显示真空度，高压表仅用于显示压力。通过两个手动阀门和三根软管的组合，歧管压力表可实现四种功能，如图 1-2-15 和表 1-2-1 所示。

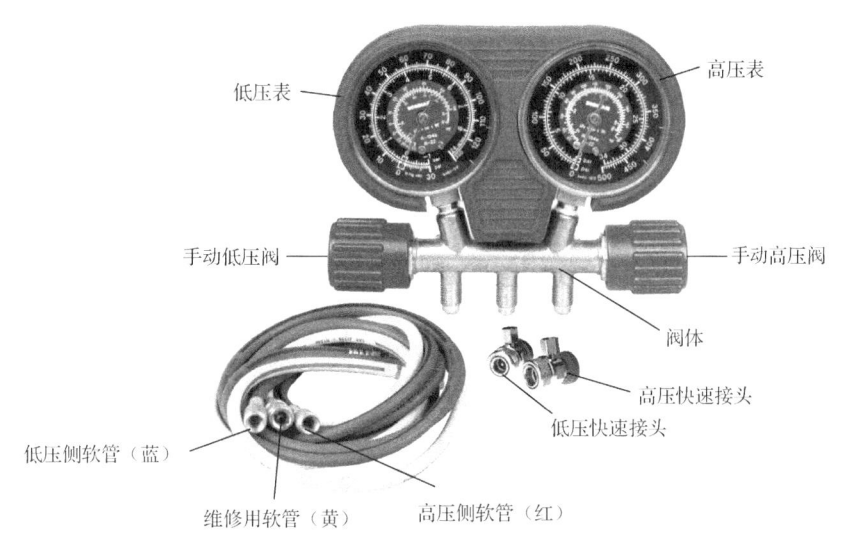

图 1-2-14 歧管压力表的结构

图 1-2-15 歧管压力表的功能

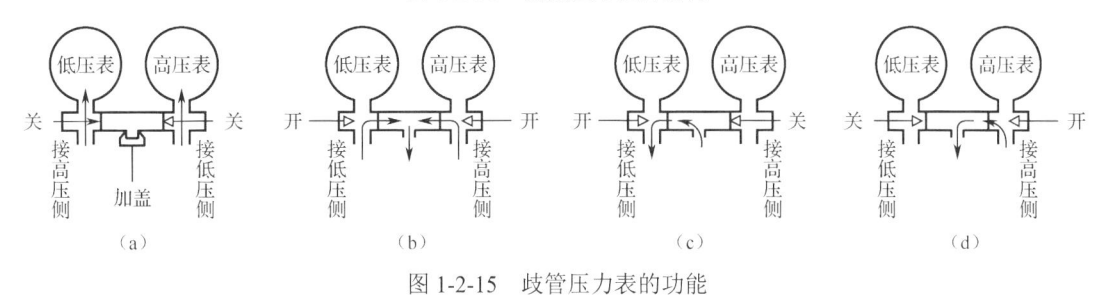

表 1-2-1 歧管压力表的功能

序号	图示	高、低压阀位置	功　能
1	a	高、低压阀门同时关	制冷装置压力检测
2	b	高、低压阀门同时开	制冷装置抽真空

续表

序号	图示	高、低压阀位置	功能
3	c	低压阀门开、高压阀门关	制冷装置加注制冷剂或加注冷冻机油
4	d	低压阀门关、高压阀门开	制冷装置检漏及快速加注

注：高、低压阀门开，是指高、低压表分别与制冷装置及中间管接头相通；高、低压阀门关，是指高、低压表与中间管接头不通，但分别与制冷装置相通。

二、商用汽车空调制冷装置的检查

1．商用汽车空调制冷装置的目视检查

（1）观察冷凝器表面是否清洁。观察冷凝器（散热器）叶片是否阻塞或损坏，若阻塞，则应用水冲洗（注意：不能用高压水冲洗，以免导致散热片变形）。

（2）观察连接部件或接缝处是否有污渍。除了管路连接处易产生泄漏，压缩机轴封、前后盖板的密封垫、检修阀、安全阀、冷凝器等部件，以及冷凝器、蒸发器等表面的变形处产生泄漏的概率也较高，所以这些部位也是目视检查的重点。

（3）观察各软管的状况。检查空调系统各软管，主要看其有无老化、鼓泡、碰擦、割伤、磨损等现象，是否有裂纹和渗漏的油渍。

（4）观察电磁离合器的工作状况。观察压缩机电磁离合器的工作是否正常，离合器吸合后转动且无异常响声为正常。

（5）观察调温门的性能。改变气流分配的方向，看其流量是否正常；改变气流温度，观察混合情况是否正常。

（6）观察低压回路的结霜情况。看制冷装置低压回路的结霜情况，表面结霜为正常。

（7）观察蒸发器渗水情况。制冷装置运行约 8min 后，水从汽车空调出水口流出为正常。

2．商用汽车空调制冷装置的温度与湿度检测

商用汽车空调制冷装置的温度与湿度检测的主要内容有：检测环境温度与湿度，检测空调出风口温度与湿度，检测膨胀阀进出口温度，检测冷凝器进出口温度。

（1）测量环境温度与湿度。使用干湿温度计，在离发动机至少 2m 的距离测量环境温度与湿度，并记录数值，读取数值并将其记录在工作页相应表格内。

启动发动机，控制加速踏板将发动机转速控制在 1500～2000r/min 之间，将空调风源设置为外循环、送风模式调节为面部送风模式、风速开关设置为最大后，实施后面的测量工作。

（2）测量空调出风口温度与湿度。将干湿温度计放置在空调中央出风口处，读取数值并将其记录在工作页相应表格内。

（3）测量膨胀阀进出口温度。使用红外线测温仪测量膨胀阀进出口管路的温度，并将测量数值记录在工作页相应表格内。

（4）测量冷凝器进出口温度。使用红外线测温仪测量冷凝器进出口管路的温度，并将测量数值记录在工作页相应表格内。

3．商用汽车空调系统的压力检测

（1）清洁并拧下汽车空调制冷装置高、低压检修阀防尘帽，放置在工具车上。

（2）取歧管压力表，分别检查手动高、低压阀和高、低压快速接头，确认其处于关闭状态。

（3）连接高、低压快速接头，红色连高压、蓝色连低压，确认连接可靠。

（4）打开高、低压快速接头，观察并记录高、低压压力表数值（正常情况下应大于 500kPa）。

(5)启动发动机。

(6)打开所有空调出风口,并将其调节到全开。

(7)将温度旋钮调至最大制冷位置;风速调整为最大;送风模式设置为吹面部模式;进气模式调整为外循环模式。按下空调开关,此时压缩机运行,低压压力表数值开始下降,高压压力表数值开始上升。

(8)将发动机转速控制在1500~2000r/min,待压力表指针稳定后观察并记录高、低压压力表数值,压力标准值如表1-2-2所示。

表1-2-2 柳汽乘龙系列商用汽车空调不同温度下的压力标准值

环境温度(℃)	高压压力(bar)	低压压力(bar)
15.5	8.4~11.9	1~1.5
21.1	10.5~17.5	1~1.5
26.5	12.6~19.3	1~1.5
32.2	14~23	1.5~2
37.7	16.1~23	2~2.5
43.3	18.9~25.3	2.2~3

(9)关闭点火开关,发动机熄火。

(10)清洁与回收歧管压力表,清洁与安装防尘帽。

三、商用汽车空调制冷装置的维护

1. 商用汽车空调制冷装置维护的要求

(1)保持冷凝器清洁。冷凝器的清洁程度与其热交换能力有直接关系,应经常检查并清除冷凝器表面的污物,以免因冷凝器散热不良引起冷凝器中制冷剂压力、温度过高,造成制冷能力下降等不良情况。在清洗冷凝器时应使用压缩空气或冷水冲洗,不能使用热蒸汽冲洗,以免损坏冷凝器,在清洗过程中,应注意不要碰击散热片,不能操作制冷管路。

(2)汽车空调较长时间不使用时,也应每两周开启一次压缩机,每次5~8min。制冷剂在循环中把冷冻机油带至装置各部分,可防止制冷装置中的密封圈、压缩机油封等密封元件因缺油干燥引发密封不良,造成制冷剂泄漏,避免压缩机、膨胀阀及制冷装置其他运行部件锈蚀或因结胶产生滞黏。但环境温度低于4℃时不能启动压缩机,否则会因温度过低,冷冻机油黏度增大、流动性变差而不能及时地输送到压缩机,反而造成压缩机磨损加剧甚至损坏。

(3)经常检查制冷装置中各连接部件的管接头、螺栓、螺钉有无松动,管路与周围机件或车体是否有摩擦或碰撞,胶管是否老化,有无漏油迹象。

(4)经常检查各连接导线绝缘层是否老化或导线是否存在连接不良等现象。

(5)注意观察空调系统在运行中有无异常气味与不正常的噪声和异响,若有,则应立即停止使用,及时检查修理。

(6)保持送风通道进口空调滤清器的清洁,使风量充足,空气新鲜洁净。应每周检查一次蒸发器芯,以防其空气通道阻塞,影响送风效果。

2. 商用汽车空调制冷装置维护项目

(1)压缩机。压缩机每使用三年必须进行检查与保养,主要检查进、排气压力是否符合要求,各紧固件有无松动,是否有漏气现象,进、排气阀有无破损或变形,如有则需要更换进、排气阀总成,压缩机装复时必须更换各密封圈和油封,否则会造成压缩机密封处泄漏。

(2)冷凝器与冷却风扇。冷凝器应每年进行一次保养,主要是彻底清扫或清洗冷凝器表面的杂质、灰尘、油漆,对冷凝器散热片中变形部分进行矫正与整形,用检测仪检查有无制冷剂泄漏。对锈蚀部分重新涂刷防锈涂料,防止生锈穿孔。此外,还需检查冷凝器冷却风扇运转是否正常,风扇电动机的电刷是否磨损过量,电线绝缘层是否有损伤。

(3)蒸发器。蒸发器应每年用检漏仪进行一次检漏作业,每2~3年应卸下蒸发器盖,对其内部进行清洗,检查鼓风机风扇电动机的电刷是否磨损过量。

(4)电磁离合器。电磁离合器每1~2年应检查保养一次,重点检查其动作是否正常,有无打滑现象,接合面磨损是否过量,离合器轴承磨损是否过量,同时还需用塞尺检查离合器间隙是否符合要求。

(5)储液干燥器。储液干燥器在正常使用情况下,小客车每两年需要更换一次,大客车每年都需要更换。若因使用不当使装置进入水分时应立即更换,管路被拆后也应更换储液干燥器。

(6)膨胀阀。膨胀阀每1~2年必须检查一次,检查其动作是否正常,开度大小是否合适,进口滤网是否被堵塞,若不正常,则应更换或做适当维护调整。

(7)冷冻机油。冷冻机油每年需检查或更换,有泄漏发生时应及时检查修复并补充冷冻机油。

(8)安全装置。对汽车空调系统的高压开关、低压开关、温度开关等安全装置,应每年检查,正常使用情况下每5年需更换。

任务考评

本节内容的考核与评分见表1-2-3。

表1-2-3 考核与评分表

考核内容	考核要求	评分标准	配分	得分 自评	得分 互评	得分 教师评
1.车辆基本检查	(1)正确放置车轮挡块。 (2)正确安装座椅套、方向盘套、变速杆手柄套、脚垫。 (3)正确检查蓄电池电压	错误一处扣5分	20			
2.车辆基本信息检查	准确记录车辆基本信息	错误一处扣5分	10			
3.空调系统操作	(1)正确操作鼓风机风速调整开关。 (2)正确操作送风模式开关。 (3)正确开启汽车空调	错误一处扣5分	10			
4.温度、湿度测量	(1)正确使用温度计。 (2)正确选择出风口。 (3)正确读取数值。 (4)正确填写作业记录表。 (5)正确回收工具	错误一处扣5分	50			

续表

考核内容	考核要求	评分标准	配分	得分 自评	得分 互评	得分 教师评
5.职业素养	（1）学习态度：积极主动参与学习。 （2）团队合作：与小组成员一起分工合作，不影响学习进度。 （3）现场管理：服从工位安排、执行实训室管理规定	不足之处扣3分	10			
6.安全文明生产	自觉遵守安全文明生产规程	违反一项规定扣5分				
合计	——	——	100			
操作时间		开始时间：	结束时间：		实际用时：	

任务3 制冷装置泄漏检测与维修

学习目标

1. 能识别商用汽车空调制冷装置高、低压检修阀。
2. 能检测商用汽车空调的密封性能。
3. 能加注商用汽车空调制冷剂与冷冻机油。
4. 锻炼科学的分析和解决问题的能力。

任务分析

商用汽车空调系统通过制冷剂在密闭的空间中进行"相态"变化，从而将车厢内的热量"搬"到车辆外部。制冷装置的密封性是保证制冷装置正常工作的条件之一，制冷剂泄漏将会导致空调制冷装置制冷不足或不制冷。由于商用汽车空调系统工作环境比较恶劣（如振动、灰尘等），极易造成部件、管道损坏或接头松动，从而使制冷剂发生泄漏，导致制冷效果变差。为此，商用汽车维修人员需掌握汽车空调制冷装置的检漏方法，并能通过检测寻找汽车空调的泄漏点，以便开展相应的维修作业。

任务准备

一、商用汽车空调检漏工艺要求

1．检漏操作

1）真空检漏

使用真空泵，抽真空至制冷装置真空度低于-90kPa。关闭歧管压力表阀门，停止抽真空，并保持真空度至少15min，检查压力表示值变化：

（1）如压力未回升，继续按要求进行微小泄漏量的检查。

（2）如压力回升，则继续抽真空，如累计抽真空时间超过30min，压力仍回升，则可以判定制冷装置存在泄漏，应检修制冷装置，并重复进行真空检漏的操作。

注意：采用真空检漏方法检漏，只能表明制冷装置是否泄漏，而不能确定泄漏的具体部位。

2）微小泄漏量检漏

选择以下适宜的方法进行微小泄漏量检漏。

（1）电子检漏：制冷装置中充入 0.5～1.5MPa 的氮气或 0.35～0.5MPa 的制冷剂（以检漏设备要求的介质压力为准），采用相应的制冷剂检漏设备进行检漏，应反复检查 2～3 次。

（2）加压检漏：俗称肥皂水检漏，用加压设备在制冷装置中充入 1.5MPa 的氮气，保持压力 1h，如压力表示值下降，则制冷装置存在泄漏，应在各接头处和可疑位置涂抹肥皂水做进一步检查。

（3）荧光检漏：制冷装置中充入含有荧光剂的制冷剂，运行 10～15min 后，用紫外线灯照射各接头处和可疑位置，如有黄绿色或蓝色荧光，证明该处存在泄漏。

2．补漏

通过检漏操作确定泄漏点后，应进行补漏，并按微小泄漏量检测的要求重复进行微小泄漏量检漏，直到确认制冷装置无泄漏。

3．操作要点

（1）检漏前，应清洗检测部位的污物和结霜，防止阻塞制冷剂检漏设备探头。

（2）如图 1-3-1 所示，检漏时，应重点检查以下部位：

① 制冷装置的主要连接部位，如管接头及喇叭口、连接件、三通阀、软管表面及充注口等；

② 拆装或维修过部件的连接部位；

③ 压缩机的轴封、密封件和维修阀；

④ 冷凝器和蒸发器被划伤的部位；

⑤ 软管易摩擦的部位；

⑥ 有油迹处。

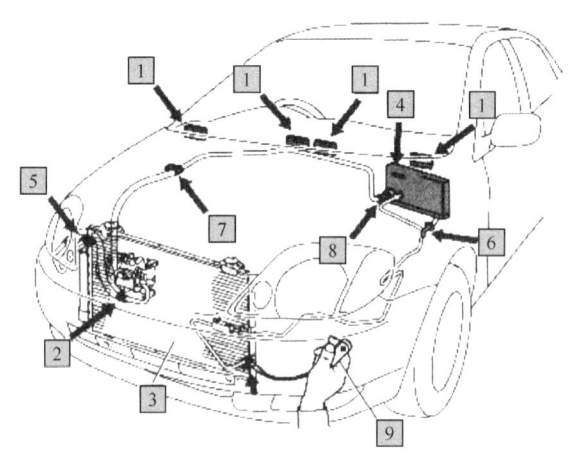

1—出风口；2—空调压缩机；3—冷凝器；4—蒸发器；5—储液干燥器；6—排放软管；
7—管道的连接部位；8—蒸发器压力调节器；9—电子卤素检漏仪

图 1-3-1　检查泄漏的主要部位

（3）使用制冷剂检漏设备进行检漏时，其探头不应直接接触元器件或接头，而应置于检测部位的下部。

（4）应定期检查检漏设备的灵敏性。
（5）不宜使用卤素检漏设备进行检漏。

二、制冷剂与冷冻机油

1．制冷剂

制冷剂，俗称"冷媒""雪种"，其可根据空调系统的要求进行形态变化，实现制冷循环，是汽车空调系统的"热载体"。

1）制冷剂的性能特点

（1）制冷剂应具备较高的稳定性，能反复使用，对金属、橡胶和冷冻机油应无明显的腐蚀现象。

（2）制冷剂必须易于汽化或蒸发，方便制冷。

（3）制冷剂蒸发时要有较高的蒸发潜热，以缩小制冷剂体积。

（4）制冷剂的蒸发压力应比大气压力高，以免空气进入制冷装置。

（5）制冷剂应不易燃烧、不易爆炸，对人体没有伤害。

2）商用汽车空调常用制冷剂——R134a

R134a 化学名称为四氟乙烷，分子式是 $C_2H_2F_4$。R134a 在正常大气压力下，蒸发温度为 -26.5℃，凝固温度为 -101℃。R134a 安全性高，不易燃，不爆炸。2000 年以后取代 R12，成为汽车空调系统使用的新型制冷剂。

3）制冷剂使用时的注意事项

（1）当存在制冷剂气体的情况下，若使用明火，会产生有毒的光气。为了确保安全，一般在已经用过其他方法检漏无果后，最终才会采用卤素灯检漏。

（2）制冷剂应避免触及皮肤，更不能触及眼睛。

（3）发现制冷剂有大量渗漏时，必须通风换气，否则会引起人的窒息。

2．冷冻机油

1）冷冻机油的作用

（1）润滑。冷冻机油最主要的作用是润滑压缩机的运动副摩擦表面，减少压缩机工作时的零件磨损和运动阻力，从而降低压缩机的机械损耗，提高压缩机工作效率，延长压缩机使用寿命。

（2）密封。冷冻机油渗入油封密封处形成隔离层以防止漏油，并且在活塞环与缸壁间形成油膜，从而防止气态制冷剂泄漏以保证制冷效率。

（3）冷却。冷冻机油通过流动带走运动副摩擦表面的热量，防止因压缩机工作温度过高造成排气压力过高，并进而导致制冷效率降低，保证了压缩机工作稳定、可靠。

（4）降低压缩机运行噪声。冷冻机油在运动副摩擦表面可缓解两零件间的运动冲击，降低这种冲击产生的噪声。

2）冷冻机油的性能要求

（1）与制冷剂互溶性要好。在汽车空调制冷装置内，制冷剂与冷冻机油是混合在一起的，当制冷剂在制冷装置管路中流动时，冷冻机油随之一起流动。若两者互溶不好，冷冻机油就会集聚在冷凝器和蒸发器下部从而阻碍制冷剂的流动，不仅影响热交换效率，还会导致压缩机因缺乏冷冻机油而磨损加剧。

（2）具有适当的黏度且黏温特性要好。冷冻机油在制冷装置中工作的温度范围是 0℃以下至 120℃，所以要求在温度变化很大时，油的黏度变化要小，即在各种温度条件下都应具有良好的润滑性能。

（3）低温流动性要好。如果低温流动性差，那么冷冻机油会沉积在蒸发器等部件内，从而影响制冷能力及制冷效率。

（4）化学稳定性和抗氧化安定性要好。在高温下不氧化，不分解，不结胶，不积炭，不与制冷剂或其他材料（如金属、橡胶、干燥剂等）发生化学反应。

（5）吸水性要小。如果冷冻机油中水分过多，就会在膨胀阀节流口处结冰，产生"冰堵"现象，影响制冷装置内制冷剂的流动；同时，油中水分会造成镀铜现象并导致某些材料产生腐蚀与变质。

3）冷冻机油的选用

国内冷冻机油的规格有 13 号、18 号、25 号和 30 号 4 个牌号，牌号越大，其黏度就越大。进口的冷冻机油一般有 SUNISO 3GS～SUNISO 5GS 牌号，其牌号越大，黏度也越大。选择冷冻机油时，要充分考虑空调压缩机内部冷冻机油的工作状态，如吸气、排气温度等。根据冷冻机油的特性，在实际选用时，应以低温性能为主进行选择，但也要适当考虑热稳定性。汽车空调制冷剂一般选择国产的 18 号、25 号冷冻机油或进口的 SUNISO 5GS 冷冻机油。

4）冷冻机油使用注意事项

（1）按原车空调压缩机所规定的冷冻机油牌号进行补充或更换，如果要更换其他牌号的冷冻机油，必须使用具有同等性能的冷冻机油。

（2）不能使用变质的冷冻机油，也不能将不同牌号的冷冻机油混合使用。

（3）冷冻机油具有较强的吸湿能力，应注意密封储存。在实际加注或更换冷冻机油时，须做好前期准备工作，加注过程中操作应迅速，加注完毕应立即盖紧油箱盖。

（4）按原车规定的用量加注或更换冷冻机油。加注量过高会降低汽车空调的制冷效果；加注量过低会降低压缩机的使用寿命。

（5）在排放制冷剂时要缓慢进行，以免冷冻机油与制冷剂一同喷出。

任务实施

一、工具准备

1. 电子卤素检漏仪

电子卤素检漏仪是使用电子检漏法对微小泄漏量进行检漏的工具，其外观如图 1-3-2 所示，操作面板如图 1-3-3 所示，各按键的说明如下：

（1）电源键。打开和关闭电子卤素检漏仪。

（2）重设键。巧妙使用该键可以找到泄漏的源头。当检测到有泄漏时按下该键，继续检测，直到检测到比原来浓度更大的地方才会再次报警，这样逐步进行即可精确地找到泄漏的源头。

（3）静音键。按下此键后，电子卤素检漏仪不再使用声音报警反映泄漏量的大小和强弱（声音越响，泄漏量越大），而是通过 LED 灯闪烁来反映泄漏量的大小（闪烁越快，泄漏量越大）。

（4）LED 指示灯。LED 指示灯的功能如下：

① 显示泄漏量的大小和强弱，绿色表明泄漏强度较小，橙色表明泄漏强度一般，红色表示泄漏强度很大，如图 1-3-4 所示。

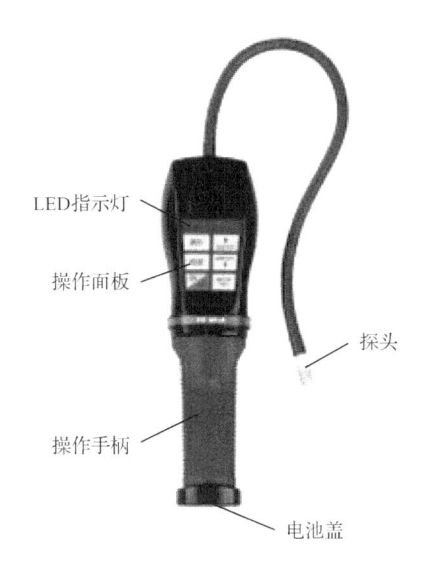

图 1-3-2　电子卤素检漏仪　　　　　图 1-3-3　电子卤素检漏仪操作面板

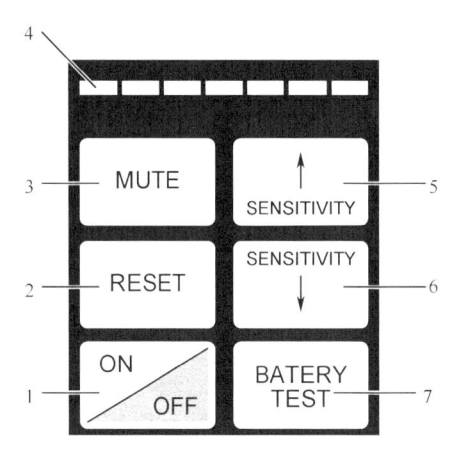

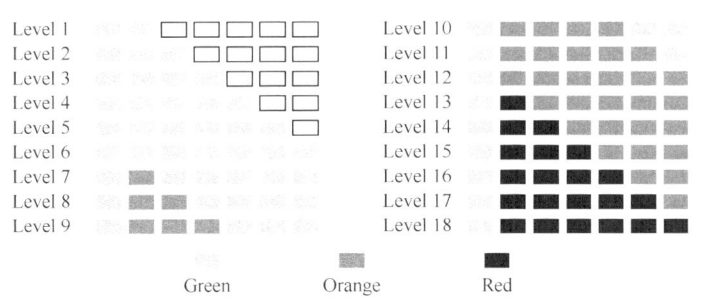

1—电源键；2—重设键；3—静音键；4—LED指示灯；
5—灵敏度调高键；6—灵敏度降低键；7—电池测试键

Green—绿色；Orange—橙色；Red—红色

图 1-3-4　LED 指示灯显示颜色与泄漏强度对照图

② 显示电池电量，指示灯点亮时显示的不同颜色表示不同的电池电量，具体如图 1-3-5 所示。

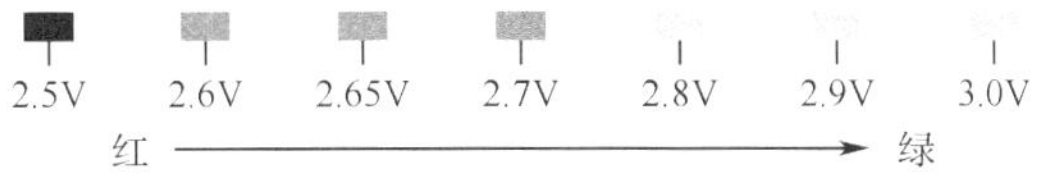

2.5V　2.6V　2.65V　2.7V　2.8V　2.9V　3.0V
红　　　　　　　　　　　　　　　　　　　绿

图 1-3-5　LED 指示灯显示颜色与电池电量对照图

（5）灵敏度调高键。用于调高灵敏度，分为 7 个等级，等级越高 LED 指示灯亮的数目越多。
（6）灵敏度降低键。用于调低灵敏度，分为 7 个等级，等级越低 LED 指示灯亮的数目越少。
（7）电池测试键。按下电池测试键，指示灯点亮的颜色可以指示出不同的电池电量。

2．真空泵

真空泵是一种利用机械、物理、化学或物理化学的方法对被抽容器进行抽气而获得真空的器件或设备。真空泵是汽车空调安装、调试、维修专用的一种设备，它的主要作用是将空调系统内的空气和水分排出，其外形如图 1-3-6 所示。真空泵在使用前，应先检查真空泵油位，如油位过低，需及时按量加油，然后核实所选的真空泵是否符合技术要求。

3．制冷剂注入阀

如图 1-3-7 所示，制冷剂注入阀是打开小容量制冷剂罐的专用工具，它通过阀板与制冷剂罐进行螺纹连接，利用蝶形手柄前部的针阀刺破制冷剂罐，通过注入阀接头把制冷剂引入歧管压力表。

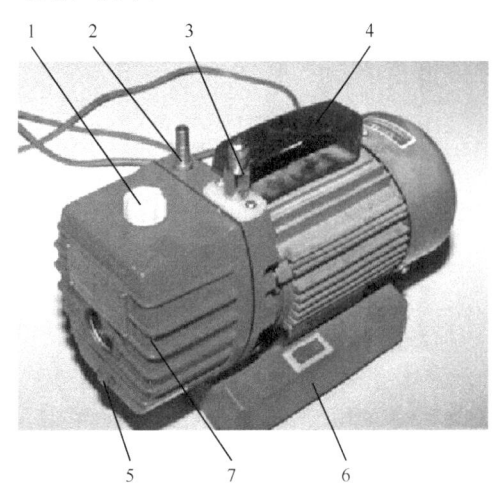

1—注油孔；2—排气孔；3—歧管压力表接头；
4—手柄；5—油位观察窗；6—开关；7—铭牌

图 1-3-6　真空泵

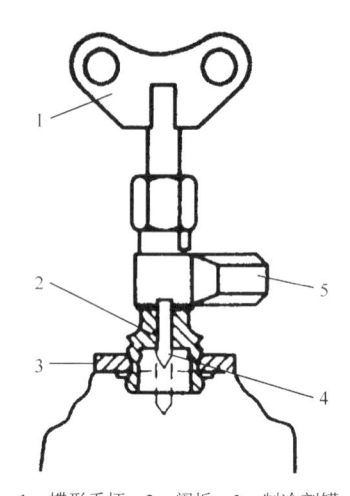

1—蝶形手柄；2—阀板；3—制冷剂罐；
4—针阀；5—注入阀接头

图 1-3-7　制冷剂注入阀

其使用方法如下：

（1）使用前的准备。逆时针方向旋转蝶形手柄，使前端的针阀完全缩回，再逆时针转动盘形锁紧螺母，使其升高到最高位置。

（2）将注入阀对准制冷剂罐顶部的螺纹槽，顺时针旋下盘形锁紧螺母并拧紧，连接注入阀接头与歧管压力表组件上的中间软管接头（歧管压力表组件要事先与空调系统连接好）。

（3）确认歧管压力表的两个手动阀均为关闭状态。

（4）顺时针转动蝶形手柄，推动针阀向下运动，刺破制冷剂罐凸台。

（5）如需加注制冷剂，则逆时针转动蝶形手柄，使针阀收回，同时打开歧管压力表的相应手动阀，让制冷剂注入汽车空调制冷装置。

（6）如需停止充注制冷剂，则顺时针转动蝶形手柄，使针阀堵住制冷剂罐上刚开的小孔，同时关闭歧管压力表的相应手动阀。

二、制冷装置检漏

1．加压检漏

加压检漏，俗称肥皂水检漏，是在生产实践中使用最多的检漏方法，操作简单，既能检测出制冷装置是否泄漏，又能检测出泄漏的具体位置。其操作方法为：

（1）将歧管压力表的高压表和空调系统的高压端充注口相连，将歧管压力表中间的黄色软管与氮气装置减压阀相连。

（2）依次开启歧管压力表上的手动高压阀、氮气减压阀、氮气钢瓶阀门，氮气缓缓进入空调系统。

（3）高压表指示数值达到 1.0MPa 时，依次关闭氮气钢瓶阀门、氮气减压阀、手动高压阀。

（4）观察高压表指针，如果压力值下降，说明制冷装置泄漏。

（5）用海绵块吸收肥皂泡沫水，涂在接头处，查看是否有气泡产生，如有气泡产生说明该位置有泄漏点。

（6）找出泄漏点后释放充入制冷装置的氮气。

2．真空检漏

用真空泵对制冷装置进行抽真空操作，真空度应达到-98kPa，保压 1h 后，表指针无回升即可。

3．电子检漏

制冷装置中充入 0.35～0.5MPa 的制冷剂（以检漏设备要求的介质压力为准），采用相应的制冷剂检漏设备进行检漏，反复检查 2～3 次。

4．荧光检漏

制冷装置中充入含有荧光剂的制冷剂，运行 10～15min 后，使用紫外线灯照射各接头处和可疑位置，如有黄绿色或蓝色荧光，证明该处存在泄漏。

三、冷冻机油与制冷剂加注

1．抽真空

1）抽真空的作用

抽真空是制冷设备生产或维修过程中，充注制冷剂前的一个必不可少的重要工序。即用真空泵与制冷装置管路相连接（一般是高低压侧同时连接），将制冷装置管路中的不凝性气体和水分等排除的过程。

不凝性气体，是指混在制冷装置里的空气、氢、氮、润滑油蒸气等。这些气体随制冷剂在制冷装置中循环，而不随制冷剂一起冷凝，也不产生制冷效应。不凝性气体对汽车空调系统有很大的危害，主要表现为会使制冷装置冷凝压力升高，冷凝温度升高，压缩机排气温度升高，耗电量增加，制冷效率降低。同时由于排气温度过高，可能会导致润滑油碳化，不仅影响润滑效果，严重时还有可能烧毁制冷压缩机。

水分是制冷装置中的最大杀手。一方面，润滑油与水分作用会生成酸，进而腐蚀制冷装置，同时会造成"铜镀"现象，损坏压缩机；另一方面，水分会造成膨胀阀阀口或毛细管内结冰，出现"冰堵"现象。

2）抽真空的原理

真空泵启动后，制冷装置中的不凝性气体和水蒸气先被抽出，然后只剩下水分子（液态）。随着真空度的增加，制冷装置内绝对压力降低，当制冷装置内的绝对压力降低到与环境温度相对应的饱和水蒸气压力时，制冷装置内剩余的水分子沸腾成水蒸气，被继续抽出。需要注意的是，抽真空过程中，在正常操作情况下，制冷装置内的温度和外界环境温度是一致的。这也是环境温度越低，抽真空越难，速度越慢的原因。

3）抽真空操作

（1）如图 1-3-8 所示，将歧管压力表组高压表软管接入制冷装置高压检修阀，低压表软管接入制冷装置低压检修阀，中间软管接入真空泵接口上。

（2）打开歧管压力表组的手动高、低压阀，启动真空泵。

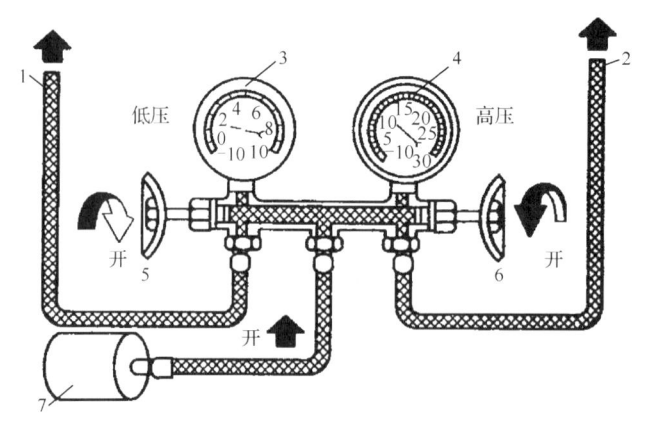

1—接低压检修阀的软管；2—接高压检修阀的软管；3—低压表；4—高压表；5—手动低压阀；6—手动高压阀；7—真空泵

图 1-3-8　使用真空泵抽真空

（3）待制冷装置真空度低于-90kPa时，关闭手动高、低压阀，静止10min后，观察压力表的真空度数值是否有回升。若真空度下降，则表明制冷装置有泄漏处，应停止抽真空操作，进行制冷装置检漏。

（4）再次启动真空泵，打开歧管压力表组的手动低压阀，继续抽真空 15min，然后关闭手动低压阀，抽真空结束。

2．加注冷冻机油

1）抽真空之前加注

（1）无压力平衡阀的压缩机。先将冷冻机油倒入量杯，再将冷冻机油缓缓地从压缩机注油孔倒入。加油前确保压缩机内无压力，如果在车上，需要通过截止阀断开压缩机与管路的连接，并排除压缩机里面的制冷剂。

（2）有压力平衡阀的压缩机。先将压缩机运行5min，然后依次关闭压缩机低压、高压截止阀，使空调管路与压缩机断开，再使用 Φ17mm 的套筒或梅花扳手将低压截止阀从压缩机上拆下来（和低压软管连在一起），然后将冷冻机油倒入量杯，再将冷冻机油缓缓地从连接截止阀处的压缩机低压口倒入，每倒入一部分后停一下。并观察压缩机视液镜里面的油面，待倒入的冷冻机油沉下去后再继续加油，直到压缩机内油注满为止。

2）抽真空过程中加注

将歧管压力表高、低压软管与空调系统压缩机端的管路相连，中间软管与真空泵连接在一起，将连接歧管压力表一端的低压表管拆下，插入计量好油量的量筒内，尽量插到底部，并关闭手动低压阀。打开真空泵，再打开手动高压阀，冷冻机油会在真空泵的吸力作用下将冷冻机油吸入到空调系统低压端，直到预定的油量吸完。同时观察视液镜中的油量，直到冷冻机油加足为止。

3）抽真空后加注

抽真空结束后，关闭歧管压力表手动高、低压阀和真空泵，将连接真空泵上的歧管压力表卸下插入计量好油量的量筒内，尽量插到底部。然后打开手动低压阀，冷冻机油会在真空作用下吸入空调系统低压端，直到预定的油量吸完，并观察视液镜中的油量。

注意：从压缩机的低压端加入冷冻机油时，首先要确保压缩机处于停机状态！如果压缩机在开机状态加入冷冻机油，大量冷冻机油将以液体状态吸入压缩机气缸，由于液态的冷冻机油难以压缩，形成高压后容易导致高压阀片损坏。

3．加注制冷剂

商用汽车空调制冷装置加注制冷剂时需使用歧管压力表进行加注，根据加注量的不同，分为完全加注和补充加注两种，根据加注位置的不同，分为高压端加注和低压端加注两种。

1）高压端加注

高压端加注是从压缩机高压阀的旁通孔加注，充入的是液态制冷剂，其特点是快速、安全，适用于制冷装置的第一次加注，但加注时不可开启压缩机（要求发动机停转），且制冷剂罐应倒立放置。具体方法如下：

（1）使用歧管压力表对制冷装置进行抽真空检漏作业后，关闭歧管压力表的手动高、低压阀。

（2）将中间软管的一端与制冷剂注入阀的接头连接，打开制冷剂罐注入阀，拧松中间注入软管与歧管压力表相连接的螺母，听到制冷剂排放的声音后，立即拧紧螺母。

（3）打开手动高压阀到全开的位置，把制冷剂罐倒立，以便从高压侧注入液态制冷剂。

（4）从高压侧注入液态制冷剂两罐以上或按规定的量注入。

注意：从高压侧向制冷装置注入制冷剂时，千万不能启动发动机，而且充注过程中不能拧开手动低压阀。

2）低压端加注

（1）使用歧管压力表对制冷装置进行抽真空检漏作业后，将中间软管与制冷剂罐相连接，关闭歧管压力表的手动高、低压阀。

（2）打开制冷剂罐注入阀，拧松中间注入软管与歧管压力表相连接的螺母，听到制冷剂排放的声音后，立即拧紧螺母。此过程的目的是将中间注入软管中的空气排出。

（3）打开歧管压力表手动低压阀，制冷剂罐正立（正立时制冷剂在制冷剂罐的上部为气态，下部为液态，可防止液态制冷剂进入制冷系统低压侧时对空调压缩机的进、排气阀片造成"液击"），使制冷剂以气态的形式进入制冷系统的低压侧。当低压侧的制冷剂压力不再增加时，关闭歧管压力表的手动低压阀。

（4）启动发动机，打开空调开关，把鼓风机开关开到最大，温度开关开到最低，同时将车门打开。

（5）再次打开歧管压力表的手动低压阀，让制冷剂继续进入制冷系统。直到充注量达到规定值为止，关闭歧管压力表的手动低压阀和制冷剂罐注入阀。

（6）加注完毕后，关闭歧管压力表的手动高、低压阀，关闭装在制冷剂罐的注入阀，使发动机停止运转，从压缩机上迅速拆除制冷剂软管接头。此时要特别注意，高压侧管路中的制冷剂处于高压状态，因此必须十分小心，防止制冷剂喷出损伤眼睛和皮肤。

3）补充加注

汽车空调运转一段时间后，空调制冷装置会出现制冷剂泄漏、制冷效果变差等现象。此时，经检漏、修理后，需向制冷装置补充制冷剂，以满足制冷装置的需要。补充制冷剂的作业条件是经过修理后，制冷装置内仍有一定压力的制冷剂，补充制冷剂前无须抽真空，主要是通过低压检修阀来完成制冷剂的加注。操作步骤如下：

（1）启动发动机，开启空调系统，使制冷装置工作，并把制冷开关开到最大挡位。

（2）从储液干燥器上的观察窗确定制冷剂是否需要补充，也可通过测量制冷装置压力的方式确定制冷剂是否需要补充。

（3）将歧管压力表组、制冷剂罐和制冷装置连接起来。

（4）打开制冷剂罐注入阀，拧松中间注入软管与歧管压力表相连接的螺母，听到制冷剂排放的声音后，立即拧紧螺母。

（5）拧开歧管压力表上的手动低压阀，让制冷剂充入制冷装置，充注时注意歧管压力表上的数值。

任务考评

本节内容的考核与评分见表 1-3-1。

表 1-3-1 考核与评分表

考核内容	考核要求	评分标准	配分	得分 自评	得分 互评	得分 教师评
1. 车辆基本检查	（1）正确放置车轮挡块。 （2）正确安装座椅套、方向盘套、变速杆手柄套、脚垫。 （3）正确检查蓄电池电压	错误一处扣 5 分	20			
2. 车辆基本信息检查	准确记录车辆基本信息	错误一处扣 5 分	10			
3. 制冷装置检漏	（1）正确实施压力检漏。 （2）正确实施电子检漏。 （3）正确实施真空检漏。 （4）正确实施荧光检漏。 （5）正确回收工具	错误一处扣 5 分	30			
4. 冷冻机油与制冷剂加注	（1）正确抽真空。 （2）正确加注冷冻机油。 （3）正确加注制冷剂。 （4）正确回收工具	错误一处扣 5 分	30			
5. 职业素养	（1）学习态度：积极主动参与学习。 （2）团队合作：与小组成员一起分工合作，不影响学习进度。 （3）现场管理：服从工位安排、执行实训室管理规定	不足之处扣 3 分	10			
6. 安全文明生产	自觉遵守安全文明生产规程	违反一项规定扣 5 分				
合计	——	——	100			
操作时间	开始时间：	结束时间：		实际用时：		

任务 4　采暖装置检测与维修

学习目标

1. 能识别商用汽车空调采暖装置各个部件。
2. 能检查商用汽车空调的采暖性能。

3. 能对汽车采暖装置进行维护。
4. 锻炼科学的分析和解决问题的能力。

任务分析

汽车空调的采暖装置主要利用发动机冷却液给车内空气或由外部进入车内的新鲜空气加热，以达到在冬季对车厢空气进行取暖、除湿的目的。采暖装置既可以避免乘客过量着装，又可以给前、后风窗玻璃除霜和除雾。汽车空调的采暖装置由加热器、热水控制阀、水管、发动机冷却液等组成。良好的采暖性能是商用汽车空调正常工作的重要条件之一，也是商用汽车空调检查与维护的主要内容之一。本任务以柳汽乘龙系列汽车空调为载体，学习汽车空调采暖装置的作用与结构，掌握汽车空调采暖装置的操作与性能检查方法，并能通过检查判断汽车空调采暖装置的好坏。

任务准备

一、汽车空调采暖装置的种类

1. 根据热源不同区分

根据热源不同，汽车空调采暖装置可以分为如下四类：

（1）水暖式。水暖式采暖装置是利用发动机冷却液的热量来加热空气的，多用于货车及采暖要求不高的大客车上。

（2）气暖式。气暖式采暖装置是利用发动机排气系统的热量来加热空气的，多用于安装有风冷式发动机的汽车上。

（3）独立燃烧式。独立燃烧式采暖装置装有专门燃烧的采暖机构来加热空气，多用于大客车和重型载货汽车上。

（4）综合预热式。综合预热式采暖装置既利用发动机冷却液的热量又装有燃烧预热器，多用于大客车及部分豪华轿车上。

2. 根据空气循环方式不同区分

根据空气循环方式的不同，汽车空调采暖装置可以分为如下三类：

（1）内循环式。俗称内气式，是将车厢内部空气作为热载体，利用车内空气循环，使冷空气通过热交换器升温后进入车厢内供暖。这种方式消耗热量少，但卫生条件最不理想。

（2）外循环式。俗称外气式，将车外新鲜空气作为热载体，利用车外空气循环，使冷空气通过热交换器升温后进入车厢内供暖。这种方式卫生条件最为理想，但消耗热量也最多。

（3）内外混合式。俗称内外并用式，既引进车外新鲜空气，又利用部分车内的原有空气，以混合气作为热载体通过热交换器升温后向车厢里供暖。卫生标准和热量消耗介于内循环式和外循环式之间，是目前应用最普遍的方式。

二、水暖式采暖装置结构

采暖装置的能量大多来自发动机的冷却液（余热水暖式采暖装置），主要由暖风水阀、暖风散热器、鼓风机、风道装置和操纵机构组成。在汽车空调中，一般将温控器、蒸发器、鼓风机、加热器等组合在一起，如图1-4-1所示。

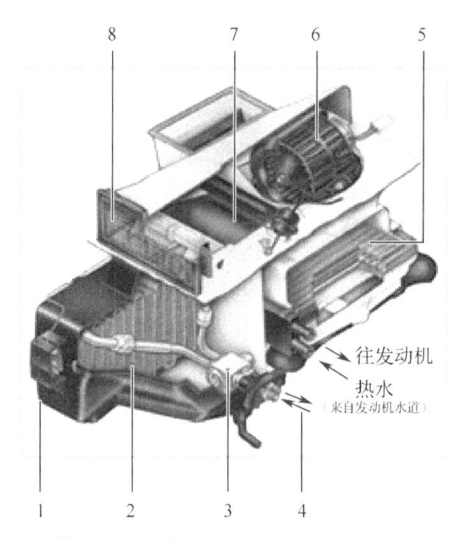

1-温控器；2-蒸发器芯；3-膨胀阀；4-制冷剂；5-加热器芯；6-鼓风机；7-真空阀；8-热风罩滤网

图 1-4-1　水暖式采暖装置结构

1．暖风水阀

暖风水阀位于发动机冷却液通道，通过操作面板上的温度控制旋钮，可以控制进入加热器芯的发动机冷却液流量。暖风水阀可由拉索控制，如图 1-4-2 所示，也可由真空控制，如图 1-4-3 所示。

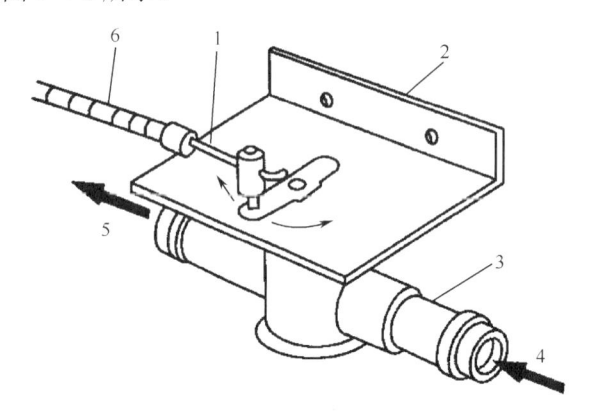

1—拉索；2—装配支架；3—阀门；4—来自发动机；5—至加热器芯；6—保护层

图 1-4-2　拉索控制式暖风水阀

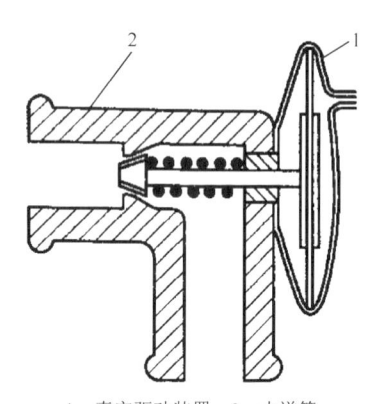

1—真空驱动装置；2—水道管

图 1-4-3　真空控制式暖风水阀

2．加热器芯

如图 1-4-4 所示，加热器芯由管子和散热器片等组成。当暖风水阀打开时，加热后的发动机冷却液部分流经加热器芯，用于为车厢内乘客提供所需的热量。

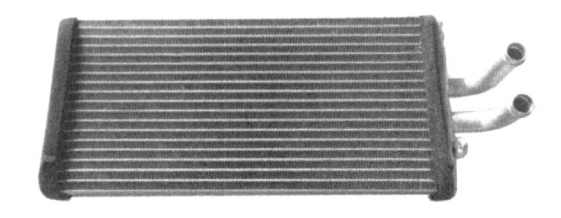

图 1-4-4　加热器芯

三、余热水暖式采暖装置的结构与原理

余热水暖式采暖装置分为冷却液循环回路和通风回路两个部分。冷却液循环回路与发动机冷却系统相连,借助发动机的水泵实现热水循环。来自发动机的冷却液从进水管流经暖风水阀进入加热器芯后,经由出水管回到发动机的冷却系统,实现回路的循环,如图1-4-5所示。

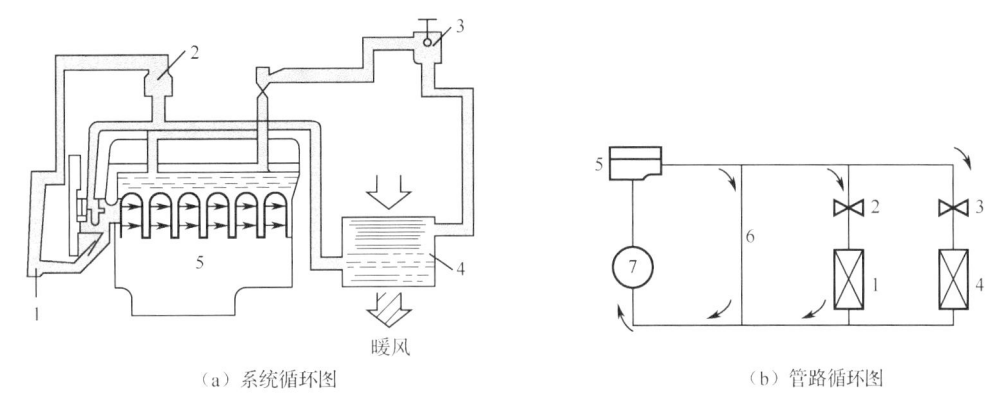

(a) 系统循环图　　(b) 管路循环图

1—散热器（水箱）；2—节温器；3—暖风水阀；4—加热器芯；5—发动机；6—旁路；7—水泵

图1-4-5　余热水暖式采暖装置制热循环示意图

在通风装置中,由鼓风机强制使空气循环运动。空气经由进风口被吸入,流经热交换器时被加热,并由出风口导出。通过调节暖风水阀开度、室内外空气循环风量和室内空气流动方向,即可控制驾驶室内空气的温度和湿度,如图1-4-6所示。

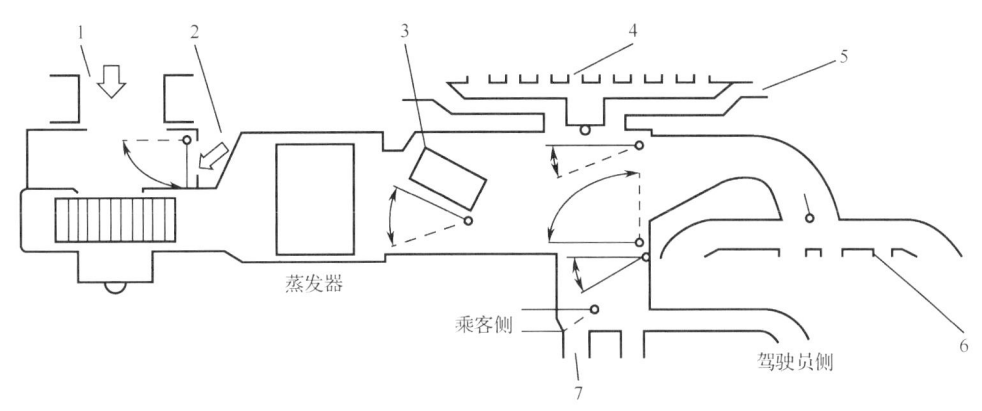

1—新鲜空气入口；2—内循环空气入口；3—加热器芯；4—除霜空气出口；5—侧除霜空气出口；6—通风口；7—地板暖风出口

图1-4-6　暖风形成示意图

任务实施

商用汽车空调采暖装置的主要检测数据是温度与湿度,使用的工具是干湿温度计和红外线测温仪,具体检测步骤如下：

（1）测量环境温度与湿度。使用干湿温度计,在离发动机至少2m的距离测量环境温度与湿度,读取数值并将其记录在工作页相应表格内。

启动发动机并热机使发动机冷却液温度升至90℃左右,将空调工作方式设置为采暖模式,将空调进气源设置为外循环,送风模式调节为面部模式,将风速开关设置为最大后,实施以

下测量工作。

（2）测量空调出风口温度与湿度。将干湿温度计放置在空调中央出风口处，读取数值并将其记录在工作页相应表格内。

（3）测量热水阀进出口温度。使用红外线测温仪测量热水阀进出口管路的温度，并将测量数值记录在工作页相应表格内。

任务考评

本节内容的考核与评分见表 1-4-1。

表 1-4-1 考核与评分表

考核内容	考核要求	评分标准	配分	得分
1. 车辆基本检查	（1）正确放置车轮挡块。 （2）正确安装座椅套、方向盘套、变速杆手柄套、脚垫。 （3）正确检查蓄电池电压	错误一处扣 5 分	20	
2. 车辆基本信息检查	准确记录车辆基本信息	错误一处扣 5 分	10	
3. 空调系统操作	（1）正确操作鼓风机风速调整开关。 （2）正确操作送风模式开关。 （3）正确开启汽车空调	错误一处扣 5 分	10	
4. 温度、湿度测量	（1）正确使用温度计。 （2）正确选择出风口。 （3）正确读取数值。 （4）正确填写作业记录表。 （5）正确回收工具	错误一处扣 5 分	50	
5. 职业素养	（1）学习态度：积极主动参与学习。 （2）团队合作：与小组成员一起分工合作，不影响学习进度。 （3）现场管理：服从工位安排、执行实训室管理规定	不足之处扣 3 分	10	
6. 安全文明生产	自觉遵守安全文明生产规程	违反一项规定扣 5 分		
合计	—	—	100	
操作时间	开始时间：	结束时间：	实际用时：	

任务 5 动力传递装置与管路检测与维修

学习目标

1. 能识别与检查商用汽车空调动力传递装置的各个部件。
2. 能调整与更换传动皮带。
3. 能检修汽车空调管路。

任务分析

商用汽车空调制冷装置的动力来源于发动机，发动机通过传动皮带驱动压缩机工作，所以传动皮带的使用状况和松紧程度严重影响汽车空调的制冷性能。另外，空调的制冷与采暖性能均离不开空调管路的正常工作。本任务以柳汽乘龙系列汽车空调为载体，学习汽车空调传动皮带与空调管路检测、修复、调整与更换的方法。

任务准备

一、空调管路

空调管路是连接汽车空调系统各主要部件的通路，主要以制冷装置的管路为主。制冷装置的管路主要由压力开关、充注与检修阀等组成，如图 1-5-1 所示。汽车空调管路可分为高压管路和低压管路。高压管路直径较小，其内流动的是液态高压制冷剂；低压管路直径较大，其内流动的是气态低压制冷剂。

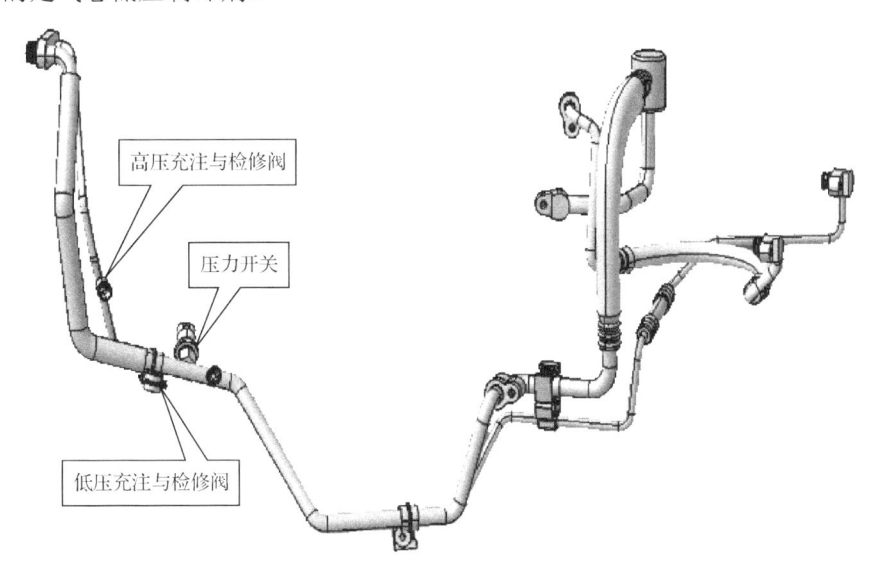

图 1-5-1 制冷装置的管路

1. 压力开关

压力开关用来在空调系统压力异常时切断压缩机和鼓风机工作，是空调系统的保护装置。商用汽车使用的压力开关有双态和三态两种，如图 1-5-2 所示。三态压力开关可控制散热风扇在不同压力下的风扇转速，而双态压力开关仅控制压缩机，不控制散热风扇。

2. 视液镜

如图 1-5-3 所示，视液镜，俗称观察窗，最高工作温度为 80℃，最大工作压力为 35bar。视液镜位于冷凝器出口，可用于观察判断制冷装置内制冷剂量是否充足（注意：由于当装置有故障或其内制冷剂型号不对时，视液镜也可能一直存在气泡，所以不能仅凭视液镜是否有气泡来判断制冷剂加注量是否充足）。

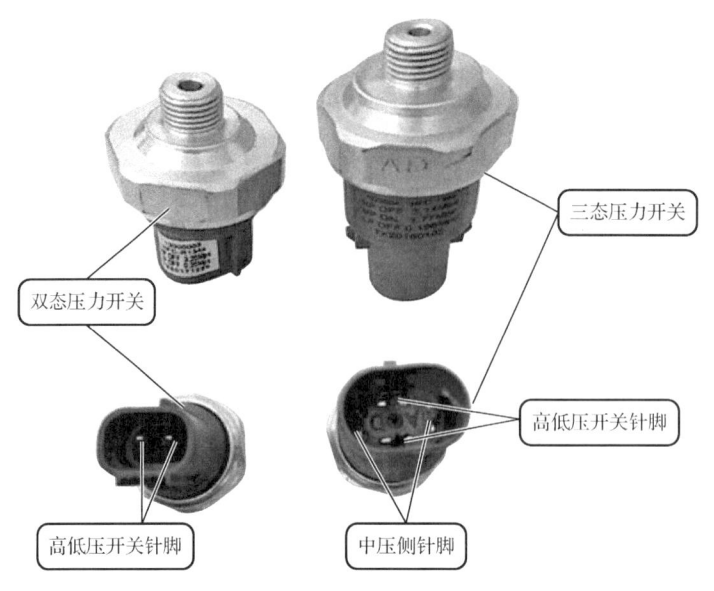

图 1-5-2　压力开关

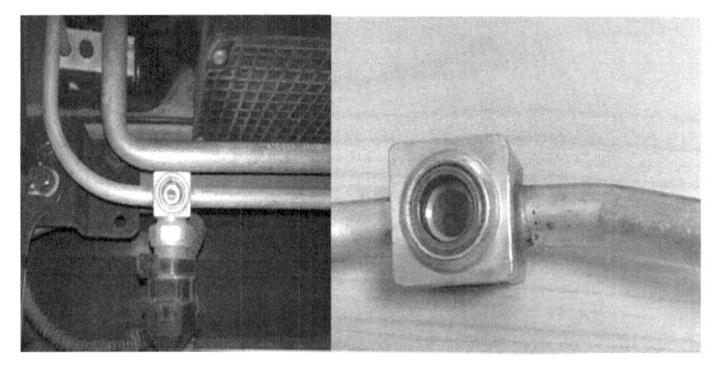

图 1-5-3　视液镜

3. 充注与检修阀

充注与检修阀分为高压充注与检修阀和低压充注与检修阀。高压充注与检修阀位于高压管路上，俗称高压阀；低压充注与检修阀位于低压管路上，俗称低压阀。充注与检修阀用来连接歧管压力表，从而观察装置压力和空调运行情况，并在检修过程中对汽车空调系统进行加压、抽真空、加注制冷剂和冷冻机油操作。如图 1-5-4 所示，充注与检修阀由阀座和阀芯（俗称气门芯）两部分构成，阀芯是比较常见的制冷剂泄漏部位。因此在日常保养中需检测阀芯是否存在泄漏，在拔取歧管压力表快速接头后，用肥皂水可快速检测阀芯是否有泄漏的情况。

4. 密封圈

如图 1-5-5 所示，O 型密封圈在汽车空调制冷装置中起着重要的作用，其应用主要有三个方面。一是作为制冷压缩机旋转轴机械密封或唇形密封的辅助密封元件，二是作为制冷压缩机机体、端盖之间的密封元件，三是作为制冷管道管接头的密封元件。密封圈在装配时需遵循以下两个技术要求。

（1）安装密封圈时，应在密封圈涂抹冷冻机油，以减少密封和管路紧固时的摩擦，并在密封处形成油膜增加密封性，如图 1-5-6 所示。

图 1-5-4　充注与检修阀

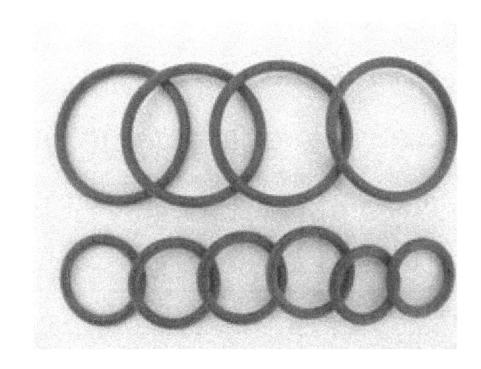

图 1-5-5　O 型密封圈

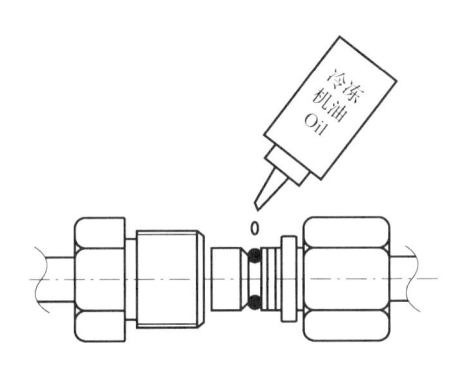

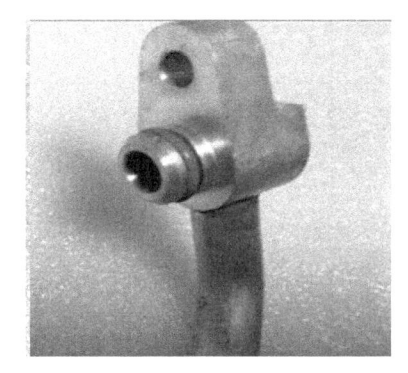

图 1-5-6　汽车空调密封圈安装前涂抹冷冻机油

（2）密封圈安装时螺纹必须对齐，密封圈必须平整压入螺纹外牙接口，螺丝拧紧时无卡顿，并根据要求力矩拧紧，如图 1-5-7 所示。

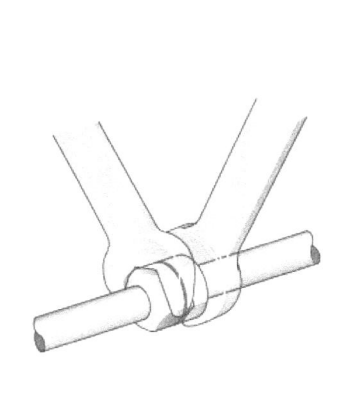

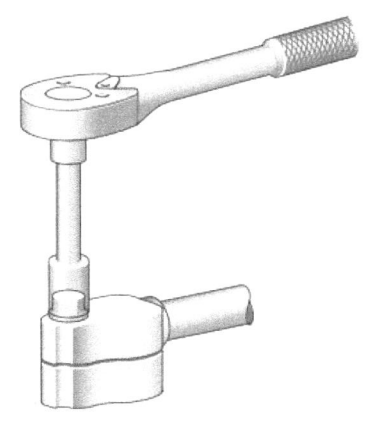

（a）螺母和接头型　　　　　　　　　　（b）固定接头型

图 1-5-7　汽车空调密封圈安装时螺纹的拧紧

二、传动皮带的检查

发动机通过传动皮带驱动空调压缩机工作，在使用过程中应经常检查其使用状况与松紧程度，如发现松弛应及时调整，若发现损伤或老化应及时更换。新装的传动皮带一般使用 30～40h 会出现松弛现象，此时应重新调整张紧力。不同车型空调压缩机传动皮带所要求的张紧力不同，可根据车型手册内的张紧力要求调整张紧力。

任务实施

一、汽车空调管路常见故障

汽车空调管路常见故障现象与处理措施如表 1-5-1 所示。

表 1-5-1 汽车空调管路常见故障现象与处理措施

部件	常见故障	现象	处理措施	图示
压力开关	压力开关泄漏	无制冷剂，压缩机不工作，压力开关泄漏。压力开关有明显油污，用肥皂泡试漏有明显气泡	打气试漏，更换压力开关	—
	高低压力开关短路	系统不在工作压力范围内（工作压力范围值：0.2kPa～31.4kPa），压缩机持续工作	用万用表检测高低压力开关对角触点，调到导通挡，在无制冷剂状态仍处于导通状态，说明压力开关损坏。更换压力开关	
	高低压力开关断路	系统在工作压力范围内（工作压力范围值：0.2kPa～32kPa）压缩机不工作	用万用表检测高低压力开关对角触点，调到导通挡，在无制冷剂状态仍处于切断状态，说明压力开关损坏。更换压力开关	同上
	中压压力开关断路	系统压力上升到 17.7kPa 时，水箱散热风扇未进入高速运转	用万用表检测中压压力开关对角触点，调到导通挡，在无制冷剂状态仍处于切断状态，说明压力开关损坏。更换压力开关	
视液镜泄漏		压缩机不工作，系统无制冷剂，视液镜处有明显油污，用肥皂泡试漏有明显气泡	打气试漏，更换管路	—
阀芯泄漏		系统无制冷剂或有制冷剂制冷效果差，气门芯处有明显油污，用肥皂泡试漏有明显气泡	打气试漏，更换气门芯	

续表

部件	常见故障	现象	处理措施	图示
其他		硬管和软管扣压处泄漏	打气试漏，更换管路	
		固定不牢，导致磨穿或震动开裂	打气试漏，更换管路	

二、传动皮带的检查、调整与更换

1. 传动皮带张紧度检查

检查传动皮带张紧度时，用手指向皮带施加 15N 左右的力，皮带应下压 5～7mm，如图 1-5-8 所示。皮带过紧会使压缩机及涨紧轮负载增大、皮带磨损加剧，寿命缩短。

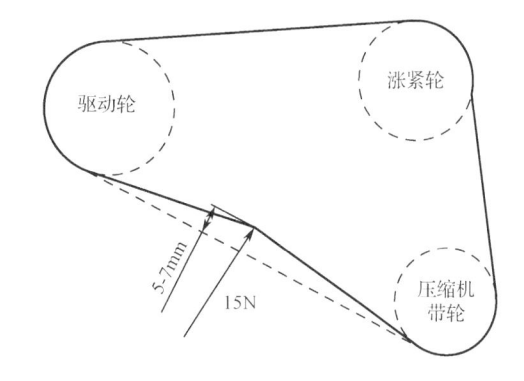

图 1-5-8 传动皮带张紧度的检查

2. 传动皮带的松紧度检查

检查传动皮带松紧度的方法是：发动机停转时，在中间位置用手翻转传动皮带观察是否能够翻转 90°。若翻转角度过多，说明驱动带松弛，应拉紧，若用手翻转不动，则说明驱动带过紧，应稍微再松一点。

3. 传动皮带的调整与更换

1) 传动皮带的调整

（1）松开上紧固螺母及下紧固螺母。

（2）转动调整螺栓以获得合适的传动皮带挠度或传动皮带张紧力，然后再拧紧紧固螺母与调整螺栓。

（3）重新检查传动皮带挠度或张紧力。

2）传动皮带的更换

（1）拧松空调压缩机下方的两个连接螺栓。

（2）旋转传动皮带张紧调节螺栓，直至传动皮带放松。

（3）将传动皮带由带轮向汽车前进方向脱出。

（4）将传动皮带套在带轮上，注意运转方向。

（5）旋转调节螺栓，直至传动皮带张紧。

（6）将空调压缩机下方两个连接螺栓拧紧。

注意：在拆装空调压缩机传动皮带之前，必须做好相应的记号；在拆装过程中，不能打开制冷剂循环，可以直接拆卸和安装压缩机支架及所属零部件；在安装压缩机传动皮带时，要注意必须将传动皮带上的筋条完全卡进带轮的楔槽内。

任务考评

本节内容的考核与评分见表1-5-2。

表1-5-2 考核与评分表

考核内容	考核要求	评分标准	配分	得分 自评	得分 互评	得分 教师评
1. 车辆基本检查	（1）正确放置车轮挡块。 （2）正确安装座椅套、方向盘套、变速杆手柄套、脚垫。 （3）正确检查蓄电池电压	错误一处扣5分	20			
2. 车辆基本信息检查	准确记录车辆基本信息	错误一处扣5分	10			
3. 传动皮带检查、调整与更换	（1）正确检查传动皮带挠度。 （2）正确检查传动皮带松紧度。 （3）正确调整与更换传动皮带	错误一处扣3分	10			
4. 汽车空调管路检漏	（1）正确使用检漏工具。 （2）正确选择检漏部位。 （3）正确判断检漏结果。 （4）正确维修检漏点。 （5）正确回收工具	错误一处扣5分	50			
5. 职业素养	（1）学习态度：积极主动参与学习。 （2）团队合作：与小组成员一起分工合作，不影响学习进度。 （3）现场管理：服从工位安排、执行实训室管理规定	不足之处扣3分	10			
6. 安全文明生产	自觉遵守安全文明生产规程	违反一项规定扣5分				
合计	—	—	100			
操作时间	开始时间：	结束时间：		实际用时：		

项目二　商用汽车手动空调检测与维修

商用汽车手动空调主要由送风装置、制冷装置、采暖装置、控制装置4个部分组成，用于调整车厢内的温度、湿度、风速和空气清洁度。送风装置的常见故障为不出风或气流分配异常，制冷装置的常见故障为制冷不足或不制冷，采暖装置的常见故障为无暖风。与自动空调相比，商用汽车手动空调的零部件以机械装置为主，其结构与工作原理较为简单，故障检测与维修方法较易上手。

本项目包括以下4个任务：

任务1　送风异常故障检测与维修

任务2　气流分配异常故障检测与维修

任务3　制冷异常故障检测与维修

任务4　暖风异常故障检测与维修

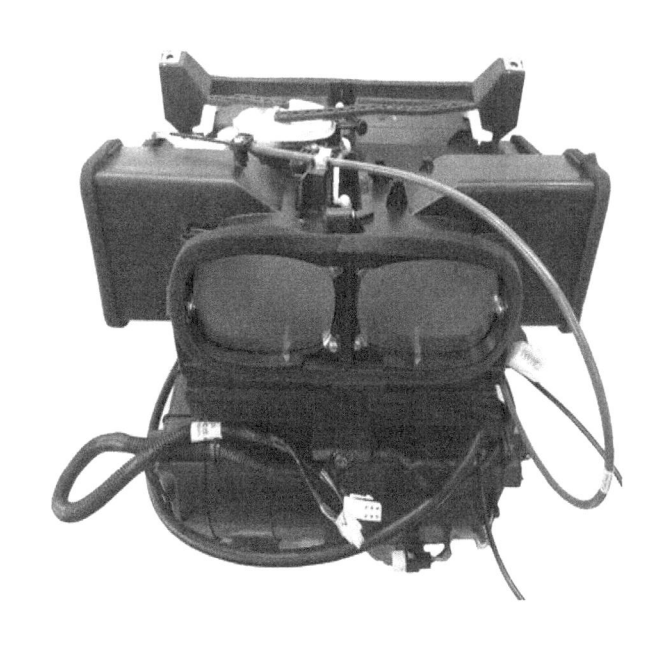

任务1　送风异常故障检测与维修

学习目标

1. 能描述商用汽车手动空调鼓风机电路的组成与调速原理。
2. 能检测与维修商用汽车手动空调鼓风机不工作故障。
3. 能更换商用汽车手动空调鼓风机、调速电阻、控制器等相关部件。
4. 通过故障分析建立电路检测的思路与方法。

任务分析

正常出风是汽车空调工作的必要条件,鼓风机配合制冷装置为车厢内提供冷气以降低车厢内的温度,配合采暖装置为车厢内提供暖风以提高车厢内的温度,从而保证汽车乘坐的舒适性。商用汽车空调无风,将导致商用汽车空调制冷装置、采暖装置均不工作,严重影响乘坐舒适性,甚至危及汽车行驶安全。商用汽车维修人员应能快速分析空调无风的故障原因,掌握鼓风机电路故障的检测与诊断方法,并能采取适宜的维修措施以恢复汽车空调的出风性能。

任务准备

一、商用汽车手动空调鼓风机电路的组成

商用汽车空调鼓风机电路由风速调节开关(集成在空调控制器上)、调速电阻、鼓风机(蒸发风机)、连接线束等组成,用来控制出风口空气的流动速度。

1. 风速调节开关

风速调节开关集成在空调控制器上,通过风速调节旋钮实现调节功能,柳汽乘龙系列汽车手动空调控制器面板如图 2-1-1 所示。风速调节旋钮共 5 个挡位,用来控制鼓风机风速的大小。开关处于 OFF 挡时,鼓风机关闭;开关处于 1~4 挡时,风速逐渐升高,其中 1 挡风速最低,4 挡风速最高。

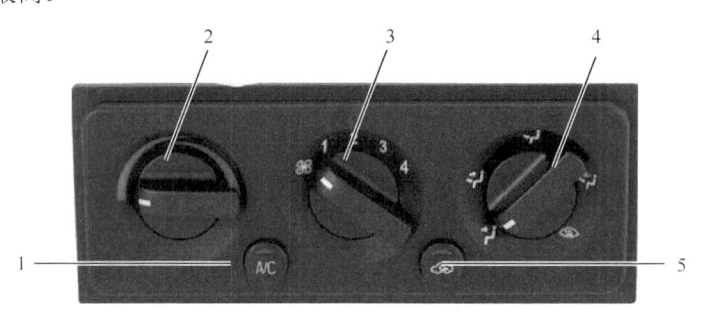

1—A/C 开关;2—温度风门控制旋钮;3—风速调节旋钮;4—送风模式选择旋钮;5—内外循环模式选择开关

图 2-1-1 柳汽乘龙系列汽车手动空调控制器面板

2. 调速电阻

调速电阻是调整鼓风机转速、功率和风量的控制部件,如图 2-1-2 所示。调速电阻用于手动空调的风速、风量控制,并对鼓风机有保护作用。调速电阻的电路原理图如图 2-1-3 所示,当调速电阻温度达到 216℃时,调速电阻内置的熔断保险熔断,鼓风机将无法工作。调速电阻接入电路时,通过接入电阻数量的不同来调节鼓风机的转速,1 挡时 3 个电阻接入电路,2 挡时 2 个电阻接入电路,3 挡时 1 个电阻接入电路,4 挡时没有电阻接入电路。

3. 鼓风机

商用汽车鼓风机又称蒸发风机,是空调冷、暖风输出的部件,其外形如图 2-1-4 所示。商用汽车通常采用双轴鼓风机,额定工作电压为 24V。其中,轻卡用鼓风机风量为 450m^3/h,重卡用鼓风机风量为 500m^3/h。

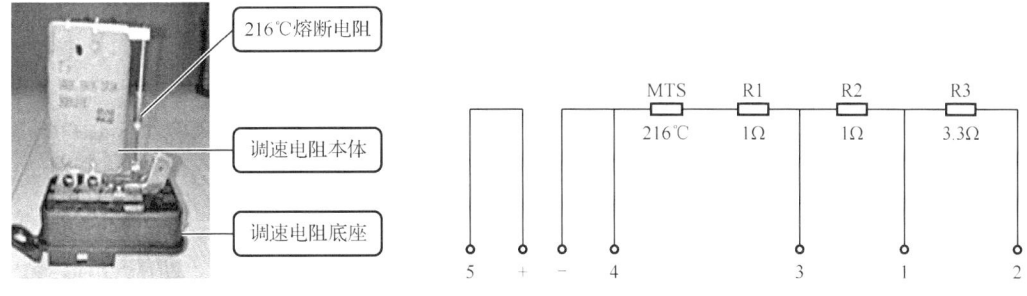

图 2-1-2 调速电阻　　　　图 2-1-3 调速电阻的电路原理图

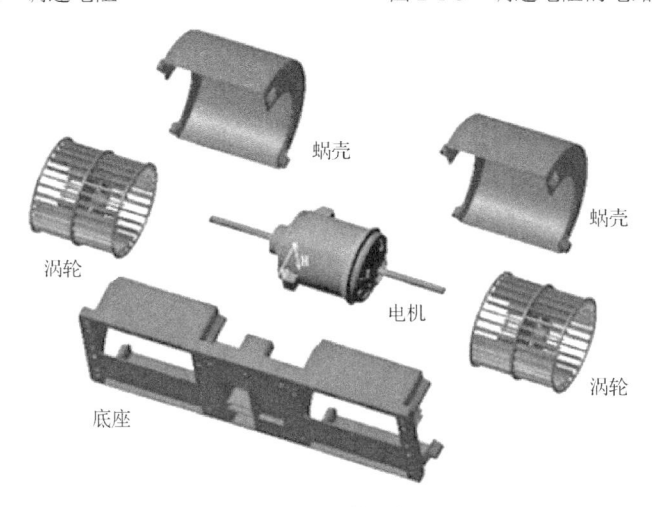

图 2-1-4 鼓风机

二、商用汽车手动空调鼓风机电路分析

1. 商用汽车手动空调风速控制原理

如图 2-1-5 所示，商用汽车手动空调通过改变鼓风机开关与调速电阻的接通方式，可实现以不同的转速运转。鼓风机开关处于 I 位置时，至鼓风机电动机的电流需经过 3 个电阻，鼓风机以低速运转；将开关调至 II 位置时，至鼓风机电动机的电流需经过 2 个电阻，鼓风机以中低速运转；将开关拨至 III 位置时，至电动机的电流只经过 1 个电阻，鼓风机以中高速运转；选定位置 IV 时，电路中不串接任何电阻，加至鼓风机电动机的是电源电压，鼓风机以最高速运转。

注意：开关既可以控制鼓风机电动机的正极，也可以控制鼓风机电动机的负极。

1—鼓风机开关；2—调速电阻；3—限温开关；
4—鼓风机电动机

图 2-1-5 手动空调风速控制原理

2. 商用汽车手动空调鼓风机电路连接

柳汽某型商用汽车手动空调鼓风机电路如图 2-1-6 所示，整个电路由电源、点火开关、保险丝、鼓风机继电器、鼓风机、调速电阻、风速调节开关等组成。

· 43 ·

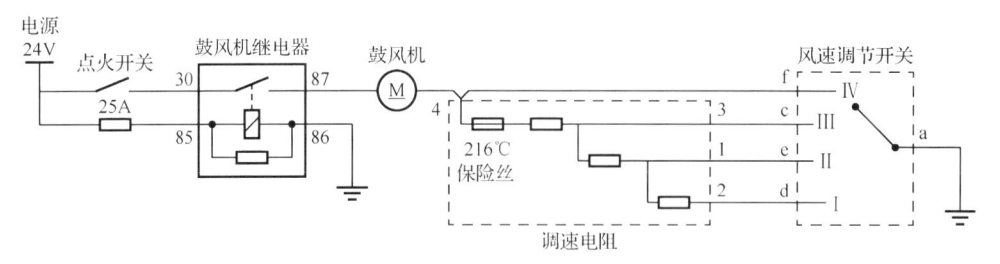

图 2-1-6 柳汽某型商用汽车手动空调鼓风机电路

1）鼓风机继电器

鼓风机继电器为24V的常开继电器，端子85和端子86内部连接一个电磁线圈，端子30和端子87连接一组活动触点。当线圈与24V电源接通时，线圈产生磁场吸合触点，使端子30和端子87接通，从而实现小电流（流经线圈）控制大电流（流经触点）。

2）风速调节开关

风速调节开关插接器外形如图 2-1-7 所示，有a、b、c、d、e、f共计6个针脚，内部连接关系如表 2-1-1 所示。

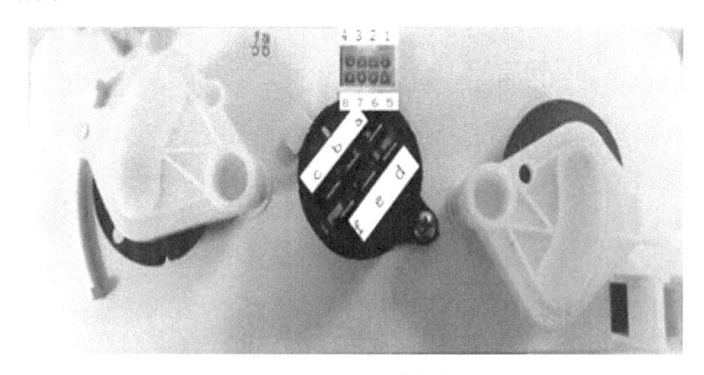

图 2-1-7 风速调节开关插接器外形

表 2-1-1 风速调节开关插接器内部连接关系表

端子号	a	b	c	d	e	f
OFF 挡	●	●	●	●	●	●
1 挡	●	●		●		
2 挡	●	●			●	
3 挡	●	●	●			
4 挡	●	●				●
连接位置	车身搭铁	蒸发器温度传感器端子2	调速电阻端子3	调速电阻端子2	调速电阻端子1	调速电阻端子4

3）调速电阻

调速电阻插接器有5个端子，除5号端子未使用外，其余4个端子均和鼓风机开关连接，如图 2-1-8 所示。另外，调速电阻端子4还与鼓风机搭铁端相连。

4）鼓风机

鼓风机有2个端子，红色导线对应端子连接24V电源，黑色导线对应端子连接调速电阻端子4。

图 2-1-8　鼓风机插接器

任务实施

一、商用汽车手动空调无风故障检测

商用汽车手动空调出现无风故障，其原因在于鼓风机没有工作，通过分析鼓风机电路可知，造成鼓风机不工作的原因可能是鼓风机损坏、调速电阻损坏、风速调节开关损坏、鼓风机继电器损坏、保险丝损坏或线束损坏、搭铁不良等。

1. 保险丝及前部电路检测

找出鼓风机保险丝的位置，分别测量保险丝两端对搭铁电压值，若电压值均等于电源电压，说明保险丝与前部电路完好。若保险丝熔断，则需要通过检测并确认电路不存在短路故障之后再更换保险丝。

2. 鼓风机继电器与前部电路检测

从保险盒中拔出鼓风机继电器，分别测量保险盒内鼓风机继电器端子 85、端子 30 插孔对搭铁电压。若电压值等于电源电压，说明前部电路完好。测量鼓风机继电器端子 85 和端子 86 之间的电阻值，应为 250Ω 左右；测量端子 30 和 87 之间的电阻值，应为无穷大；将端子 85 接 24V 电源正极，端子 86 接 24V 电源负极，测量端子 30 和 87 之间的电阻值，应小于 10Ω。若测量数值不同，说明鼓风机继电器存在故障，应进行更换。

3. 鼓风机与搭铁检测

断开鼓风机插接器，分别进行以下测量：

（1）测量黑色导线对应端子与搭铁电阻值，应小于 5Ω。

（2）测量红色导线对应端子电压，应为 24V；若电压不为 24V，则继续根据线路连接关系进一步测量，判断导线是否存在断路或虚接现象。

（3）将鼓风机红色导线对应端子连接蓄电池正极，黑色导线对应端子连接蓄电池负极，鼓风机应运转，如鼓风机不运转，说明鼓风机已损坏。

（4）测量鼓风机插接器连接导线是否导通，若不导通，应进行维修。

4. 风速调节开关检测

根据表 2-1-1，将风速调节开关拧至各个挡位，使用万用表测量相应端子应能导通，若不导通，说明鼓风机开关损坏；使用万用表测量线束各连接导线应能导通，若不导通，说明线束损坏，应进行维修。

5. 调速电阻检测

根据图 2-1-3，测量调速电阻各端子之间电阻值，若电阻值为无穷大，说明调速电阻损坏，需要更换新件。调速电阻失效时，鼓风机只有最高速挡（4 挡）工作。

6．商用汽车手动空调无风或风量小故障原因与维修措施

商用汽车手动空调无风或风量小常见故障原因与维修措施如表 2-1-2 所示。

表 2-1-2　商用汽车手动空调无风或风量小常见故障原因与维修措施

可能的原因	措　　施
控制器保险熔断	更换控制器保险
鼓风机保险熔断	更换鼓风机保险
鼓风机继电器损坏	更换鼓风机继电器
鼓风机线路存在短路或断路	检测修复线路
控制器故障	更换控制器
调速电阻或调速模块损坏	更换调速电阻或调速模块
鼓风机损坏	更换鼓风机
鼓风机老化导致转速过低	更换鼓风机
蒸发器过滤器脏堵	更换或清洗蒸发器过滤器
蒸发器芯体脏堵	清洗蒸发器芯体
蒸发器表面结冰	检测出风口是否打开或检测空调线路及系统是否存在其他故障
发电机输出电压低或无发电	检修发电机

二、商用汽车手动空调送风装置元件更换

1．更换控制器

（1）将冷暖调节旋钮调整至冷挡最下端，将送风模式旋钮调整至除霜模式，如图 2-1-9 所示。

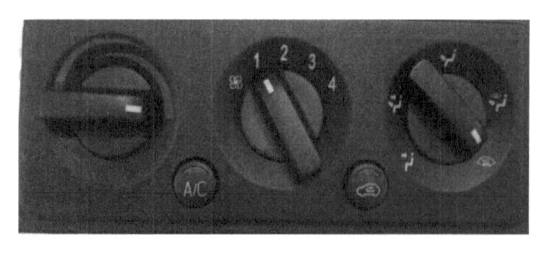

图 2-1-9　操作开关

（2）把仪表台内饰板打开后，拆卸 4 颗紧固螺钉，如图 2-1-10 所示。

（3）断开连接线束插头，如图 2-1-11 所示。

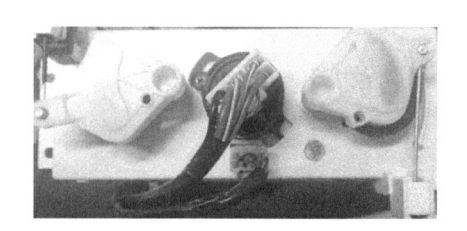

图 2-1-10　拆卸紧固螺钉　　　　图 2-1-11　断开连接线束插头

（4）使用工具往下按拉索扣，将送风模式和冷暖控制拉索拆除，如图 2-1-12 所示。

图 2-1-12　拆除送风模式和冷暖控制拉索

（5）安装顺序与拆卸顺序相反。

2．更换调速电阻

按表 2-1-3 所示过程更换调速电阻。

表 2-1-3　调速电阻的更换

序号	1	2	3
操作	向内按下插头倒钩并向后拉，拔出调速电阻插头	拆下 2 颗紧固螺钉	取出调速电阻
图示			
序号	4	5	6
操作	装上调速电阻	拧紧紧固螺钉	插好调速电阻线束插头
图示			

注意：调速电阻的插头一定要插到位，否则会引发接触不良，导致鼓风机出现工作断断续续或不工作的现象。

3．更换鼓风机

按表 2-1-4 所示过程更换鼓风机。

表 2-1-4　鼓风机的更换

序号	1	2	3
操作	向内按下蒸发器温度传感器插头倒钩并往后拉，拔出插头	向内按下鼓风机插头倒钩并往后拉，拔出插头	向内按下调速电阻插头倒钩并往后拉，拔出插头

续表

图示	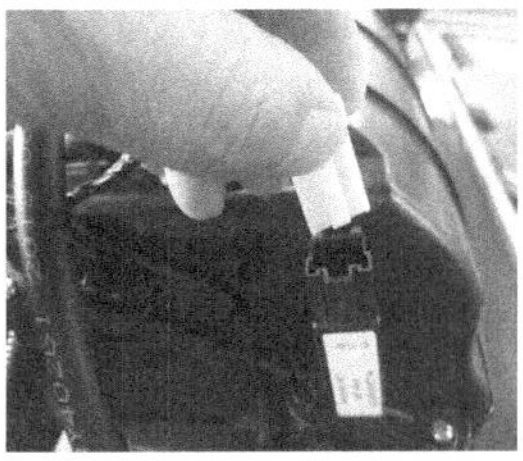	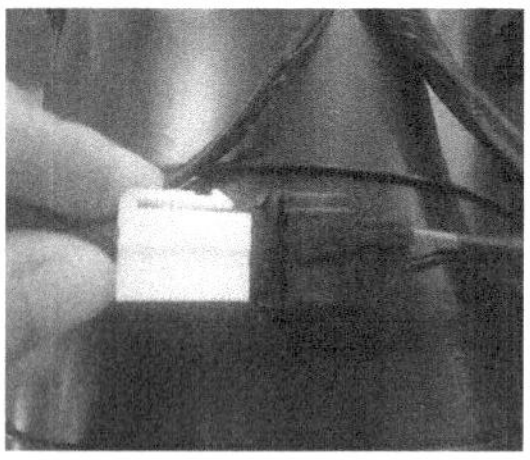	
序号	4	5	6
操作	取下鼓风机插头	取下蒸发器芯体插头	拆卸紧固螺钉（6颗）
图示			
序号	7	8	9
操作	取出后盖板	拆卸下壳体紧固螺钉（8颗）	取出下壳体
图示			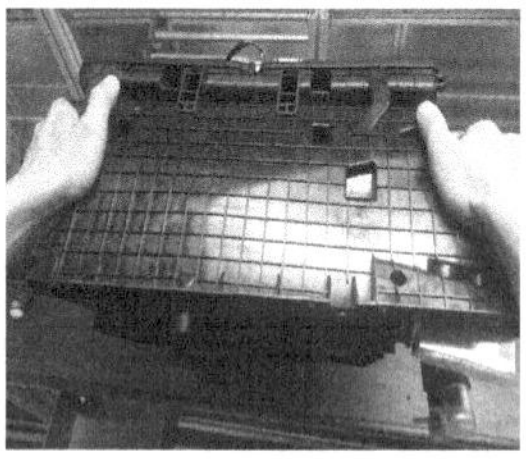
序号	10	11	12
操作	取出蒸发器芯体	拆卸紧固螺钉（10颗）	取出鼓风机
图示	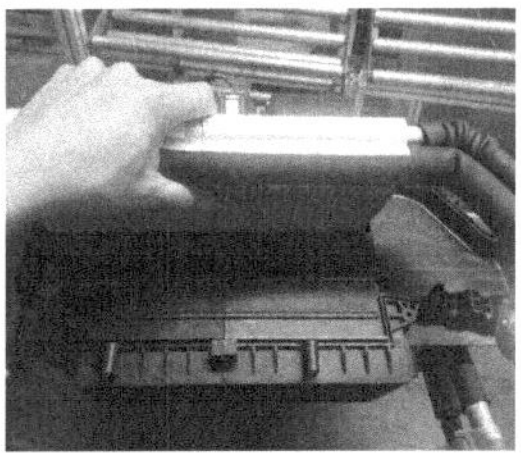		
序号	13	14	15
操作	安装鼓风机	安装固定螺钉（8颗）	安装蒸发器芯体
图示			

续表

序号	16	17	18
操作	安装下壳体	安装紧固螺钉（10颗）	把鼓风机电源线放到线槽内
图示			

序号	19	20	21
操作	安装紧固螺钉（6颗）	安装好鼓风机线头	安装好蒸发器温度传感器线头
图示			

任务考评

本节内容的考核与评分见表 2-1-5。

表 2-1-5　考核与评分表

考核内容	考核要求	评分标准	配分	得分
1. 车辆基本检查	（1）正确放置车轮挡块。 （2）正确安装座椅套、方向盘套、变速杆手柄套、脚垫。 （3）正确检查蓄电池电压	错误一处扣5分	20	
2. 车辆基本信息检查	准确记录车辆基本信息	错误一处扣5分	10	
3. 鼓风机电路元件识别	能正确识别送风装置各零部件	错误一处扣2分	10	
4. 鼓风机电路检修	（1）正确检测保险丝与前部电路。 （2）正确检测鼓风机继电器及前部电路。 （3）正确检测鼓风机与搭铁。 （4）正确检测鼓风机开关。 （5）正确检测调速电阻	错误一处扣5分	50	
5. 职业素养	（1）学习态度：积极主动参与学习。 （2）团队合作：与小组成员一起分工合作，不影响学习进度。 （3）现场管理：服从工位安排、执行实训室管理规定	不足之处扣3分	10	

续表

考核内容	考核要求	评分标准	配分	得分
6.安全文明生产	自觉遵守安全文明生产规程	违反一项规定扣5分		
合计	——	——	100	
操作时间	开始时间：	结束时间：	实际用时：	

任务2　气流分配异常故障检测与维修

学习目标

1. 能描述商用汽车手动空调气流分配装置的结构。
2. 能检测与维修商用汽车手动空调循环伺服电机电路故障。
3. 能检测与维修商用汽车手动空调送风模式调整装置的故障。
4. 通过故障分析建立电路检测的思路与方法。

任务分析

气流分配，是指汽车空调送风装置按照驾驶员的操作要求，将空气从车辆外部或内部通过既定的出风口吹向指定的部位，从而满足车内乘员的需要。商用汽车空调的出风口有前部出风口、脚部出风口、顶部出风口、风窗玻璃出风口，分别用于将空气分配至面部、脚部、头部和风窗玻璃处。商用汽车空调气流分配异常的故障现象有循环模式不正常、某种送风模式失效等，会严重影响车内乘员的舒适性。为此，商用汽车维修人员应能快速分析空调气流分配异常的故障原因，掌握检测与诊断方法，并能采取适宜的维修措施以恢复汽车空调的送风性能。

任务准备

商用汽车空调气流分配（送风模式）主要通过风门开闭完成，风门主要包含气源风门（用于控制内、外循环）、调温风门（用于调节送入车厢内部的空气温度）、底板/除霜风门（用于控制空气是否流向脚部和除霜出风口）、除霜风门（用于控制空气是否流向除霜出风口）。

一、汽车空调的气流分配

汽车空调通风装置在工作时，设置不同的送风模式可得到不同方向的送风。在汽车空调中，常见的送风模式有面部送风模式、面部+脚部送风模式、脚部送风模式、除霜模式和脚部送风+除霜模式。

1．面部送风模式气流分配

面部送风模式气流分配如图2-2-1所示。

2．面部+脚部送风模式气流分配

面部+脚部送风模式气流分配如图2-2-2所示。

图 2-2-1　面部送风模式气流分配

图 2-2-2　面部+脚部送风模式气流分配

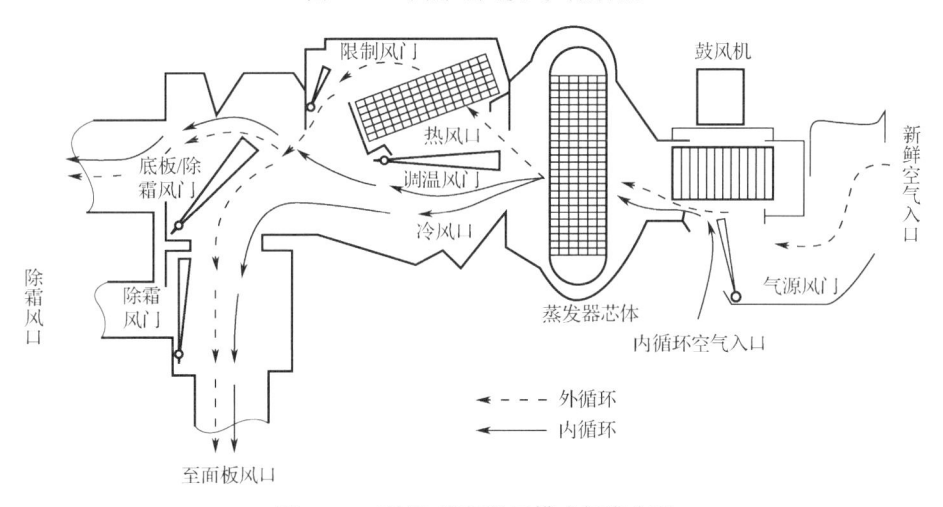

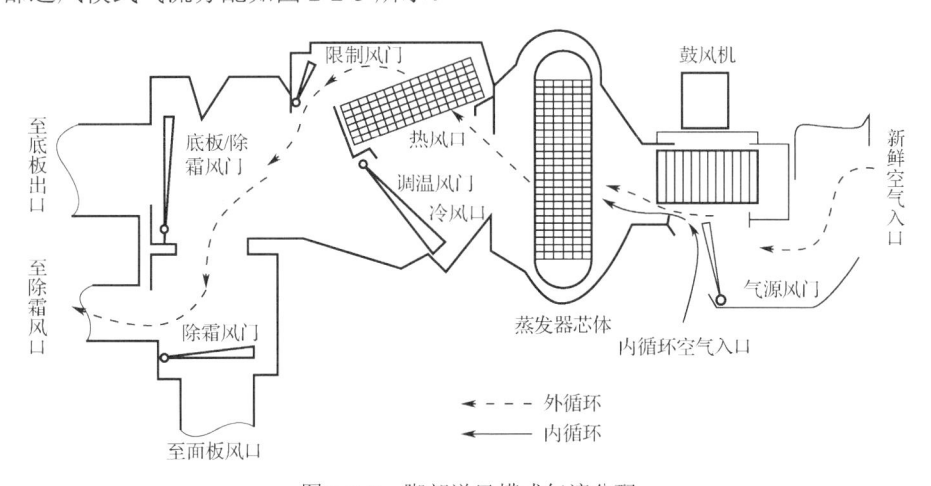

3. 脚部送风模式气流分配

脚部送风模式气流分配如图 2-2-3 所示。

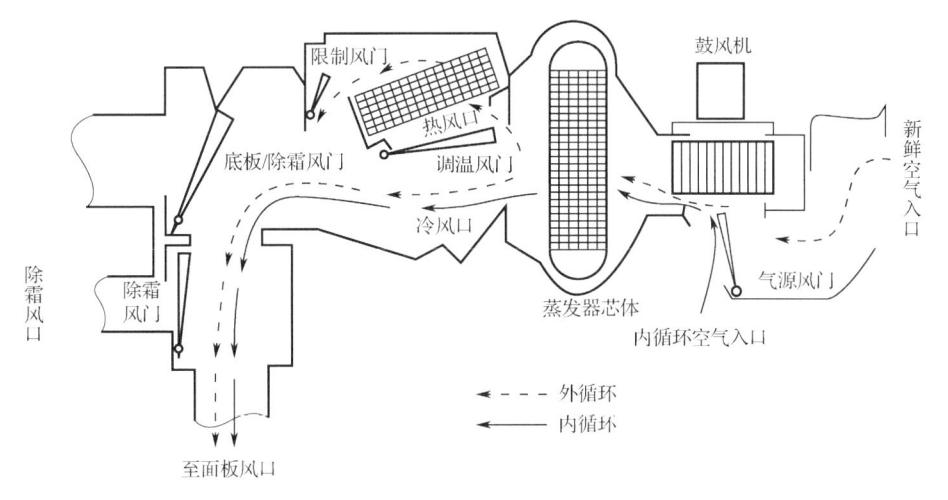

图 2-2-3　脚部送风模式气流分配

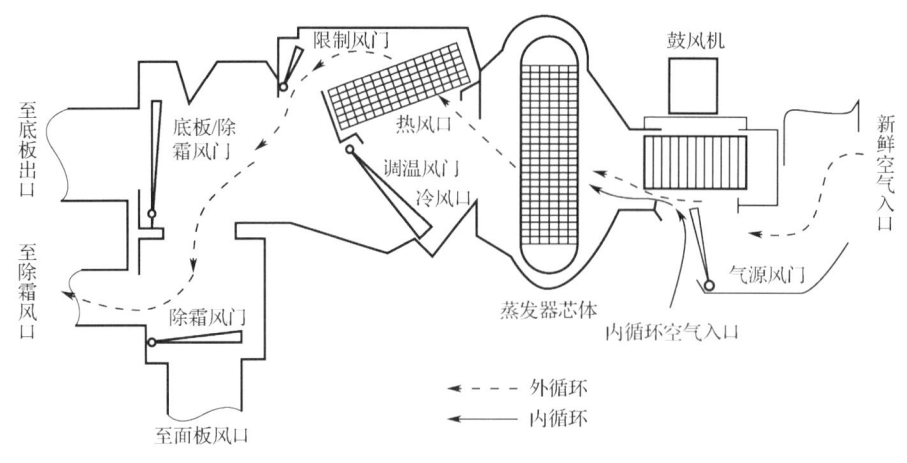

4. 除霜模式气流分配

除霜模式气流分配如图 2-2-4 所示。

图 2-2-4 除霜模式气流分配

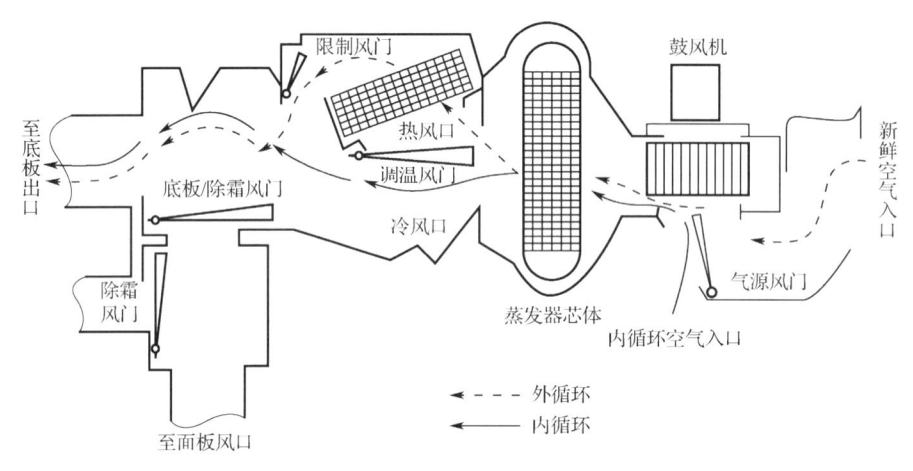

5. 脚部送风+除霜模式气流分配

脚部送风+除霜模式气流分配如图 2-2-5 所示。

图 2-2-5 脚部送风+除霜模式气流分配

二、商用汽车手动空调气流分配的部件

1. 手动空调控制面板

柳汽乘龙系列汽车手动空调的控制面板正面如图 2-2-6 所示，温度风门控制旋钮用于控制温度风门的转向角度；送风模式选择旋钮用于控制底板/除霜风门和除霜风门；内外循环模式选择开关用于切换内循环和外循环两种状态（开关指示灯发光代表此时开启的是内循环）。商用汽车的手动空调送风模式由送风模式选择旋钮后部的卡槽带动模式拉索，经模式传动机构部件，从而完成车辆空调系统内外循环方式的切换。柳汽乘龙系列汽车手动空调控制面板背面如图 2-2-7 所示。

2. 模式传动机构部件

商用汽车空调送风装置的模式传动机构用来连接控制开关与风门翻板，按照控制开关

的操作要求控制风门翻板进行相应的动作。其部件主要有模式拉索（见图 2-2-8）、模式拨盘（见图 2-2-9）、过渡齿轮（见图 2-2-10）、模式齿轮（见图 2-2-11）、盘头垫片（见图 2-2-12）、主动齿轮（见图 2-2-13）、除霜风门连杆（见图 2-2-14）、吹脚风门连杆（见图 2-2-15 和图 2-2-16）、拉索卡簧（见图 2-2-17）、吹面风门驱动齿轮（见图 2-2-18）、除霜风门过渡连杆（见图 2-2-19）和模式拉索挡板（见图 2-2-20）。

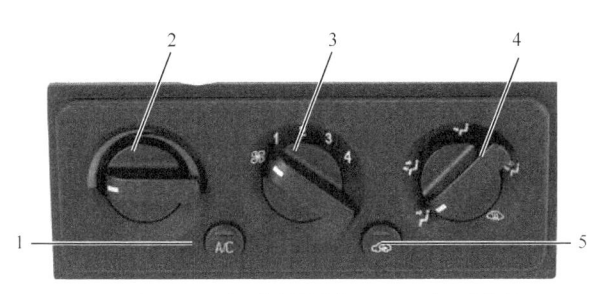

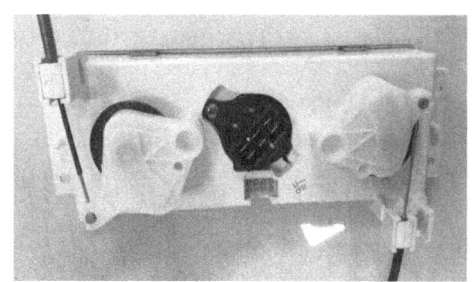

1—A/C 开关；2—温度风门控制旋钮；3—风速调节旋钮；
4—送风模式选择旋钮；5—内外循环模式选择开关

图 2-2-6　柳汽乘龙系列汽车手动空调控制面板正面　　图 2-2-7　柳汽乘龙系列汽车手动空调控制面板背面

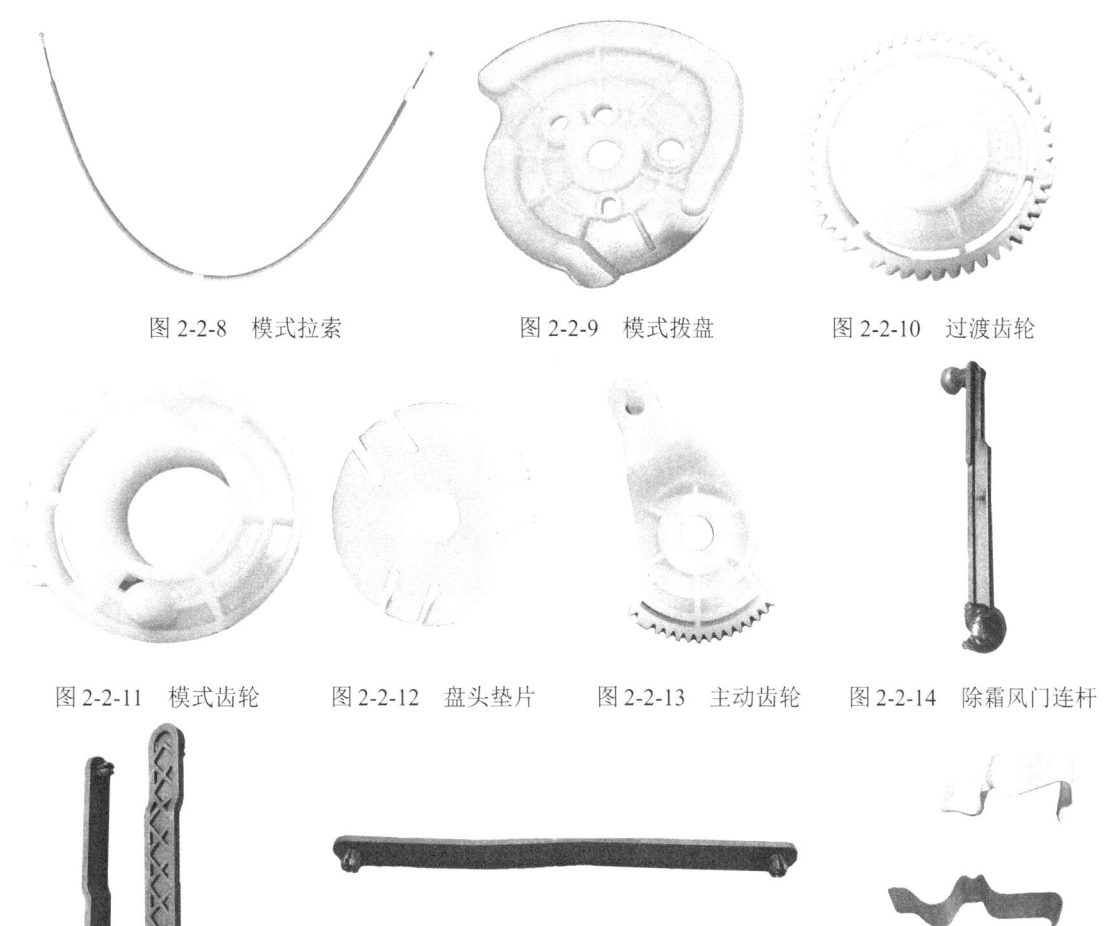

图 2-2-8　模式拉索　　　　　图 2-2-9　模式拨盘　　　　　图 2-2-10　过渡齿轮

图 2-2-11　模式齿轮　　图 2-2-12　盘头垫片　　图 2-2-13　主动齿轮　　图 2-2-14　除霜风门连杆

图 2-2-15　吹脚风门连杆 L　　　图 2-2-16　吹脚风门连杆 R　　　图 2-2-17　拉索卡簧

图 2-2-18　吹面风门驱动齿轮　　　图 2-2-19　除霜风门过渡连杆　　　图 2-2-20　模式拉索挡板

任务实施

一、商用汽车手动空调气流分配装置检修

1．手动空调控制器检修

手动空调控制器在使用过程中，由于元件老化、部件疲劳等，易导致模式开关部件损坏。手动空调控制器模式开关常见故障如表 2-2-1 所示。

表 2-2-1　手动空调控制器模式开关常见故障

主要失效模式	故障现象、原因	处 理 办 法
旋钮卡滞	控制器旋钮的齿轮断齿或有异物	（1）清理卡滞异物。 （2）更换控制器
旋钮断裂	控制器旋钮断裂	更换控制器
旋钮回弹	打开温度风门控制旋钮或风速调节旋钮，在左止点或者右止点旋钮回弹，导致制冷效果差	旋钮回弹，一般为拉索装配或 HVAC 的转动机构装配不良导致，因此，需重新理顺拉索装配或重新调整拉索固定位置

2．传动机构检测

观察传动机构各部件是否连接紧密，传动是否良好，传动过程中有无异响，从而确定传动机构是否正常。

二、商用汽车手动空调送风装置元件更换

1．更换模式拉索

按表 2-2-2 所示过程更换模式拉索。

表 2-2-2　模式拉索的更换

序号	1	2	3
操作	拆卸并取出拉索卡簧	用力拧出紧固螺钉并取下	取下模式拉索挡板
图示			

续表

序号	4	5	6
操作	将模式拉索转于摇臂开口处	取出模式拉索	取出模式拉索装到主动摇臂上
图示			

序号	7	8	9
操作	将装好的模式拉索放入线槽内	安装模式拉索卡簧	装上模式拉索挡板
图示			

序号	10	注意事项	螺钉规格
操作	用十字起拧上紧固螺钉	安装模式拉索时，外胶应与卡槽持平	十字槽盘头自攻钉 ST3.9×13
图示			

2. 更换模式拨盘与模式传动机构

按表 2-2-3 所示过程更换模式拨盘与模式传动机构。

表 2-2-3　模式拨盘与模式传动机构的更换

序号	1	2	3
操作	拆卸两根吹脚风门连杆	拆卸吹脚风门连杆 R	拆卸吹脚风门连杆 L
图示			

续表

序号	4	5	6
操作	用工具拧下紧固螺钉	拿下模式拨盘的盘头垫片	取下模式拨盘
图示			

序号	7	8	9
操作	用工具依次取下4颗紧固螺钉	取下4颗盘头垫片	拆卸除霜风门过渡连杆
图示			

序号	10	11	12
操作	取出吹面风门驱动齿轮	拿起除霜风门过渡连杆	取下除霜风门连杆一边，拿下除霜风门过渡连杆
图示			

序号	13	14	15
操作	取出除霜风门连杆	取出模式齿轮	取出过渡齿轮
图示			

序号	16	17	18
操作	取出主动齿轮	立柱涂油（注：5根立柱都需要涂油）	安装主动齿轮

续表

图示		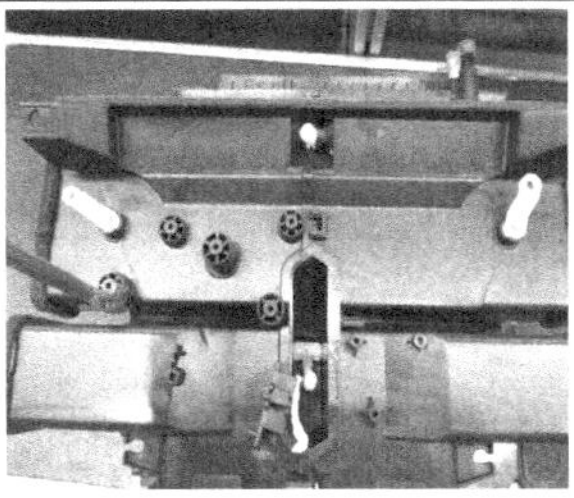	
序号	19	20	21
操作	安装过渡齿轮	齿面涂油	在模式齿轮内齿涂润滑脂
图示			
序号	22	23	24
操作	安装模式齿轮	齿面涂油	安装除霜风门连杆
图示			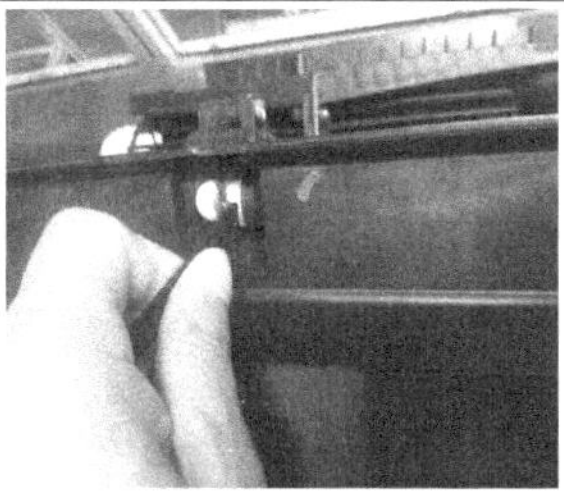
序号	25	26	27
操作	除霜风门过渡连杆与除霜风门连杆对接	把除霜风门连杆装到立柱上	安装吹面风门驱动齿轮
序号	28	29	30
操作	驱动齿轮与吹面风门连杆对接	依次放上4颗盘头垫片	拧紧盘头垫片紧固螺钉（4颗）
图示		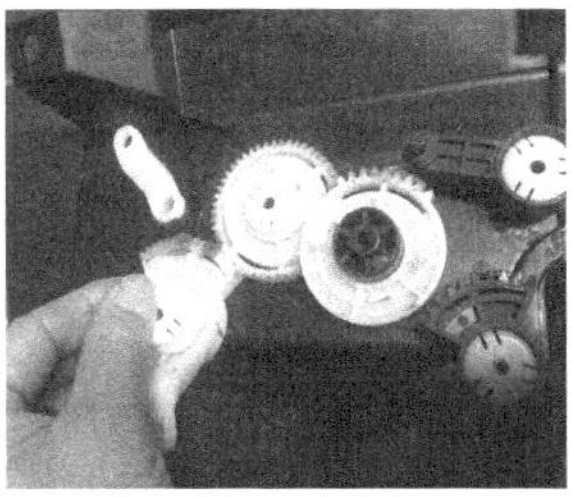	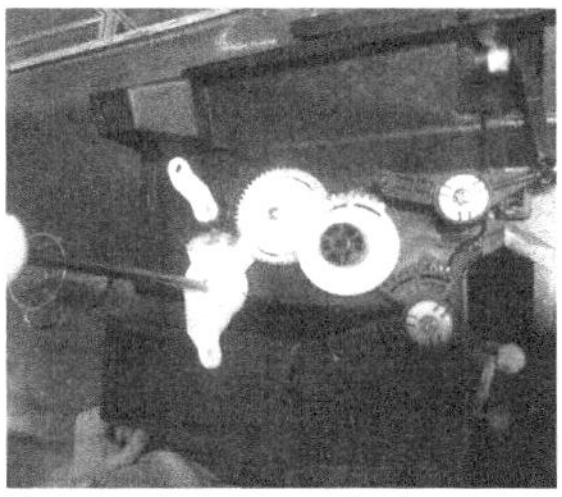

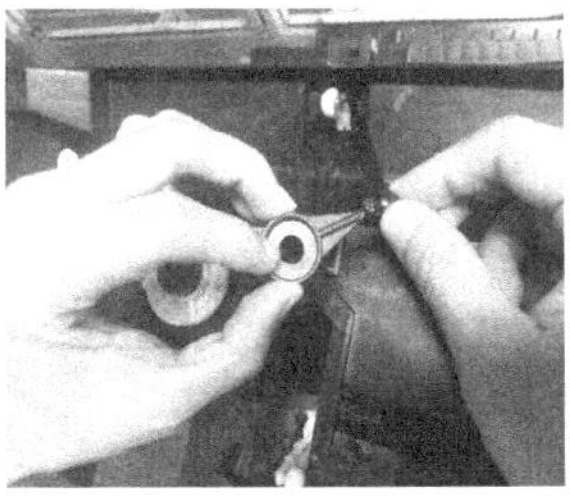

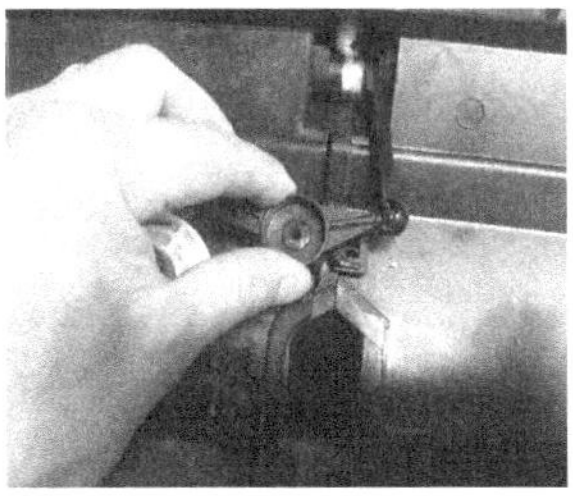

续表

序号	31	32	33
操作	模式拨盘运动轨迹上涂润滑油	装上模式拨盘	放上盘头垫片
图示			

序号	34	35	36
操作	拧紧紧固螺钉（1颗）	安装吹脚风门连杆L	安装吹脚风门连杆R
图示			

任务考评

本节内容的考核与评分见表2-2-4。

表2-2-4 考核与评分表

考核内容	考核要求	评分标准	配分	得分
1. 车辆基本检查	（1）正确放置车轮挡块。 （2）正确安装座椅套、方向盘套、变速杆手柄套、脚垫。 （3）正确检查蓄电池电压	错误一处扣5分	20	
2. 车辆基本信息检查	准确记录车辆基本信息	错误一处扣5分	10	
3. 气流分配装置部件识别	能正确识别气流分配装置各零部件	错误一处扣2分	10	
4. 气流分配装置检修	（1）正确检测手动空调控制器。 （2）正确检测传动机构。 （3）正确更换模式拉索。 （4）正确更换模式拨盘。 （5）正确更换模式传动机构	错误一处扣5分	50	
5. 职业素养	（1）学习态度：积极主动参与学习。 （2）团队合作：与小组成员一起分工合作，不影响学习进度。 （3）现场管理：服从工位安排、执行实训室管理规定	不足之处扣3分	10	
6. 安全文明生产	自觉遵守安全文明生产规程	违反一项规定扣5分		
合计	——		100	
操作时间	开始时间：	结束时间：	实际用时：	

任务3　制冷异常故障检测与维修

学习目标

1. 能描述商用汽车手动空调制冷性能的相关检测参数。
2. 能描述影响商用汽车手动空调制冷性能的部件。
3. 能检测商用汽车手动空调管路的压力与维修手动空调管路压力异常故障。
4. 能检测与维修商用汽车手动空调压缩机故障。
5. 能检测冷凝器与蒸发器性能。
6. 能检测与维修温控风门控制装置。

任务分析

商用汽车空调压缩机工作后，通过制冷剂在制冷装置内的循环与形态变化，使蒸发器的温度低于环境温度，通过鼓风机使空气流经蒸发器从而使空气降温，再由气流分配装置根据驾驶员指令将冷空气送至乘员面部、脚部、头部和风窗玻璃处，从而降低车厢空气的温度与湿度。商用汽车空调制冷异常的故障现象有空调不制冷（无冷风）、制冷量不足（送风温度较高）等，会严重影响车内乘员的舒适性。为此，商用汽车维修人员应能快速分析空调制冷异常的故障原因，掌握检测与诊断方法，并能采取适宜的维修措施以恢复汽车空调的制冷性能。

任务准备

一、商用汽车空调制冷性能的影响因素

商用汽车空调制冷功能是由制冷装置与送风装置共同配合而实现的，制冷装置保证蒸发器的工作温度正常（1~4℃），送风装置保证足量的空气通过蒸发器和送风通路工作正常。

1. 商用汽车空调制冷性能相关检测参数

（1）出风口温度。出风口温度决定着车厢内温度，只有出风口的温度足够低，才能保证空调有优良的降温性能。

（2）出风口送风速度。出风口送风速度影响着车厢内空气的流通速度，进而影响车厢内的温度。

（3）蒸发器温度。蒸发器温度决定了出风口的温度，从而决定了车厢内的温度。

（4）管路压力。管路压力反映了汽车空调压缩机的技术状况、空调管路的密封性能、膨胀阀的技术状况、制冷剂的数量。

2. 影响商用汽车空调制冷装置性能的因素

（1）压缩机工作是否正常。压缩机是汽车空调制冷装置的动力源。压缩机不工作，空调不制冷；压缩机工作不良，空调制冷效果不佳。

（2）制冷剂数量是否足量。制冷剂是汽车空调制冷装置的工作介质。制冷剂数量不足、纯度不够，均会导致汽车空调制冷效果不佳。

（3）冷凝器与蒸发器的热交换能力是否正常。汽车空调的制冷原理从根本上来说是"热量转移"，冷凝器与蒸发器的热交换能力是汽车空调制冷性能的重要保证条件之一。

（4）空调管路是否密封。商用汽车空调制冷装置是一个密闭的装置，空调的密封性决定了制冷剂的数量和制冷装置的压力。

（5）温控风门是否正常。温控风门的作用是调节商用汽车空调出风口冷风和热风的比例，温控风门的工作状态决定了汽车空调的功能和温度。

（6）鼓风机是否正常。鼓风机是汽车空调出风的保证，鼓风机的性能决定了汽车空调的出风量及出风温度。

二、商用汽车空调压缩机的工作原理

1．商用汽车空调压缩机的结构

汽车空调压缩机俗称空调泵，起着压缩、抽吸和推动制冷剂在制冷装置中循环的作用。汽车空调压缩机一般采用容积式，除部分由辅助发动机直接带动外，大多靠电磁离合器由发动机通过传动带带动。汽车空调压缩机的种类有很多，受空间、质量等因素的限制，目前商用汽车上广泛采用旋转斜盘式空调压缩机，如图2-3-1所示。

图2-3-1　旋转斜盘式空调压缩机

压缩机通常在机体圆周方向上布置6个或10个气缸，每个气缸中安装一个双向活塞，每个气缸两头都有进气阀和排气阀。压缩机旋转时，轴上的斜盘同时驱动所有的活塞运动，部分活塞向左，部分活塞向右。当活塞向左运动时，左侧的空间缩小，制冷剂被压缩，压力升高，打开排气阀，气体向外排出。与此同时，活塞右侧空间加大，压力减小，进气阀开启，制冷剂进入气缸。进、排气阀均为单向阀结构，保证了制冷剂不会倒流。

2．商用汽车空调压缩机电磁离合器

商用汽车空调压缩机电磁离合器的功能是控制发动机与空调压缩机之间的动力传递。当电源接通时，电磁离合器将发动机的动力传递给空调压缩机主轴，使空调压缩机处于工作状态；当电源断开时，电磁离合器便切断发动机与空调压缩机之间的动力传递，使空调压缩机停止工作。

1）汽车空调压缩机电磁离合器的结构

汽车空调压缩机电磁离合器主要由前板、转子组件及电磁线圈组成，如图2-3-2所示。

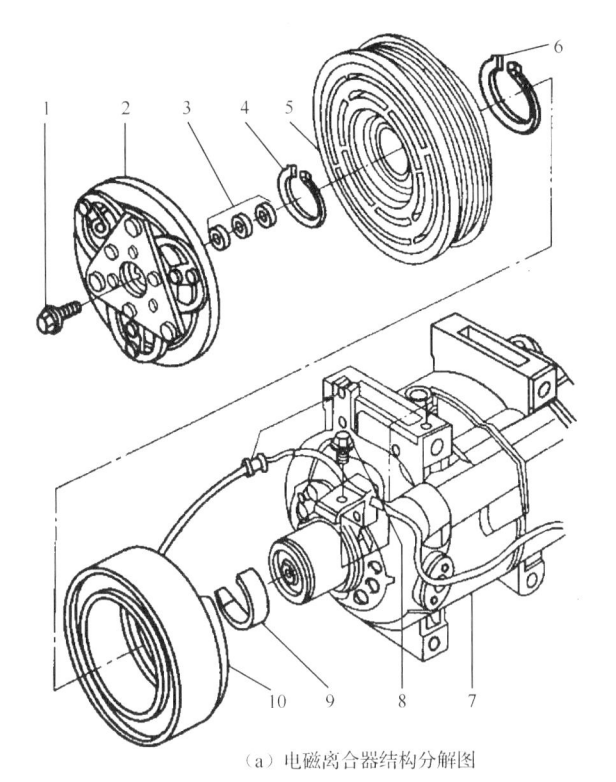

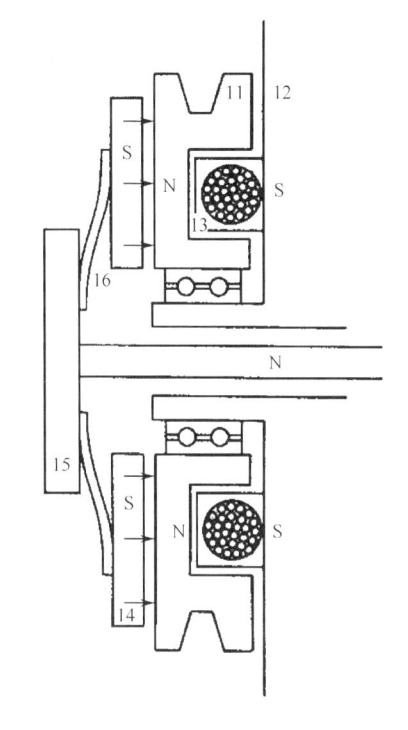

(a) 电磁离合器结构分解图　　　　　　(b) 电磁离合器工作原理图

1、8—螺栓；2—前板；3—调整圈；4—卡环；5—带轮；6—挡圈；7—压缩机缸体；9—毛毡油封；10—电磁线圈；
11—带轮；12—压缩机壳体；13—线圈；14—摩擦板；15—电磁离合器从动盘；16—回位弹簧

图 2-3-2　电磁离合器结构分解及工作原理图

（1）前板。前板主要由电磁离合器从动盘（简称从动盘）、回位弹簧、轴套（带键槽）、摩擦板等元件组成。电磁离合器是通过从动盘与电磁线圈来共同工作的。电磁线圈通电时，会产生电磁力，使从动盘与带轮吸合，于是压缩机主轴与皮带一起转动，获得发动机的动力。电磁线圈断电时，电磁力消失，从动盘与带轮断开，压缩机停止工作。回位弹簧的作用是当电磁线圈不通电、电磁力消失时，让从动盘与带轮迅速分开，以免两个贴合平面因分离不及时而造成摩擦烧坏。轴套由键槽与压缩机主轴相连，又与从动盘通过铆钉联结成一体。

（2）转子组件。转子组件由带轮和轴承组成。转子上有一侧平面是与从动盘相吸合的，平面上冲有许多供磁感应线通过的长槽，转子内圈装有平面轴承。

（3）电磁线圈。电磁线圈由外壳、线圈及接线组成，受温度控制器、压力控制器、车速继电器、冷却液温度开关及电源开关等组件的控制。

2）电磁离合器的工作原理

如图 2-3-2（b）所示，当电流通过电磁线圈时，会产生较强的磁场，使空调压缩机的电磁离合器从动盘和自由转动的带轮吸合，从而驱动空调压缩机的主轴旋转。当电流切断时，磁场消失，此时靠回位弹簧的作用力把从动盘和带轮分开，使空调压缩机停止工作。图中左侧的电磁离合器从动盘与压缩机主轴是通过花键连接的，从动盘上固定了几个回位弹簧，弹簧的另一端固定在摩擦板上，线圈固定在压缩机壳体上，带轮装在轴承上，可自由转动。当电流接通时，摩擦板和带轮一体，压缩机开始运转；当电流切断时，回位弹簧使摩擦板和带轮分开，压缩机就停止工作。

三、商用汽车手动空调压缩机电磁离合器电路分析

如图 2-3-3 所示，压缩机电磁离合器受继电器控制，继电器受温度控制器（简称温控器）控制，温控器受风速开关、空调开关和压力开关 3 个开关控制。其控制逻辑为：风速开关、空调开关和压力开关都接通→温控器接通→继电器触点接通→空调压缩机电磁离合器电路接通→空调压缩机开始运转→空调系统开始制冷。当车内温度逐渐降低至设定值时，温控器的触点会断开，空调继电器因无电而触点切断，使压缩机电磁离合器电路断开，压缩机停止工作，空调系统不制冷。

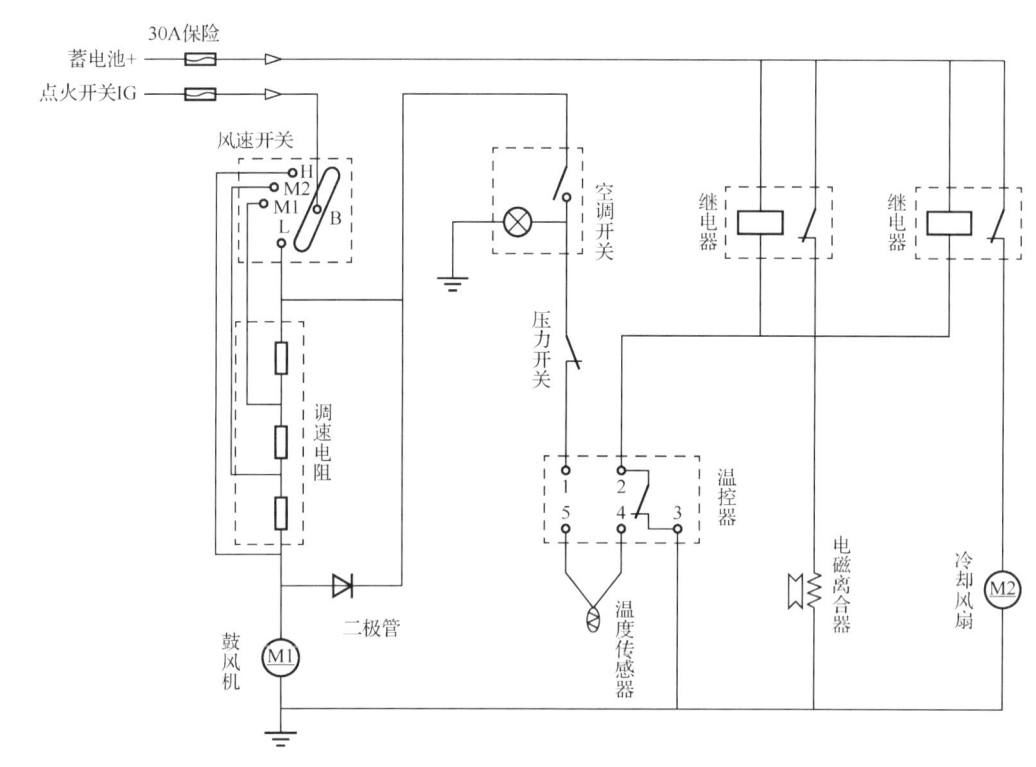

图 2-3-3 商用汽车手动空调压缩机电磁离合器电路

1．空调开关

空调开关又称 A/C 开关，是用来接通汽车空调压缩机的开关。按下此开关，可以启动/关闭整车制冷装置。

2．温控开关

温控开关又称温度控制器、恒温器、冷量开关等，其作用是检测蒸发器的表面温度，控制压缩机的运行时间，将车内温度控制在一定的范围内，并防止蒸发器表面温度降低到 0℃ 而结霜。

3．压力开关

压力开关又称压力继电器或压力控制器，分为高压开关和低压开关两种，安装在制冷装置高压管路或低压管路上。当制冷装置由于某种原因而导致管路中制冷剂压力出现异常时，压力开关便会自动切断电磁离合器线圈电路而使压缩机停止工作，保护制冷装置不致损坏。

1）低压开关

低压开关安装在冷凝器与膨胀阀之间的高压管路或储液干燥器上，其触点串联在电磁离

合器电路中。如图2-3-4所示，制冷装置不工作时，活动触点与固定触点不接触。当制冷装置的压力高于阈值时，膜片的压力大于弹簧的弹力，膜片变形推动活动触点移动与固定触点保持接触，电磁离合器电路接通，压缩机正常工作。当装置高压侧压力低于阈值时，膜片在弹簧的作用下复位，触点分离，从而切断电磁离合器电路，压缩机停止工作。

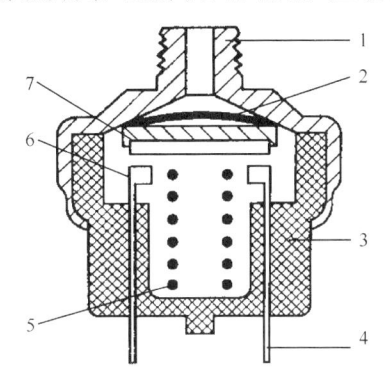

1—接头；2—膜片；3—外壳；4—接线柱；5—弹簧；6—固定触点；7—活动触点

图 2-3-4 低压开关结构图

2）高压开关

高压开关一般安装在制冷装置高压管路或储液干燥器上，其结构与低压开关相同。当压力超过某一规定值时，自动接通冷凝器冷却风扇高速电路，用以加强冷却风扇的冷却能力，降低冷凝器的温度和压力；当压力低于规定值时，则自动断开冷却风扇的高速电路，保证制冷装置在正常压力范围内工作，防止装置压力过高而造成压缩机过载或系统管路损坏。

3）三位压力开关

所谓三位压力，是指制冷装置高压侧压力过高、中压和压力过低三种压力状况。三位压力开关安装在系统高压侧的储液干燥器上，负责收集高压侧制冷剂的压力信号。三位压力开关在低压时可防止因系统制冷剂泄漏而损坏压缩机；当系统内的制冷剂异常高压时保护系统不受损坏；正常状况下，在冷凝器冷却风扇低速运转时，可降低噪声、节省动力；在系统压力升高（即中压时）、冷却风扇高速运转时，改善冷凝器的散热条件，从而实现冷却风扇二级变速。

任务实施

一、商用汽车空调制冷装置故障检测与维修

商用汽车空调制冷装置常见故障为不制冷或制冷不良，其故障检测方法如下所示。

1. 观察

1）从视液镜观察制冷剂流动状况

商用汽车空调在工作过程中，可以通过视液镜观察制冷剂流动情况，来初步判断制冷剂量是否充足。在实际维修作业中，主要有以下4种情况。

（1）如图2-3-5（a）所示，通过视液镜观察发现先有气泡，后瞬间清澈，说明制冷剂充足。

（2）如图2-3-5（b）所示，通过视液镜观察发现无气泡，完全透明，说明制冷剂缺失或充注过量。

（3）如图2-3-5（c）所示，通过视液镜观察发现连续有气泡流动，说明制冷剂不足。

（4）如图 2-3-5（d）所示，通过视液镜观察发现有长串油纹，说明制冷剂加注过量。

（a）先有气泡，后瞬间清澈　　（b）无气泡，完全透明

（c）连续有气泡流动　　（d）有长串油纹

图 2-3-5　通过视液镜观察制冷剂流动状况

2）观察制冷装置各部件与管路连接处

如果制冷装置连接部位或冷凝器表面出现油渍，说明此处有制冷剂渗漏。另外，还需要观察冷凝器是否存在脏污、堵塞与倒带现象，以致影响制冷性能。商用汽车空调制冷装置主要观察部位如表 2-3-1 所示。

表 2-3-1　商用汽车空调制冷装置主要观察部位

序号	1	2	3
操作	压缩机进出口处	冷凝器表面	冷凝器进口处是否有油渍
图示			

序号	4	5	6
操作	冷凝器出口处是否有油渍	膨胀阀连接处是否有油渍	高、低压检修阀口是否有油渍
图示			

续表

序号	7	8	9
操作	压力开关连接处是否有油渍	冷凝器表面是否有尘土	散热带是否倒伏
图示			

2. 触摸

在制冷装置工作时，可采取触摸的方式感知温度变化从而判断制冷装置某些部件是否存在故障。

（1）触摸低压管路。低压管路触摸时应触感冰凉，如果感觉常温或烫手，表明空调不制冷或制冷效果不好，如图 2-3-6 所示。

（2）触摸冷凝器。如图 2-3-7 所示，从上往下触摸冷凝器，温度应从高温向常温逐级降低。反之，则说明冷凝器存在故障。从右往左触摸冷凝器，如果感觉某一部分异常高温，则说明这一部分可能存在内部堵塞。

图 2-3-6　触摸低压管路　　　　图 2-3-7　触摸冷凝器

3. 倾听

在制冷装置工作时，倾听压缩机工作发出的声音。①压缩机电磁离合器吸合时发出"啪"的声音，说明压缩机开始工作；②压缩机电磁离合器工作时应无刺耳噪声，有则说明压缩机电磁离合器存在故障；③压缩机工作时应无液击声，有则说明压缩机内部卡死。

4. 测量压力

按照要求连接歧管压力表，测量制冷装置压力（详见项目一任务2），制冷装置压力异常与故障分析如表 2-3-2 所示。

表 2-3-2　商用汽车空调制冷装置压力异常与故障分析表

压　力　值	原因诊断	解　决　方　法	图　　　示
低压端时而真空时而正常	（1）冷凝器干燥箱中的干燥剂处于过饱和状态。 （2）系统内不够干燥，水分在膨胀阀截流口处结冰，阻碍制冷剂在系统内的循环	（1）更换冷凝器。 （2）反复抽真空、排除空气以除湿。 （3）抽真空，重新充注制冷剂	
高、低压端压力均偏低	（1）制冷剂不足。 （2）系统存在泄漏	（1）检漏并处理。 （2）抽真空，重新充注制冷剂	
高、低压端压力均偏高	（1）系统中制冷剂过量。 （2）冷凝器散热不良。 （3）冷凝器表面散热片堵塞	（1）释放部分制冷剂。 （2）更换冷凝器。 （3）抽真空，重新充注制冷剂。 （4）清洁冷凝器表面	
高、低压端压力均过高或高压表指针来回摆动	系统内有空气	抽真空，重新充注制冷剂	
低压端压力过高、高压端压力过低	压缩机无高低压差	（1）更换压缩机。 （2）抽真空，重新充注制冷剂	

5. 商用汽车手动空调制冷装置不制冷或制冷不良故障检修思路

商用汽车手动空调制冷装置不制冷或制冷不良故障检测与维修思路如图 2-3-8 所示。

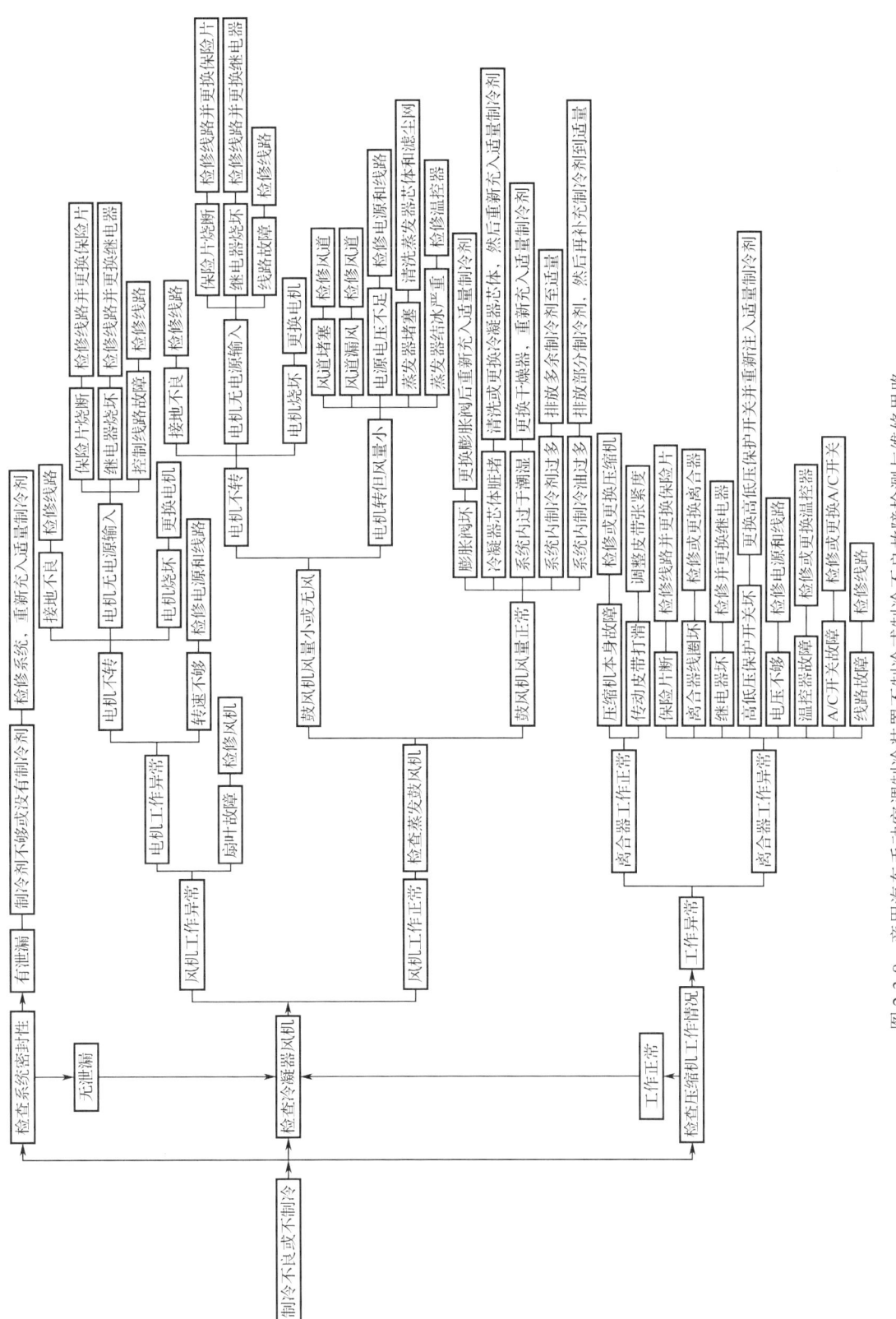

图 2-3-8 商用汽车手动空调制冷装置不制冷或制冷不良故障检测与维修思路

· 67 ·

二、商用汽车空调制冷装置部件更换

1. 鼓风机与蒸发器芯体更换

鼓风机与蒸发器芯体更换流程如表2-3-3所示。

表2-3-3 鼓风机与蒸发器芯体更换流程

序号	1	2	3
操作	向内按下蒸发器温度传感器插头倒钩并往后拉，拔出插头	向内按下鼓风机插头倒钩并往后拉，拔出插头	向内按下调速电阻插头倒钩并往后拉，拔出插头
图示			
序号	4	5	6
操作	取下鼓风机插头	取下蒸发器芯体插头	拆卸紧固螺钉（6颗）
图示			
序号	7	8	9
操作	取出后盖板	拆卸下壳体紧固螺钉（8颗）	取出下壳体
图示			
序号	10	11	12
操作	取出蒸发器芯体	拆卸紧固螺钉（10颗）	取出鼓风机
图示			

续表

序号	13	14	15
操作	装上鼓风机	安装固定螺钉（8颗）	安装蒸发器芯体
图示			

序号	16	17	18
操作	安装下壳体	安装紧固螺钉（10颗）	把鼓风机电源线放到线槽内
图示			

序号	19	20	21
操作	安装紧固螺钉（6颗）	安装好鼓风机线头	安装好蒸发器温度传感器线头
图示			

序号	22	23	
操作	插好温度传感器插头	插好鼓风机插头	
图示			

2．手动控制器更换

手动控制器更换流程如表 2-3-4 所示。

表 2-3-4 手动控制器更换流程

序号	1	2
操作	将温度风门控制旋钮调整至制冷挡最下端，将送风模式选择旋钮调整至除霜模式	拆卸仪表台内饰后，用十字起拆下 4 颗固定螺钉
图示		
序号	3	4
操作	拆卸手动控制器线束	拆卸模式和冷暖拉索
图示		
序号	5	6
操作	安装模式和冷暖拉索	安装手动控制器线束
图示		
序号	7	
操作	安装手动控制器固定螺钉	
图示		

任务考评

本节内容的考核与评分见表 2-3-5。

表 2-3-5　考核与评分表

考核内容	考核要求	评分标准	配分	得分
1. 车辆基本检查	（1）正确放置车轮挡块。 （2）正确安装座椅套、方向盘套、变速杆手柄套、脚垫。 （3）正确检查蓄电池电压	错误一处扣 5 分	20	
2. 车辆基本信息检查	准确记录车辆基本信息	错误一处扣 5 分	10	
3. 商用汽车空调制冷装置故障检测与维修	（1）正确观察制冷装置各部件。 （2）正确触摸制冷装置各部件。 （3）正确检测压力并判断故障部件。 （4）正确检测压缩机电磁离合器电路	错误一处扣 5 分	40	
4. 更换制冷装置部件	（1）正确更换鼓风机蒸发器芯体。 （2）正确更换手动空调控制器	错误一处扣 2 分	20	
5. 职业素养	（1）学习态度：积极主动参与学习。 （2）团队合作：与小组成员一起分工合作，不影响学习进度。 （3）现场管理：服从工位安排、执行实训室管理规定	不足之处扣 3 分	10	
6. 安全文明生产	自觉遵守安全文明生产规程	违反一项规定扣 5 分		
合计	—	—	100	
操作时间	开始时间：	结束时间：	实际用时：	

任务 4　暖风异常故障检测与维修

学习目标

1. 能描述影响商用汽车手动空调采暖性能的部件。
2. 能检测与维修商用汽车手动空调采暖装置故障。
3. 能更换暖风芯体与水阀拉索。

任务分析

采暖装置的作用是冬季时向车厢内提供暖气，提高车内环境温度；当车上玻璃结霜或结雾时，可以输送热风用来除霜和除雾。商用汽车空调采暖装置异常的故障现象有无暖风、暖风温度不高等，这将严重影响车辆乘坐的舒适性。为此，商用汽车维修人员应能快速分析空调暖风异常的故障原因，掌握检测与诊断方法，并能采取适宜的维修措施以恢复汽车空调的采暖性能。

任务准备

一、商用汽车手动空调采暖装置主要零部件与常见故障

1. 商用汽车手动空调采暖装置主要零部件

商用汽车手动空调普遍采用余热式采暖系统,它主要由暖风芯体(加热器芯)和暖风水阀组成。商用汽车手动空调利用发动机冷却液循环给空调加热,在暖风水阀打开后,冷却液流经暖风芯体,给芯体加热后,通过鼓风机将暖风送至车内。如图 2-4-1 所示,暖风水阀与暖风芯体通常制成一体,在安装时需要借助一定的辅件,如暖风水管压板(如图 2-4-2 所示)、暖风压板(如图 2-4-3 所示)、水阀固定压板(如图 2-4-4 所示)、开口挡圈(如图 2-4-5 所示)。

图 2-4-1 暖风芯体(加热器芯)　　图 2-4-2 暖风水管压板　　图 2-4-3 暖风压板

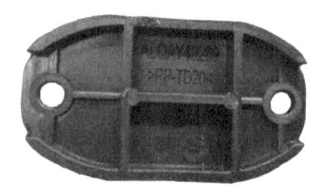

图 2-4-4 水阀固定压板　　图 2-4-5 开口挡圈

2. 商用汽车手动空调暖风芯体常见故障

商用汽车手动空调暖风芯体常见故障如表 2-4-1 所示。

表 2-4-1　商用汽车手动空调暖风芯体常见故障

故　障	现　象	处 理 措 施
内部腐蚀泄漏	冷却液泄漏,无暖风	更换暖风芯体。需分析冷却液成分,如冷却液部分泄漏可能因加注了不合格的冷却液,而导致芯体腐蚀所致
内部串气	制暖效果差,内部隔片焊接不牢导致进出口串通	更换暖风芯体
外部脏堵	暖风芯体外部脏堵,导致空气无法穿透	清洗暖风芯体表面

二、商用汽车手动空调采暖装置常见故障及原因

商用汽车手动空调采暖装置常见故障及原因如图 2-4-6 所示。

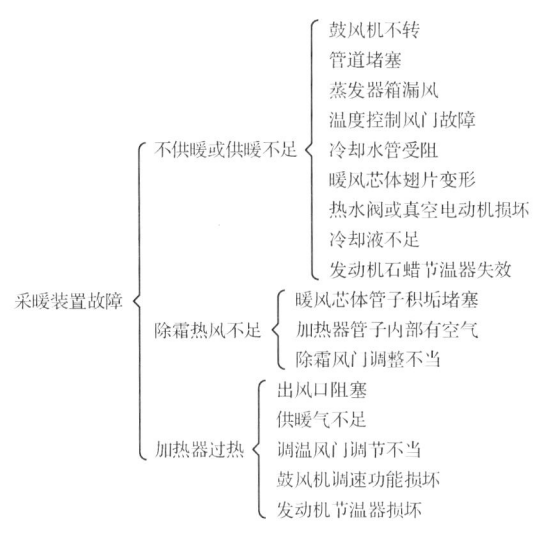

```
                          ┌ 鼓风机不转
                          │ 管道堵塞
                          │ 蒸发器箱漏风
                          │ 温度控制风门故障
              ┌ 不供暖或供暖不足 ┤ 冷却水管受阻
              │           │ 暖风芯体翅片变形
              │           │ 热水阀或真空电动机损坏
              │           │ 冷却液不足
              │           └ 发动机石蜡节温器失效
采暖装置故障 ┤
              │           ┌ 暖风芯体管子积垢堵塞
              ├ 除霜热风不足 ┤ 加热器管子内部有空气
              │           └ 除霜风门调整不当
              │
              │           ┌ 出风口阻塞
              │           │ 供暖气不足
              └ 加热器过热  ┤ 调温风门调节不当
                          │ 鼓风机调速功能损坏
                          └ 发动机节温器损坏
```

图 2-4-6　采暖装置常见故障及原因

任务实施

一、暖风异常故障检测与维修

1．观察鼓风机是否工作，如鼓风机不工作，参见"任务 1　不出风故障检测与维修"。
2．观察暖风水阀是否打开，如暖风水阀未打开，参见表 2-4-2。
3．检测暖风水管进水口温度是否与冷却液温度一致，如温度不正常，参见表 2-4-2。

表 2-4-2　暖风异常故障检测与维修

故 障 现 象	故 障 原 因	维 修 措 施
暖风水管进水口无温度	发动机冷却水水路断路	检修发动机水路
	暖风芯体泄漏	更换暖风芯体
暖风水阀无法打开	手动控制器温度风门控制旋钮卡滞	更换控制器
	冷暖拉索卡滞	修复或更换拉索
	水阀损坏	更换水阀

二、更换暖风芯体与水阀拉索

暖风芯体与水阀拉索的更换流程如表 2-4-3 所示。

表 2-4-3　暖风芯体与水阀拉索的更换流程

序号	1	2	3
操作	用尖嘴钳钳住开口挡圈	把开口挡圈钳出水阀摇臂卡槽	取出开口挡圈
图示			

续表

序号	4	5	6
操作	拧出紧固螺钉（1颗）	取出水阀拉索	拆下紧固螺钉（2颗）
图示			
序号	7	8	9
操作	取出暖风压板	拆下紧固螺钉（2颗）	取出暖风水管压板
图示			
序号	10	11	12
操作	拆下紧固螺钉（3颗）	取出水阀固定压板	取出暖风芯体
图示			
序号	13	14	15
操作	把暖风芯体装进壳体里	装上水阀固定压板	拧紧紧固螺钉（3颗）
图示			

· 74 ·

续表

序号	16	17	18
操作	装上暖风压板	拧紧紧固螺钉（2颗）	装上暖风水管压板
图示			

序号	19	20	21
操作	拧紧紧固螺钉（2颗）	水阀拉索穿过暖风水管到水阀位	拉索固定点放置在水阀固定点上，把拉索孔装进水阀摇臂内
图示			

序号	22	23	24
操作	拧紧紧固螺钉（1颗）	用E型卡簧钳钳住1颗开口挡圈	用卡簧钳钳出开口挡圈
图示			

序号	25	26	27
操作	安装开口挡圈卡槽位置	卡簧钳带开口挡圈对着水阀摇臂卡槽，插进水阀摇臂卡槽内	装好开口挡圈
图示			

任务考评

本节内容的考核与评分见表 2-4-4。

表 2-4-4 考核与评分表

考核内容	考核要求	评分标准	配分	得分
1. 车辆基本检查	（1）正确放置车轮挡块。 （2）正确安装座椅套、方向盘套、变速杆手柄套、脚垫。 （3）正确检查蓄电池电压	错误一处扣 5 分	20	
2. 车辆基本信息检查	准确记录车辆基本信息	错误一处扣 5 分	10	
3. 采暖装置工作过程描述	能正确描述采暖装置工作过程	错误一处扣 2 分	10	
4. 送风系统检修	（1）正确检测暖风水阀。 （2）正确检测水路温度。 （3）正确更换暖风芯体。 （4）正确更换水阀拉索	错误一处扣 5 分	50	
5. 职业素养	（1）学习态度：积极主动参与学习。 （2）团队合作：与小组成员一起分工合作，不影响学习进度。 （3）现场管理：服从工位安排、执行实训室管理规定	不足之处扣 3 分	10	
6. 安全文明生产	自觉遵守安全文明生产规程	违反一项规定扣 5 分		
合计	——	——	100	
操作时间	开始时间：	结束时间：	实际用时：	

项目三　商用汽车自动空调检测与维修

商用汽车自动空调在手动空调的基础上，采用了系列传感器、程序装置、伺服电机和控制模块等驱动执行机构，实现了温度、鼓风机转速、气流方式和进气方式的自动控制。汽车自动空调利用传感器不断检测车内温度及车外环境温度的变化，并把检测到的信号输送给空调的控制单元（ECU），ECU 按预先编制的程序对信号进行处理，并通过伺服电机等执行元件，不断地对鼓风机转速、出风温度、送风模式及压缩机工作情况等进行调节，从而使车内空气温度及流动状况，始终保持在驾驶员设定的要求上。自动空调系统还具备自诊断功能，以便电控元件及线路故障的检测。

本项目包括以下 6 个任务：
任务 1　温度传感器信号异常故障检测与维修
任务 2　压缩机不工作故障检测与维修
任务 3　暖风水阀电机工作异常故障检测与维修
任务 4　模式伺服电机工作异常故障检测与维修
任务 5　鼓风机工作不正常故障检测与维修
任务 6　内外循环伺服电机故障检测与维修

任务 1　温度传感器信号异常故障检测与维修

学习目标

1. 能识别与拆装车内温度传感器、车外温度传感器和蒸发器温度传感器部件。
2. 能分析车内温度传感器、车外温度传感器和蒸发器温度传感器电路。
3. 能列举车内温度传感器、车外温度传感器和蒸发器温度传感器电路的故障点。
4. 能制订车内温度传感器、车外温度传感器和蒸发器温度传感器电路的故障检修方案。
5. 能检测与维修车内温度传感器、车外温度传感器和蒸发器温度传感器电路故障。

任务分析

车内温度传感器、车外温度传感器和蒸发器温度传感器通过导线与空调控制器连接，其作用是检测车厢内部、车厢外部和蒸发器表面的温度。其中，车内温度传感器安装在加速踏板上方，车外温度传感器安装在雨刮器水箱旁边，蒸发器温度传感器安装在蒸发器上，三者的工作原理完全相同。这三个温度传感器的信号是汽车空调控制车厢内部温度的主要依据，它们其中任何一个发生故障，都会导致汽车空调不制冷或制冷效果不佳。要检修温度传感器电路故障，维修人员需要对照电路图，在电路分解的基础上分析与梳理电路故障点，从而制订检修计划与检修方案，并合理使用工具和仪器检测电路以确定故障点，采取适当的措施开展维修作业,从而恢复汽车空调的使用性能。

任务准备

一、商用汽车自动空调温度传感器概述

1. 车内温度传感器

车内温度传感器,也称为室内温度传感器、车内气温传感器,是汽车自动空调的重要传感器之一,它的作用是检测出风口的温度,根据车厢内的温度变化将信号反馈至汽车空调控制器,它通常安装在仪表台后方,如图 3-1-1 所示。按强制导向车内温度传感器的气流方式不同,车内温度传感器可分为吸气型和电动机型两种,如图 3-1-2 和图 3-1-3 所示。吸气型车内温度传感器内有一根抽风管连接车内温度传感器与空调的管道,鼓风机工作时,就有少量空气流过车内温度传感器。电动机型车内温度传感器由电动机带动一个小风扇,通过风扇工作产生吸力,从而使车内空气流过传感器。

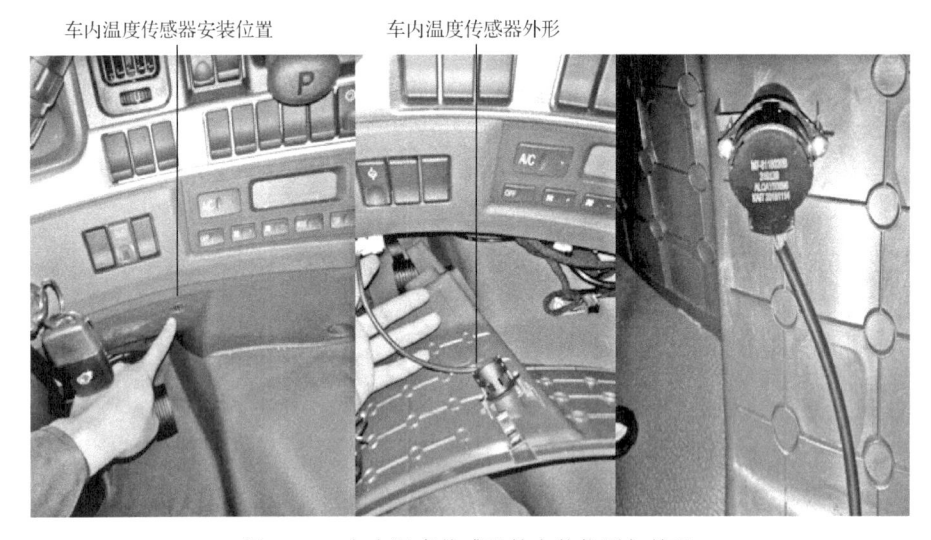

图 3-1-1 车内温度传感器的安装位置与外形

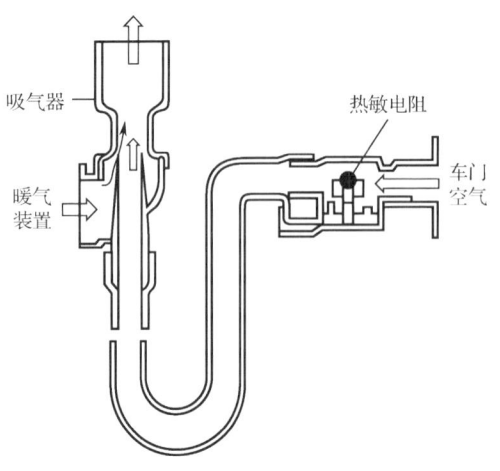

图 3-1-2 吸气型车内温度传感器 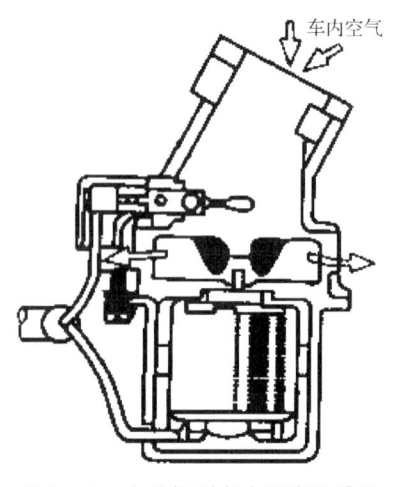　　图 3-1-3 电动机型车内温度传感器

汽车空调控制器根据车内温度传感器测出的温度，计算控制器控制的温度与实际达成温度是否一致，如不一致需要控制器再去调节温度风门、吹风方式、风量大小、内外循环调整等方式，使车内温度逐步达到汽车空调控制器所设定的温度，具体原理如下。

1）确定混合门的位置，从而决定出风口的空气温度

车内温度传感器指示的车内温度越高，混合门越朝"冷"的方向移动，出风口的温度就越低；反之，车内温度传感器指示的车内温度越低，混合门越朝"热"的方向移动，出风口的温度就越高。

2）确定鼓风机的转速，从而决定出风口的风量

在制冷工况下，车内温度传感器指示的车内温度越高，鼓风机的转速就越高；反之，车内温度传感器指示的车内温度越低，鼓风机的转速就越低。在取暖工况下，车内温度传感器指示的车内温度越高，鼓风机的转速就越低；反之，车内温度传感器指示的车内温度越低，鼓风机的转速就越高。

3）确定进气门的位置，从而影响车内空气的温度与新鲜度

在制冷工况下，特别是在刚开始制冷时（车内空气温度较高），进气门均处于内循环位置。随着时间的推移，车内空气温度下降，根据不同的环境温度，进气门可以处于20%外循环或外循环的位置。

4）确定模式门的位置

由于车内温度传感器安装在仪表台的里面，位置较封闭，因此为了准确且及时地测量当前的车内平均温度，系统会强制车内空气不断地流向车内温度传感器。

2．车外温度传感器

车外温度传感器，也称为环境温度传感器、外界空气温度传感器或大气温度传感器，是自动空调的主要传感器之一，它能影响出风口空气的温度、鼓风机的转速、进气门的位置和模式门的位置及压缩机的工作状态等，安装位置如图3-1-4所示。车外温度传感器的工作原理与车内温度传感器相同，但是车外温度传感器极易受到环境（水箱温度、前面车辆的排气等）影响，因此车外温度传感器一般包在一个注塑树脂壳内，避免对温度的突然变化做出反应，以使其能准确地检测到车外的温度，其结构如图3-1-5所示。除此之外，有些车型在空调控制器内部设有防假输入电路，防止错误读数。

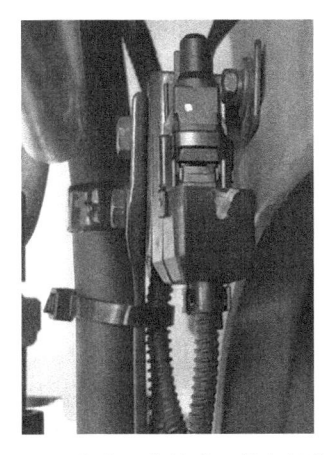

图3-1-4 车外温度传感器的安装位置 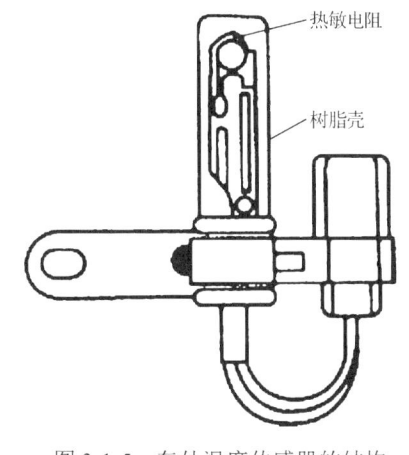　　图3-1-5 车外温度传感器的结构

车外温度传感器的作用主要有以下5项。

（1）确定混合门的位置，从而决定出风口的空气温度。车外温度传感器指示的车外温度越高，混合门越朝"冷"的方向移动，出风口的温度就越低；反之，车外温度传感器指示的车外温度越低，混合门越朝"热"的方向移动，出风口的温度就越高。

（2）确定鼓风机的转速，从而决定出风口的风量。在制冷工况下，车外温度传感器指示的车外温度越高，鼓风机的转速就越高；反之，车外温度传感器指示的车外温度越低，鼓风机的转速就越低。在取暖工况下，车外温度传感器指示的车外温度越高，鼓风机的转速就越低；反之，车外温度传感器指示的车外温度越低，鼓风机的转速就越高。

（3）确定进气门的位置，从而影响车内空气的温度与新鲜度。在制冷工况下，车外温度传感器指示的车外温度较高时，一般进气门都处于内循环位置。随着时间的推移，车内空气温度下降，进气门可以处于20%外循环的位置。

（4）确定模式门的位置。

（5）控制压缩机。

一般自动空调在环境温度低于某一数值（如2℃）时，压缩机就停止工作。

3．蒸发器温度传感器

蒸发器温度传感器的热敏电阻一般安装在蒸发器传热片上或蒸发器出口位置，其作用是测量蒸发器表面温度并防止蒸发器蒸发温度过低，对系统造成伤害。蒸发器温度传感器动作值为：在蒸发器表面温度低于某一数值（自动空调≤1℃，手动空调≤2℃）时内部断开，蒸发器表面温度≥4℃时内部接通。通过蒸发器温度传感器的信号，空调控制单元可以修正混合门位置。当蒸发器温度下降到1℃时，压缩机断开，雪花符号不显示，A/C指示灯仍点亮；压缩机断开后，直到蒸发器温度提升至接通温度，并且接通间隔时间为6s以上，则压缩机再次接通。蒸发器温度过低将造成以下影响：①蒸发器表面结冰堵死，蒸发器内芯体空气无法形成气流。②压缩机造成液击。另外，自动空调温度传感器和手动空调温度传感器的控制模式和切断温度值存在差异，在维修时需要注意。

二、温度传感器的工作原理与检修

1．温度传感器的工作原理

温度传感器的核心部件是热敏电阻，它是由陶瓷半导体材料与其他的金属氧化物按适当的比例混合后高温烧结而制成的、温度系数很大的电阻体，可分为3种类型。在工作范围内，其电阻值随温度升高而减小的称为负温度系数热敏电阻；在工作范围内，其电阻值随温度升高而增加的称为正温度系数热敏电阻；在临界温度时，电阻值随温度的增加发生锐减的热敏电阻称为临界温度系数热敏电阻。商用汽车空调温度传感器采用负温度系数的热敏电阻作为检测元件，为准确测量温度，常用塑料外壳加以保护，以防安装部位的温度影响传感器的工作精度。温度传感器的电路原理如图3-1-6所示，温度传感器通过2条导线与空调控制单元连接，当温度低时，热敏电阻的阻值大，空调控制单元的输入信号电压高；当温度高时，热敏电阻的阻值小，空调控制单元的输入信号电压低。

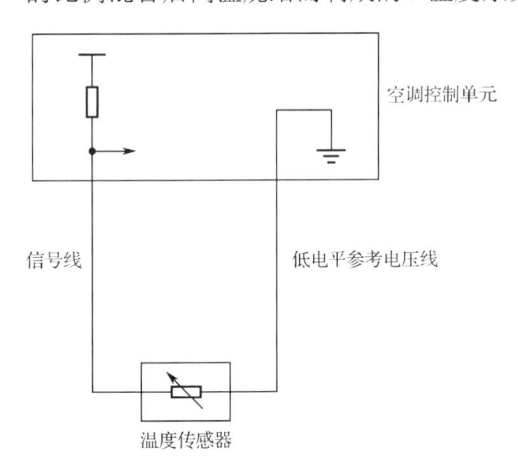

图3-1-6 温度传感器的电路原理图

2. 温度传感器电路分析

在温度传感器的连接电路中，2 条导线分别为低电平参考电压线和信号线。空调控制单元通过低电平参考电压线为温度传感器提供搭铁，并为空调控制单元提供 0V 参考电压。空调控制单元通过信号线为温度传感器提供 5V 工作电压并检测温度传感器信号。温度传感器电路以温度传感器插接器为界，可分为信号部分、低电平参考电压部分和温度传感器部件 3 个部分，各部分故障点分析如表 3-1-1 所示。

表 3-1-1 温度传感器电路故障点分析

名　称	功　能	元　件	故障点
信号部分	（1）为温度传感器提供 5V 工作电压； （2）为空调控制单元提供 5V 参考电压； （3）将温度传感器的温度信号转变为直流电压信号传输给空调控制单元	信号线	对电压短路 对搭铁短路 开路/电阻过大
		空调控制单元	损坏
低电平参考电压部分	（1）为温度传感器提供搭铁 （2）为空调控制单元提供 0V 参考电压	低电平参考电压线	开路/电阻过大
		空调控制单元	损坏
温度传感器	采集温度信号，并协助空调控制单元将温度信号转变为电压数值信号	温度传感器元件	损坏

3. 温度传感器电路故障检修思路

温度传感器电路故障检修思路如图 3-1-7 所示。

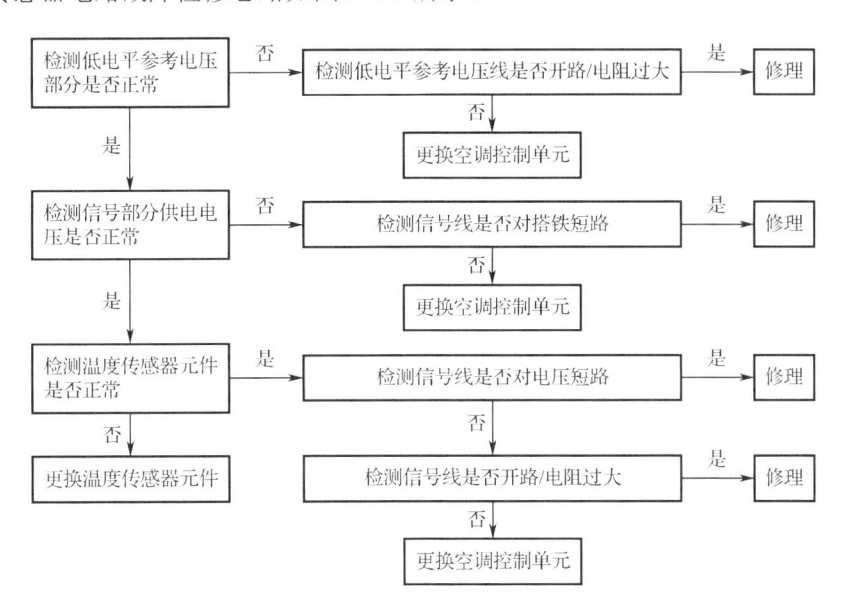

图 3-1-7 温度传感器电路检修思路

任务实施

一、读取故障代码（闪码）

（1）系统开机后，在按住 OFF 键的 2s 内，按 CYC 开关 4 次（详见图 1-1-10），控制面板进入自检程序。

（2）控制面板进入自检程序后，LCD 屏幕闪烁 5 次；内循环、风速一挡，压缩机开，模式电机从吹面到除霜模式，冷暖电机从冷端到热端，执行约 10s；外循环、风速从一挡升到八挡，压缩机开，执行约 8s。

注：自检过程中，唯一能退出自检程序的是按 OFF 键 1 次。无论空调系统处于手动还是自动状态下，启动自检程序，自检完成后统一回到设定 25℃时的自动状态。

（3）若系统自检无故障，则显示代码"00"并 5s 后自动退出自检程序，回到自检之前的设定状态，故障代码显示为 11-19。故障代码显示位置如图 3-1-8 所示，故障代码含义如表 3-1-2 所示。

图 3-1-8　故障代码显示位置

注：按下温度+键，在显示当前故障代码的基础上可向上查询；按下温度-键，在显示当前故障代码的基础上向下查询；按 OFF 键退出自检，回到自检前的设定状态。

表 3-1-2　故障代码含义

序　号	故障代码	故障内容	判　定　依　据
1	00	正常	
2	11	车内温度传感器短路或断路	检测电压 0V 或 5V
3	12	车外温度传感器短路或断路	检测电压 0V 或 5V
4	13	蒸发器温度传感器短路或断路	检测电压 0V 或 5V
5	14	水阀电机反馈线短路或断路	检测电压 0V 或 5V
6	15	水阀电机驱动线短路或断路	电机驱动长时间后仍未到达目标位置
		水阀电机堵转	
7	16	模式电机反馈线短路或断路	检测电压 0V 或 5V
8	17	模式电机驱动线短路或断路	电机驱动长时间后仍未到达目标位置
		模式电机堵转	
9	18	鼓风机反馈线短路或断路	检测电压 0V 或 5V
10	19	压力开关断路	检测电压 5V

二、温度传感器常见失效模式、现象与处理措施

1. 车内温度传感器常见失效模式、现象与处理措施

车内温度传感器常见失效模式、现象与处理措施如表 3-1-3 所示。

表 3-1-3　车内温度传感器常见失效模式、现象与处理措施

失 效 模 式	现　　象	处 理 措 施
传感器短路或断路	A/C 开关无法启动，✦ 指示灯不停闪烁	更换温度传感器
传感器温度感应灵敏度降低	在制冷或制热状态温度设定失效	更换温度传感器
散热风扇损坏	在制冷或制热状态温度设定失效	更换温度传感器
注：控制器自检状态检测车内温度传感器故障，故障代码为 11			

2．车外温度传感器常见失效模式、现象与处理措施

车外温度传感器常见失效模式、现象与处理措施如表 3-1-4 所示。

表 3-1-4　车外温度传感器常见失效模式、现象与处理措施

失 效 模 式	现　　象	处 理 措 施
AUTO 状态失效	无法根据温度状态自动调整空调的运行模式	更换温度传感器
注：控制器自检状态检测车外温度传感器故障，故障代码为 12			

3．蒸发器温度传感器常见失效模式、现象与处理措施

蒸发器温度传感器常见失效模式、现象与处理措施如表 3-1-5 所示。

表 3-1-5　蒸发器温度传感器常见失效模式、现象与处理措施

失 效 模 式	现　　象	处 理 措 施
传感器短路或断路	A/C 开关无法启动，指示灯不停闪烁	更换温度传感器
传感器温度感应灵敏度降低	在制冷或制热状态温度设定失效	更换温度传感器
传感器布点位置错误	蒸发器表面结冰，压缩机持续运行	重新布点
注：控制器自检状态检测蒸发器温度传感器故障，故障代码为 13			

三、温度传感器电路故障诊断（以车内温度传感器为例）

柳汽乘龙系列商用汽车自动空调控制电路原理如图 3-1-9 所示，自动空调控制器端子 8 为车内温度传感器信号输入端，端子 16 为车外温度传感器信号端，端子 10 为蒸发器温度传感器信号端，端子 19 为 3 个温度传感器低电平参考电压端。

1．低电平参考电压部分诊断

将点火开关置于"OFF"位置，拔下车内温度传感器插接器，测量插接器上低电平参考电压端（连接至空调控制器 19 的端子）对搭铁电阻值。

若电阻值小于 5Ω，说明低电平参考电压部分正常。

若电阻值不小于 5Ω，则断开自动空调控制器的线束接头，测量导线 811dB 端对端电阻。若电阻值小于 2Ω，说明空调控制器有故障；若电阻值大于 2Ω 且小于 2000Ω，说明导线 811dB 电阻过大；若电阻值大于 2000Ω，说明导线 811dB 断路。

2．信号部分检测

将点火开关置于"ON"位置，测量插接器上信号端（连接至空调控制器 8 的端子）对搭铁的电压值是否小于 4.8V。

若电压值小于 4.8V，则断开自动空调控制器的线束接头，将点火开关置于"OFF"位置，测量导线 811dB 端对搭铁的电阻值。若电阻值为无穷大，说明空调控制器有故障；若电阻值为某一数值，说明导线 811dB 存在对搭铁短路的故障。

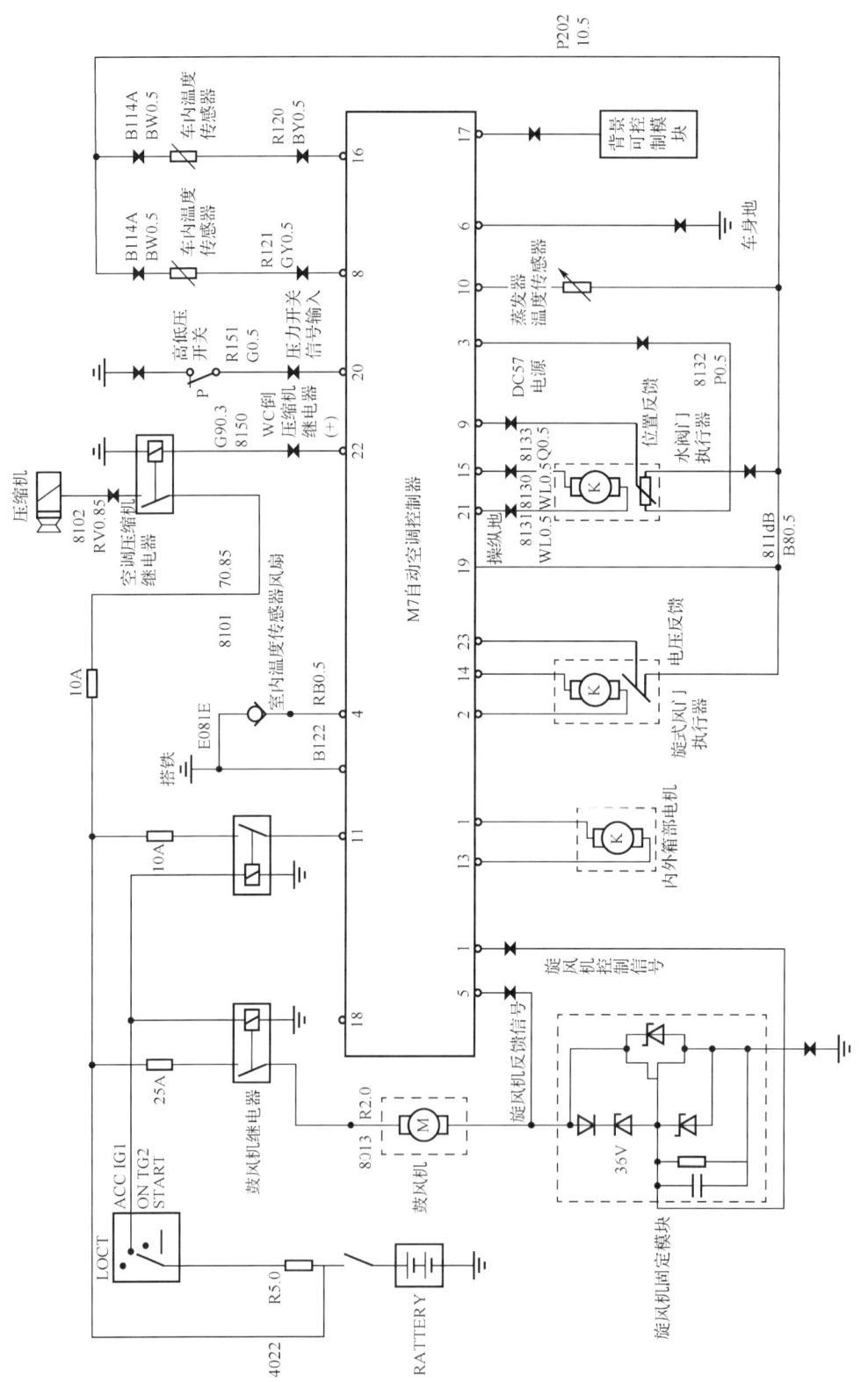

图 3-1-9 柳汽乘龙系列商用汽车自动空调控制电路原理图

若电压值大于 4.8V，则断开自动空调控制器的线束接头，测量导线 811dB 对搭铁的电压值。若电压值大于 1V，说明导线 811dB 存在对电源短路的故障。若电压值小于 1V，则测量导线 811dB 端对端电阻，若电阻值小于 2Ω，说明空调控制器有故障；若电阻值大于 2Ω 小于 2000Ω，说明导线 811dB 电阻过大；若电阻值大于 2000Ω，说明导线 811dB 断路。

3. 传感器元件检测

测量车内温度传感器的电阻，其阻值如表 3-1-6 所示。

表 3-1-6 温度传感器电阻值测量记录表

温度（℃）	下限阻值（Ω）	中间阻值（Ω）	上限阻值（Ω）
-20	15439	15742	16048
-15	12114	12321	12530
-10	9576	9716	9858
-5	7622	7716	7810
0	6132	6194	6256
1	5860	5922	5984
2	5356	5418	5479
3	5356	5418	5479
4	5124	5185	5246
5	4902	4963	5024
6	4692	4752	4812
7	4492	4552	4611
8	4302	4361	4420
9	4122	4180	4238
10	3950	4007	4065
15	3206	3259	3313
20	2620	2669	2718
25	2156	2200	2245
30	1784	1825	1865
35	1486	1522	1559
40	1244	1277	1310

任务考评

本节内容的考核与评分见表 3-1-7。

表 3-1-7 考核与评分表

考核内容	考核要求	评分标准	配分	得分 自评	得分 互评	得分 教师评
1. 车辆基本检查	（1）正确放置车轮挡块。 （2）正确安装座椅套、方向盘套、变速杆手柄套、脚垫。 （3）正确检查蓄电池电压	错误一处扣 5 分	20			

续表

考核内容	考核要求	评分标准	配分	得分 自评	得分 互评	得分 教师评
2．车辆基本信息检查	准确记录车辆基本信息	错误一处扣5分	10			
3．电路识读	（1）正确识读端子号。 （2）正确识读导线。 （3）正确识读元件	错误一处扣3分	10			
4．故障检修	（1）正确使用检修工具。 （2）正确选择检测部位。 （3）正确测量相关参数。 （4）正确判断测量结果。 （5）正确回收工具。 （6）正确选择维修措施	错误一处扣5分	50			
5．职业素养	（1）学习态度：积极主动参与学习。 （2）团队合作：与小组成员一起分工合作，不影响学习进度。 （3）现场管理：服从工位安排、执行实训室管理规定	不足之处扣3分	10			
6．安全文明生产	自觉遵守安全文明生产规程	违反一项规定扣5分				
合计	—		100			
操作时间	开始时间：	结束时间：		实际用时：		

任务2 压缩机不工作故障检测与维修

学习目标

1．能识别空调压缩机并叙述空调压缩机的结构。
2．能识别电磁离合器并叙述电磁离合器的工作原理。
3．能分析电磁离合器电路。
4．能检测与维修压缩机电路故障。

任务分析

汽车空调压缩机，俗称空调泵，起着压缩、抽吸和推动制冷剂在制冷装置中循环的作用，是汽车空调制冷装置的动力源。压缩机工作不正常，将导致制冷装置无法制冷、制冷不足或制冷装置异常等故障现象。作为商用汽车维修人员，需要对照电路图，在电路分解的基础上分析与梳理电路故障点，从而制订检修计划与检修方案，并合理使用工具和仪器检测电路以确定故障点，采用适当的措施开展维修作业，从而恢复汽车空调制冷装置的工作性能。

任务准备

一、空调压缩机的结构

1. 空调压缩机的总体结构

汽车空调压缩机,俗称空调泵,起着压缩、抽吸和推动制冷剂在制冷装置中循环的作用。常用的汽车空调压缩机是容积式,除部分由辅助发动机直接带动外,大多靠电磁离合器由发动机通过传动带带动。汽车空调压缩机的种类有很多,受空间、质量等因素的限制,目前汽车上广泛采用旋转斜盘式压缩机,如图 3-2-1 所示。按下空调启动开关后,电流通过线圈产生较强的磁场,使压缩机的离合器盘和皮带轮紧密贴合,靠摩擦驱动压缩机主轴旋转。当空调关闭时,电流截断,磁场消失,离合器盘靠簧片的弹力把吸盘和皮带轮脱开。

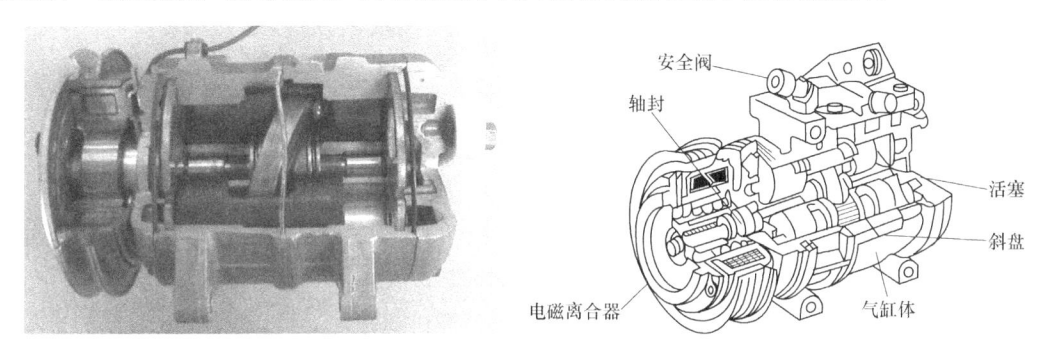

图 3-2-1　空调压缩机的结构

压缩机通常在机体圆周方向上布置多个气缸,每个气缸中安装一个双向活塞,每个气缸两头都有进气阀和排气阀。压缩机旋转时,轴上的斜盘同时驱动所有的活塞运动,部分活塞向左,部分活塞向右。如图 3-2-2 所示,活塞在向左运动中,左侧的空间缩小,制冷剂被压缩,压力升高,打开排气阀,向外排出气体;与此同时,活塞右侧空间加大,压力减小,进气阀开启,制冷剂进入气缸。进、排气阀均为单向阀结构,所以保证制冷剂不会倒流。

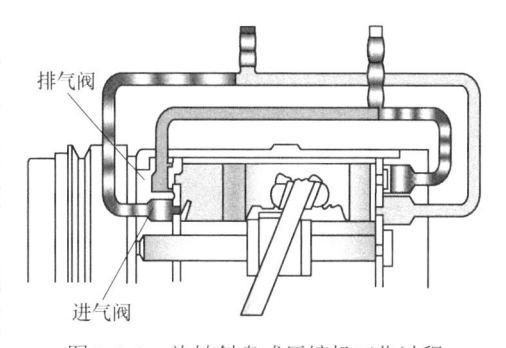

图 3-2-2　旋转斜盘式压缩机工作过程

2. 电磁离合器

（1）电磁离合器的功能

汽车空调压缩机电磁离合器的功能是控制发动机与空调压缩机之间的动力传递。当电源接通时,电磁离合器将发动机的动力传递给空调压缩机主轴,使空调压缩机处于工作状态;当电源断开时,电磁离合器便切断发动机与空调压缩机之间的动力传递,使压缩机停止工作。所以电磁离合器就像电路中的开关,是汽车空调控制装置中的执行组件,受温度控制器、压力控制器、车速继电器、冷却液温度开关及电源开关等组件的控制。

（2）电磁离合器的结构

如图 3-2-3 所示,电磁离合器主要由皮带轮、压板（有一定弹力,带摩擦板）、定子（电磁线圈）等组成。电磁离合器是通过电磁线圈来工作的,根据电磁线圈的通、断电产生吸合与释放两种状态。电磁线圈有电流通过时,产生电磁力,使压板上的摩擦板与皮带盘吸合,于是压缩机主轴与皮带轮一起转动，获得发动机的动力；电磁线圈没有电流通过时，电磁力消失，压板在自身弹力作用下使摩擦板与皮带盘断开，压缩机停止工作。

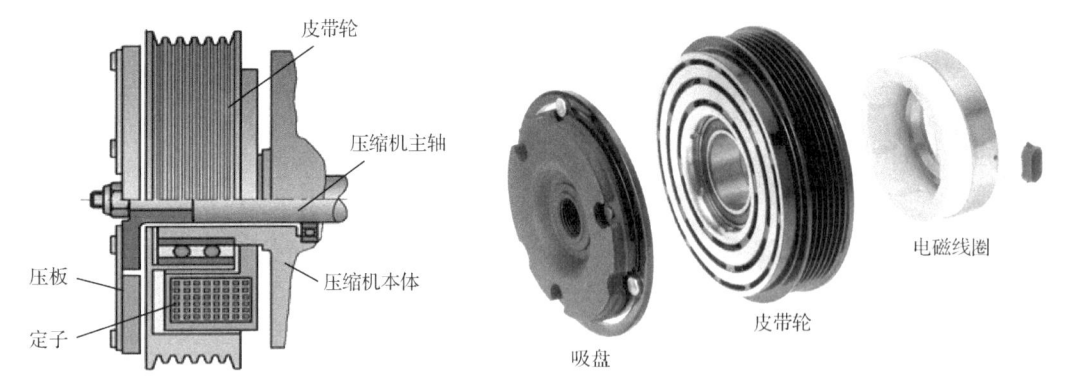

图 3-2-3　电磁离合器

（3）电磁离合器的工作原理

电磁离合器广泛应用于汽车电控系统中，其一般工作原理如图 3-2-4 所示。当开关闭合时，电磁线圈通电，产生强大的磁场，将衔铁吸引。当电磁离合器与电源断开时，磁场消失，吸力也随之消失，衔铁离开电磁线圈。

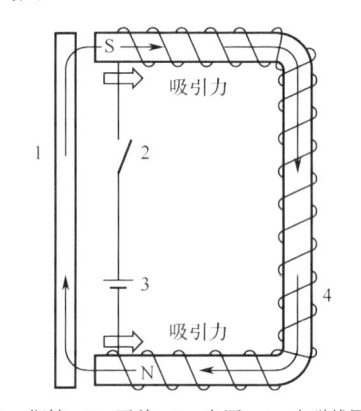

1—衔铁；2—开关；3—电源；4—电磁线圈

图 3-2-4　电磁离合器的一般工作原理

二、汽车空调压缩机电磁离合器控制电路

1．汽车空调压缩机电磁离合器的控制方式

根据有无继电器，空调压缩机电磁离合器的控制方式可分为直接控制和继电器控制两种类型。在直接控制方式中，开关安装于电源与空调压缩机电磁离合器之间，直接控制电源的通断。当开关闭合时，大电流经开关至空调压缩机电磁离合器，因为大电流流经开关触点，所以容易烧蚀触点。在继电器控制方式中，开关安装于空调压缩机继电器线圈的电路中，通过空调压缩机继电器控制空调压缩机电磁离合器。因为流经开关触点的电流很小，所以保护开关触点不被烧蚀，目前大多数汽车空调都采用继电器控制方式。

2．汽车空调压缩机电磁离合器基本控制电路

图 3-2-5 所示为汽车空调压缩机电磁离合器基本控制电路。当 A/C 空调开关、温控开关和压力开关都同时接通时，继电器触点接通，空调压缩机电磁离合器电路接通，空调压缩机

开始运转，空调系统开始制冷；当车内温度逐渐降低至设定值时，温控器的触点会断开，空调继电器因无电切断触点，使空调压缩机电磁离合器电路断开，压缩机停止工作，空调系统不再制冷。

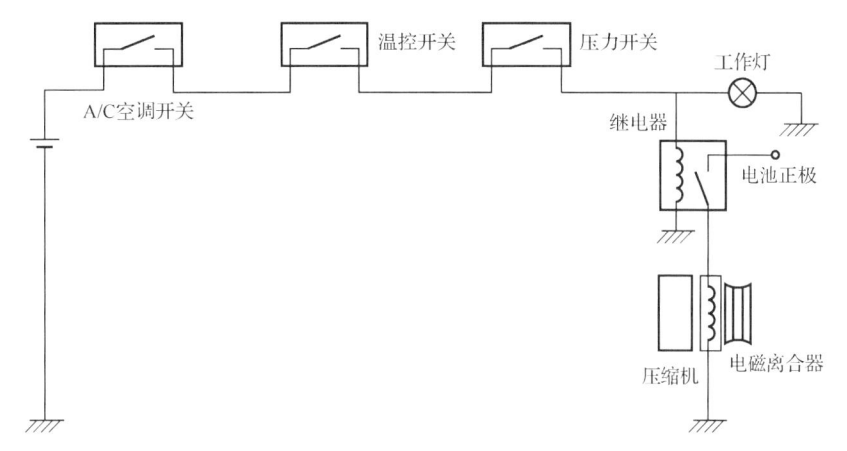

图 3-2-5 汽车空调压缩机电磁离合器基本控制电路

3. 自动空调压缩机电磁离合器电路

如图 3-2-6 所示，当空调控制器监测到空调开关信号后，确认鼓风机开关闭合、发动机转速信号正常、压力开关无损坏后，向空调继电器线圈供电，使空调继电器触点吸合，压缩机工作。

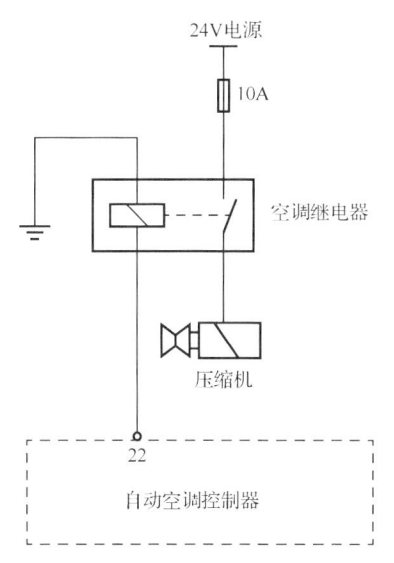

图 3-2-6 商用汽车自动空调压缩机电磁离合器电路

任务实施

一、商用汽车自动空调压缩机常见故障与诊断措施

商用汽车自动空调压缩机常见故障与诊断措施如表 3-2-1 所示。

表 3-2-1 商用汽车自动空调压缩机常见故障与诊断措施

故障现象	故障原因	检测方法	处理措施
压缩机吸合时有异响	压缩机内部磨损	车辆在熄火状态下，旋转压缩机吸盘，若转不动，说明压缩机内部已损坏	彻底清洗空调系统并更换压缩机
	皮带张紧力过大或过小	使用皮带张力计检测皮带张紧力	调节皮带张紧力
	空调系统压力过高	（1）使用歧管压力表检测空调系统压力。（2）检测冷凝风扇是否损坏或电路短路导致转速低	（1）放出部分制冷剂，按要求添加冷冻机油。（2）清洁蒸发器表面及旁边杂物。（3）更换冷凝风扇或重新连接电路
	离合器烧坏	接通空调开关，稍踩加速踏板，观察离合器吸盘与带轮是否不同步、离合器发出刺耳的尖叫声和吸盘与带轮结合面出现火星或冒烟现象	更换压缩机
压缩机未吸合时有异响	离合器间隙小	关闭 A/C 开关使压缩机处于分离状态，观察压缩机吸盘是否仍转动或吸盘和皮带轮是否有摩擦声	更换压缩机
	支架螺钉松动	使用扭矩扳手检测支架螺钉扭矩	调节支架螺钉扭矩
	压缩机皮带轮轴承损坏	A/C 开关未接通时，皮带轮转动时发出噪声	更换压缩机
	张紧轮轴承损坏	A/C 开关未接通时，皮带轮转动时发出噪声	调节皮带张紧力
	压缩机离合器吸盘螺钉松动	停机状态下检查压缩机吸盘螺钉是否松动	车辆断电，发动机未启动时，吸合压缩机后，使用套筒上紧吸盘螺钉
压缩机泄漏	缸体前后盖漏	使用肥皂水检漏	更换压缩机
	管座漏	使用肥皂水检漏	更换管座和密封圈
	充注阀漏	使用肥皂水检漏	更换压缩机
	泄压阀漏	使用肥皂水检漏	排出部分制冷剂
压缩机不吸合	压缩机线圈损坏	断开压缩机电磁线圈插接器，使用试灯连接线束端两个插接端子，启动发动机和空调系统，如果测试灯发光，说明离合器线圈电路电流供给正常	更换压缩机
	压缩机接插件与系统接插件接触不良	用手拨动系统插接器与压缩机插接器是否松动	重新连接插接器并锁紧
	压缩机导线破损	将压缩机导线清洁后，仔细观察是否存在破损	使用电工胶布将破损处粘好
	压力继电器损坏	使用万用表检测	更换压力继电器
	温控器损坏	使用万用表检测	更换温控器
压缩机吸合不运转	压缩机皮带轮或吸盘损坏	（1）皮带轮运转期间观察是否有偏摆现象。（2）停机状态下仔细观察皮带轮及吸盘是否有破损现象	更换压缩机
	压缩机内部磨损	车子在停机状态下，用手旋转压缩机吸盘感觉是否发卡	更换压缩机与储液罐
	压缩机离合器烧蚀	开启空调，轻踩加速踏板，观察离合器吸盘与带轮是否不同步、离合器是否发出刺耳的尖叫声和吸盘与带轮结合面出现火星或冒烟现象	更换压缩机

二、自动空调压缩机不工作故障诊断

1. 自动空调压缩机不工作的原因

自动空调压缩机不工作的原因主要有以下三个方面。

1）压缩机电磁离合器不吸合，导致空调压缩机不工作

（1）未充注制冷剂或制冷剂泄漏，导致空调控制器认为压缩机电磁离合器工作条件未达到，导致空调离合器不吸合。

（2）电磁离合器自身损坏。

（3）空调控制面板故障，无法指令空调继电器通电。

（4）连接导线故障。

（5）压力开关故障。

（6）熔断器烧断。

2）压缩机损坏，导致压缩机不工作

3）鼓风机不工作，压缩机自动停机

2. 压缩机不工作的检查方法

1）听

（1）如果压缩机电磁离合器吸合时发出"啪"的声音，说明压缩机电磁离合器开始吸合。

（2）如果压缩机电磁离合器发出刺耳噪声，说明压缩机离合器发生故障。

（3）如果压缩机发出液击声，说明压缩机内部卡死。

2）压缩机的外观检查

（1）检查压缩机的安装角度是否正确。

（2）检查压缩机外观，看是否有漏油现象。

（3）检查压缩机皮带的松紧程度。

（4）检查压缩机是否抱死，用手转动皮带轮观察是否可以正常转动。

（5）检查压缩机电磁离合器。

① 外观检查。检查离合器轴承润滑油是否渗漏，压力盘或转子上是否有润滑油痕迹，如有请按要求进行维修或更换。

② 检查离合器轴承噪声。启动发动机，闭合 A/C 开关，检查压缩机是否有异响，若有异响应维修或更换电磁离合器。

③ 检查电磁离合器。从电磁离合器上拆下接线插头，将蓄电池正极接至电磁离合器接线插头，负极接车身，检查电磁离合器是否吸合，如未吸合则应维修或更换电磁离合器。

3）测量压缩机

（1）测量压缩机吸合电压，应不小于 17V。

（2）判断压缩机是否吸合。整车通电但发动机不启动，开启 A/C 开关，能听到压缩机处有清脆的"啪"的声音。

（3）测量电磁离合器线圈电阻。电阻值应为 11~15Ω，电阻若为无穷大，说明线圈断路，需更换。

（4）检查压缩机是否卡滞。用手转动，检查是否存在卡滞现象。

任务考评

本节内容的考核与评分见表 3-2-2。

表 3-2-2 考核与评分表

考核内容	考核要求	评分标准	配分	得分 自评	得分 互评	得分 教师评
1. 车辆基本检查	（1）正确放置车轮挡块。 （2）正确安装座椅套、方向盘套、变速杆手柄套、脚垫。 （3）正确检查蓄电池电压	错误一处扣 5 分	20			
2. 车辆基本信息检查	准确记录车辆基本信息	错误一处扣 5 分	10			
3. 压缩机电路识读	（1）正确识读端子号。 （2）正确识读导线。 （3）正确识读元件	错误一处扣 3 分	10			
4. 压缩机电路故障检修	（1）正确使用检修工具。 （2）正确选择检测部位。 （3）正确测量相关参数。 （4）正确判断测量结果。 （5）正确回收工具。 （6）正确选择维修措施	错误一处扣 5 分	50			
5. 职业素养	（1）学习态度：积极主动参与学习。 （2）团队合作：与小组成员一起分工合作，不影响学习进度。 （3）现场管理：服从工位安排、执行实训室管理规定	不足之处扣 3 分	10			
6. 安全文明生产	自觉遵守安全文明生产规程	违反一项规定扣 5 分				
合计	——	——	100			
操作时间	开始时间：	结束时间：	实际用时：			

任务 3　暖风水阀电机工作异常故障检测与维修

学习目标

1. 能识别暖风水阀并描述其作用与结构。
2. 能依据暖风水阀的电路图描述其工作过程。
3. 能检测与维修暖风水阀电路故障。
4. 能更换暖风水阀。

任务分析

暖风水阀，简称暖水阀，俗称热水阀，是商用汽车控制进入加热器芯（热交换器）冷却液数量的元件。在传统的汽车手动空调系统中，驾驶员通过操作面板上的温度控制旋钮以拉线或真空的方式控制暖风水阀的开度。而在自动空调系统中，暖风水阀控制部件由机械拉线转变为电机，控制方式由手动控制转变为自动空调控制器控制。暖风水阀工作不正常，将导致汽车空调无暖风送出或暖风不足等现象，影响商用汽车的乘坐舒适性。作为商用汽车维修人员，应能对照暖风水阀电路图，在电路分解的基础上分析与梳理电路故障点，进而制订检修计划与检修方案，并合理使用工具和仪器检测电路以确定故障点，采用适当的措施开展维修作业，从而恢复汽车空调暖风性能。

任务准备

一、暖风水阀概述

1. 暖风水阀的作用

如图 3-3-1 所示，汽车空调水暖式采暖装置是将发动机冷却液的一部分通过暖风水阀引入车厢内部的加热器芯，由鼓风机推动，通过加热器芯后温度升高，经空调系统风道送入车厢，从而向车厢提供热空气以升高车厢内的温度。在整个系统中，暖风水阀用来控制进入加热器芯这一热交换器的发动机冷却液数量，是对汽车空调进行冷热切换和控制空调热水温度的主要部件。在传统的商用汽车手动空调中，驾驶员通过操作面板上的温度控制旋钮来操纵热水阀。热水阀可由拉线控制，也可由真空控制。而在自动空调系统中，暖风水阀控制部件由机械拉线转变为电机，控制方式由手动控制转变为自动空调控制器控制。

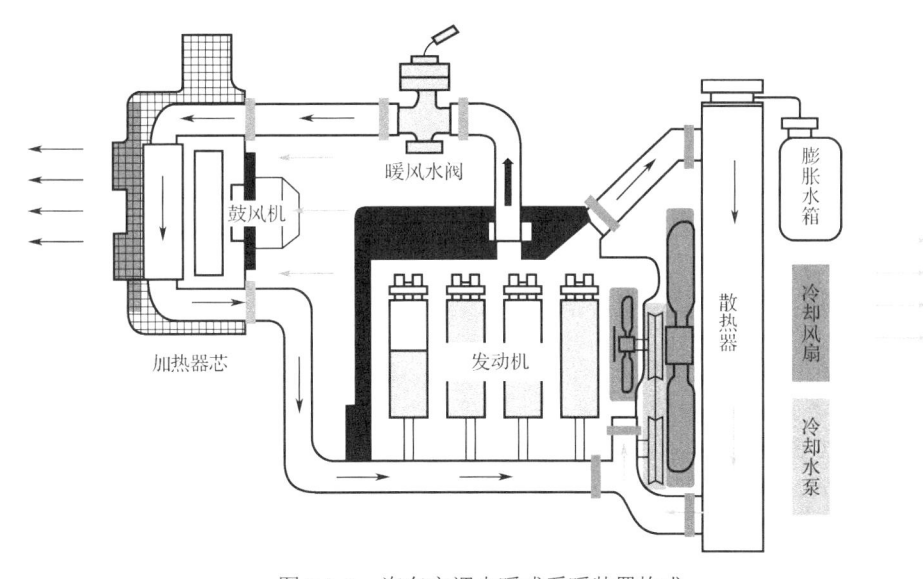

图 3-3-1 汽车空调水暖式采暖装置构成

2. 电动暖风水阀的安装位置

如图 3-3-2 所示，电动暖风水阀的安装位置一般位于汽车前挡玻璃下侧的车厢内部，在对其进行拆装时，需要拆卸整个仪表台。

图 3-3-2 电动暖风水阀的安装位置

3. 电动暖风水阀的结构

如图 3-3-3 所示，电动暖风水阀由电机总成和阀体两部分组成，两者通过 3 颗固定螺钉连接在一起，当电动暖风水阀出现故障并经检测是水阀电机损坏时，可以单独更换电机，而无须更换总成。电动暖风水阀的外观如图 3-3-4 所示。

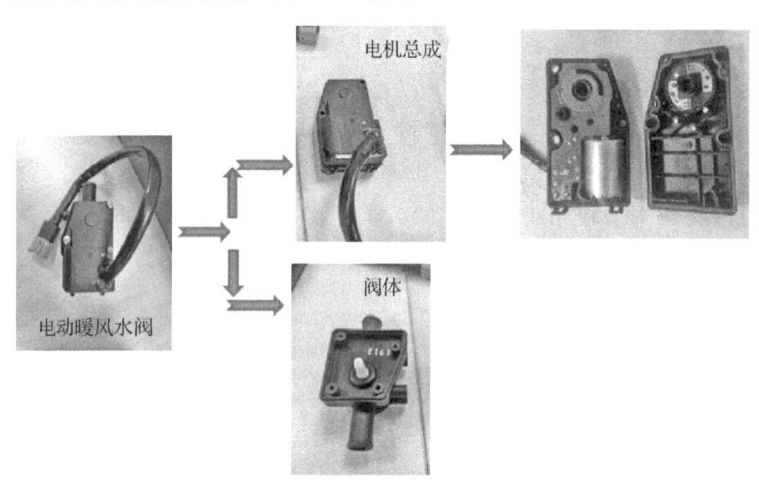

图 3-3-3 电动暖风水阀的结构

二、电动暖风水阀电机电路分析

1. 电动暖风水阀的工作过程

电动暖风水阀的工作过程为：通过开启空调控制面板上的温度风门控制旋钮，空调控制器控制暖风水阀电机转动，电机驱动暖风水阀转动，从而调整水阀开度。温度上调时水阀开度增加，温度下调时水阀开度减小。在手动状态下水阀开度可随设定温度的降低逐渐减小，当温度调整为 17℃ 时水阀完全关闭；当设定温度升高时水阀逐渐开启，直至 32℃ 时水阀完全打开。在 17～32℃ 范围内，水阀线性打开。空调控制器在自动模式时，无法实现水阀线性转动。在手动状态下，压缩机开启时，水阀关闭，按下温度设置按钮仅能改变设置温度显示，水阀不能动作，压缩机关闭后，水阀回到设定温度对应的开度。

2. 电动暖风水阀电机电路连接关系

如图 3-3-5 所示，电动暖风水阀电机共有 6 个端子（其中 1 个未使用），其中两个端子用来控制电机的正/反转，另外三个端子用来向控制模块反馈电机转动的位置，各插针端子用途如表 3-3-1 所示。

图 3-3-4　电动暖风水阀的外观 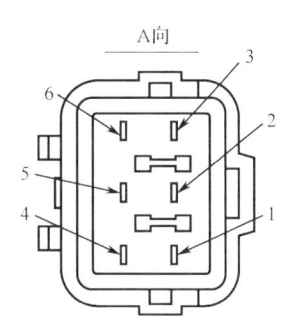　　　图 3-3-5　电动暖风水阀电机插头

表 3-3-1　电动暖风水阀电机插针端子用途说明

端子号	连接导线颜色	导线截面积（mm²）	功　　能
1	-	-	-
2	黑	0.5	驱动端口-
3	黄	0.5	+5DVC 电压
4	蓝	0.5	反馈信号
5	红	0.5	驱动端口+
6	白	0.5	接地

3. 电动暖风水阀电机电路分析

如图 3-3-6 所示，电动暖风水阀电机的端子 2 和端子 5 连接暖风水阀电机，与空调控制器连接后用来控制电机的正/反转。端子 3、端子 4 和端子 6 与空调控制器连接后形成一个位置传感器电路，可判断电机转动的角度。其中端子 3 连接 5V 工作电压，端子 4 提供反馈信号，端子 6 连接搭铁。

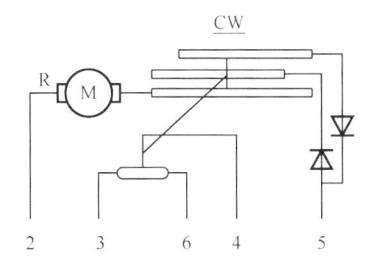

图 3-3-6　电动暖风水阀电机的插接器端子分布图

任务实施

一、电动暖风水阀电机电路故障诊断与维修思路

电动暖风水阀电机电路应根据故障代码的不同分别展开诊断与维修。

1. 故障代码为"15"时的诊断与维修思路

若空调控制器显示故障代码"15",说明电机位置传感器电路存在故障,断开暖风水阀电机线束接头后,按图3-3-7所示思路开展诊断与维修作业。

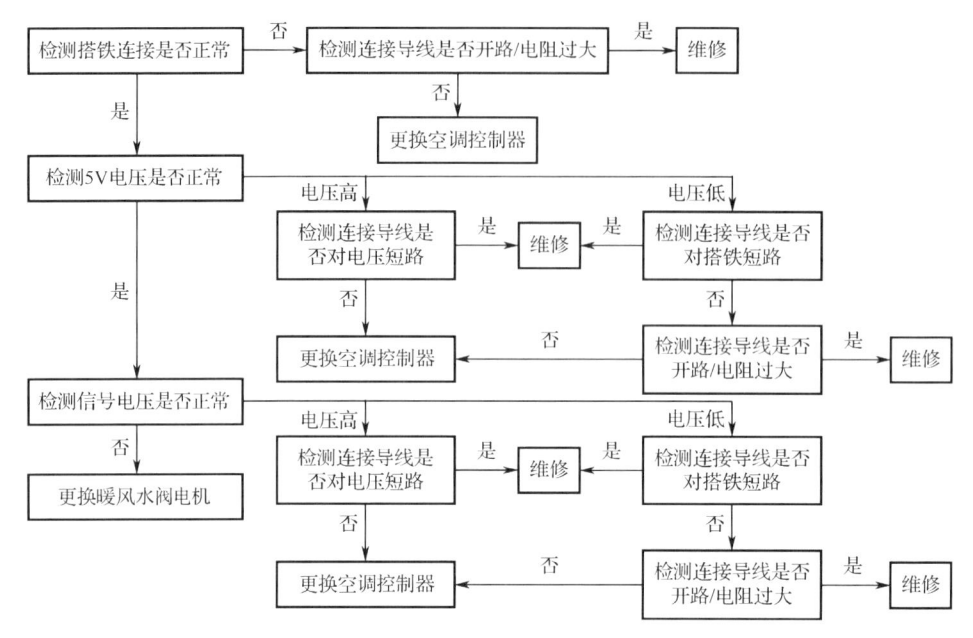

图3-3-7 电机位置传感器电路故障诊断与检修思路

2. 故障代码为"16"时的诊断与维修思路

若空调控制器显示故障代码"16",说明电机工作电路或电机存在故障,断开暖风水阀电机线束接头后,按图3-3-8所示思路开展诊断与维修作业。

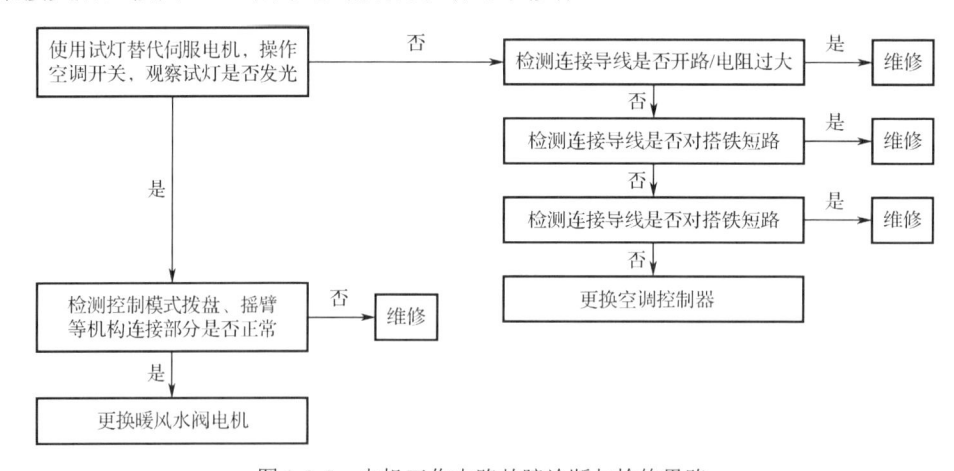

图3-3-8 电机工作电路故障诊断与检修思路

二、电动暖风水阀常见失效模式

电动暖风水阀常见失效模式如表3-3-2所示。

表 3-3-2　电动暖风水阀常见失效模式

失效模式	原因	处理方式	备注
无暖风（水阀无法打开）	手动状态 A/C 打开	关闭 A/C 开关	由于控制器为集成线路板控制，如模式电机、调速模块、内外循环电机发生异常，可能会导致水阀电机失效
	控制器无电源信号或反馈信号输入	检查控制器线路或更换控制器	
	水阀电机损坏	更换水阀电机	水阀电机内部短路，可能会造成控制器烧蚀
	水阀阀座齿轮卡滞	更换水阀阀座	
无制冷（暖风全开）	水阀电机损坏或内部齿轮卡滞	更换水阀电机	
	水阀阀座齿轮卡滞导致无法关闭	更换水阀阀座	
电机异响	水阀电机损坏	更换水阀电机	
	水阀阀座齿轮卡滞	更换水阀阀座	

三、电动暖风水阀的更换

拆卸商用汽车中控仪表台，使其能满足空调电动暖风水阀拆装空间后，按表 3-3-3 所示过程更换电动暖风水阀。

表 3-3-3　电动暖风水阀的更换

序号	1	2	3
操作	找到暖风水阀插头	用手把插头卡扣向内压并往后拉，取出暖风水阀插头	使用十字起拆下暖风压板紧固螺钉（2颗）
图示			

序号	4	5	6
操作	取出暖风压板	使用十字起拆下暖风水管压板紧固螺钉（2颗）	取出暖风水管压板
图示			

续表

序号	7	8	9
操作	使用十字起拆下水阀固定压板紧固螺钉（3颗）	取出水阀固定压板	取出暖风芯体（加热器芯）
图示			

序号	10	11	12
操作	用十字起卸下暖风水阀紧固螺钉（3颗）	取出暖风水阀	检查电机安装支脚是否损坏、水阀插接端子针脚有无变形、水阀有无异物卡阻
图示			

序号	13	14	15
操作	根据需要将新的暖风水阀或经检测正常的暖风水阀放置在壳体上的安装位置并用十字起紧固暖风水阀紧固螺钉（3颗）	将暖风芯体装入壳体	安装水阀固定压板并使用十字起上紧水阀固定压板紧固螺钉（3颗）
图示			

序号	16	17	18
操作	安装暖风水管压板并使用十字起安装暖风水管压板紧固螺钉（2颗）	安装暖风压板并使用十字起拆下暖风压板紧固螺钉（2颗）	连接暖风水阀电机插头
图示			

任务考评

本节内容的考核与评分见表 3-3-4。

表 3-3-4 考核与评分表

考核内容	考核要求	评分标准	配分	得分 自评	得分 互评	教师评
1. 车辆基本检查	（1）正确放置车轮挡块。 （2）正确安装座椅套、方向盘套、变速杆手柄套、脚垫。 （3）正确检查蓄电池电压	错误一处扣 5 分	20			
2. 车辆基本信息检查	准确记录车辆基本信息	错误一处扣 5 分	10			
3. 暖风水阀电路识读	（1）正确识读端子号。 （2）正确识读导线。 （3）正确识读元件	错误一处扣 3 分	10			
4. 暖风水阀电路故障检修	（1）正确使用检修工具。 （2）正确选择检测部位。 （3）正确测量相关参数。 （4）正确判断测量结果。 （5）正确回收工具。 （6）正确选择维修措施	错误一处扣 5 分	40			
5. 暖风水阀拆装	（1）正确插接暖风水阀插头。 （2）正确拆装暖风压板。 （3）正确拆装暖风水管压板。 （4）正确拆装暖风芯体。 （5）正确拆装暖风水阀	错误一处扣 2 分	10			
6. 职业素养	（1）学习态度：积极主动参与学习。 （2）团队合作：与小组成员一起分工合作，不影响学习进度。 （3）现场管理：服从工位安排、执行实训室管理规定	不足之处扣 3 分	10			
7. 安全文明生产	自觉遵守安全文明生产规程	违反一项规定扣 5 分				
合计	——	——	100			
操作时间	开始时间：	结束时间：	实际用时：			

任务 4　模式伺服电机工作异常故障检测与维修

学习目标

1. 能识别模式伺服电机并描述模式伺服电机的电路连接关系。

2．能分析模式伺服电机电路。
3．能检测与维修模式伺服电机电路故障。
4．能更换模式伺服电机。

任务分析

模式伺服电机，是商用汽车自动空调用来控制送风模式的执行元件。在传统的汽车手动空调中，驾驶员通过操作（空调控制）面板上的送风模式选择旋钮，以机械连接的方式控制汽车空调的出风模式。而在自动空调中，控制方式由手动控制转变为通过自动空调控制器控制伺服电机来实现。伺服电机异常将导致汽车空调无法按要求将空气送到相应的位置，并直接影响汽车的采暖、制冷和送风性能。作为商用汽车维修人员，需要对照模式伺服电机的电路图，在电路分解的基础上分析与梳理电路故障点，从而制订检修计划与检修方案，并合理使用工具和仪器检测电路以确定故障点，采用适当的措施开展维修作业，从而恢复汽车自动空调送风模式选择性能。

任务准备

一、商用汽车自动空调送风模式调整工作过程

由图 2-2-1～图 2-2-5（项目二之任务 2 气流分配异常故障检测与维修）可知，商用汽车空调送风模式调整的部件是各个风门，而在商用汽车自动空调中驱动风门工作的是模式伺服电机。其工作过程为：驾驶员操作空调控制面板后，空调控制器控制模式伺服电机动作，模式伺服电机通过控制模式拨盘等传动机构，实现吹脸、吹脚、除霜各模式风门的开关，从而将空气送至需要的出风口，如图 3-4-1 所示。

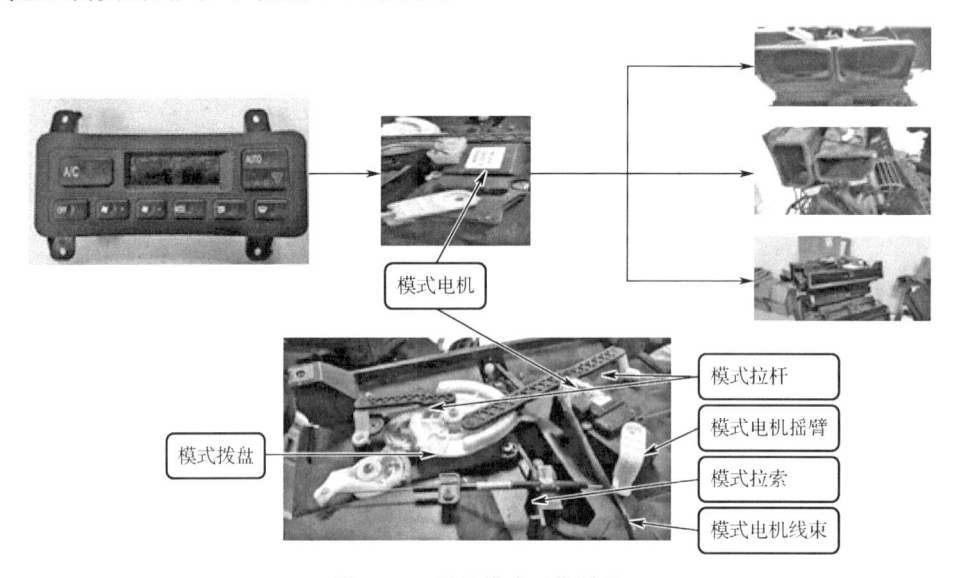

图 3-4-1 送风模式工作原理

二、柳汽乘龙系列汽车自动空调模式伺服电机电路分析

柳汽乘龙系列汽车自动空调模式伺服电机外形如图 3-4-2 所示，其电路连接如图 3-4-3 所

示。空调控制器通过端子 2、3、14、19 和 23 共计 5 个端子连接导线控制模块伺服电机动作，模式伺服电机电路按照功能可分为电机工作电路和电机位置传感器电路两个部分。其中，空调控制器（端子 2 和端子 14）、导线与模式伺服电机构成电机工作电路，控制伺服电机正转/反转以控制模式门打开/关闭；空调控制器（端子 3、端子 19 和端子 23 构成电机位置传感器电路），用来向空调控制器反馈模式伺服电机的位置。

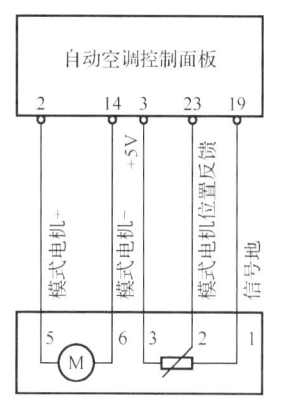

图 3-4-2　模式伺服电机外形　　　　图 3-4-3　模式伺服电机电路原理图

1. 电机工作电路

空调控制器端子 2 和端子 14 用来控制模式伺服电机正反转，当端子 2 连接 24V 电压、端子 14 连接搭铁时，模式伺服电机正转；当端子 2 连接搭铁、端子 14 连接 24V 电压时，模式伺服电机反转。

注意：当模式伺服电机转动到行程范围外时，模式伺服电机会自动截止。另外，模式伺服电机内还设置有防越位堵转保护功能，当检测到滑动簧片到达除霜位置时，模式伺服电机会停止转动。

2. 电机位置传感器电路

端子 3 用来为模式伺服电机提供 5V 工作电压，使电机位置传感器能正常工作。端子 19 用来为模式伺服电机位置传感器提供搭铁，使反馈电路能正常工作。端子 23 用来接收反馈电压，处于吹面模式时电机反馈电压为 0.97±0.1V，处于吹面+吹脚模式时电机反馈电压为 1.73±0.1V，处于吹脚模式时电机反馈电压为 2.54±0.1V，处于吹脚+除霜模式时电机反馈电压为 3.32±0.1V，处于除霜模式时电机反馈电压为 4.03±0.1V。

任务实施

一、模式伺服电机电路检测与维修方法

模式伺服电机电路应根据故障代码不同来展开诊断与维修。

1. 故障代码为"16"时，模式伺服电机电路故障检测与维修思路

如果空调控制器显示故障代码"16"，说明电机位置传感器电路存在故障，断开模式伺服电机线束插接器后，按图 3-4-4 所示思路开展诊断与维修作业。

2. 故障代码为"17"时，模式伺服电机电路故障检测与维修思路

如果空调控制器显示故障代码"17"，说明模式伺服电机的工作电路或电机存在故障，断开模式伺服电机线束接头后，按图 3-4-5 所示思路开展诊断与维修作业。

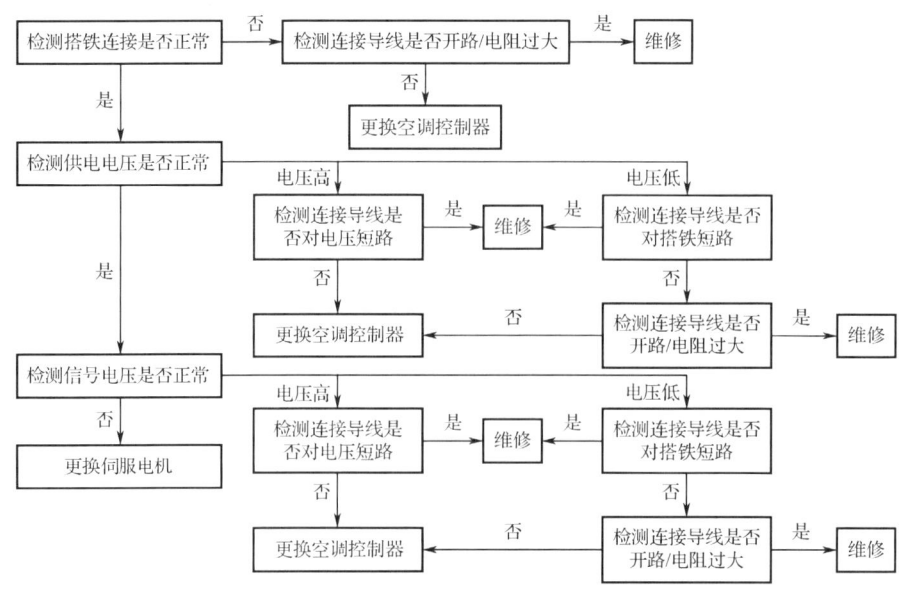

图 3-4-4　电机位置传感器故障电路诊断与检修思路

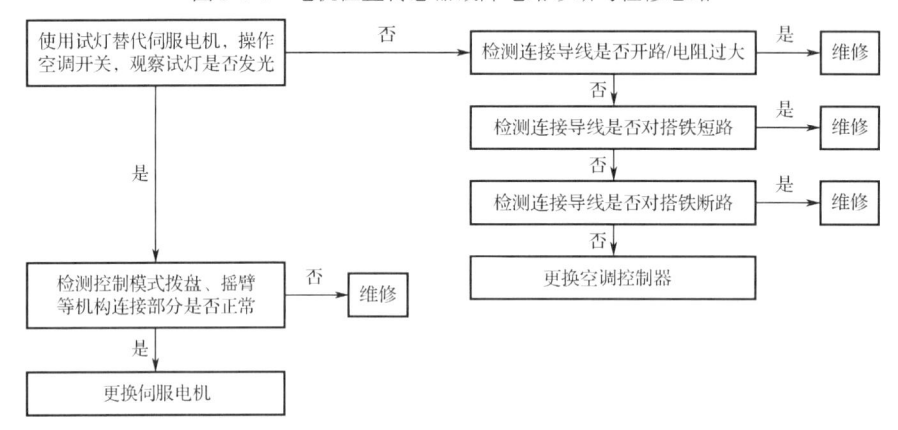

图 3-4-5　电机工作电路故障诊断与检修思路

二、模式伺服电机与模式拉索的更换

拆卸商用汽车中控仪表台，使其能满足模式伺服电机与模式拉索拆装空间后，按表 3-4-1 所示过程更换模式伺服电机与模式拉索。

表 3-4-1　模式伺服电机与模式拉索的更换

序号	1	2	3
操作	用手压住插接器倒钩后，拔出模式伺服电机插接器	用十字起拆下模式伺服电机 3 颗紧固螺钉	一手拿着拉索一端，另一手拿着电机并转至水平，将电机取出
图示			

· 102 ·

续表

序号	4	5	6
操作	用十字起拧出齿轮盖板紧固螺钉（2颗）	取出齿轮盖板	一手紧按防止拉索卡簧跳出，另一手取出拉索卡簧
图示			

序号	7	8	9
操作	将拉索转到摇臂开口处，可以把拉索取出	检查模式拉索是否存在裂纹、弯曲、变形，若存在应更换新件	对应摇臂开口处安装模式拉索
图示			

序号	10	11	12
操作	注意：安装时，拉索倒钩应朝下	确认卡簧弹性完好后（若弹性不足应更换新件），安装卡簧	安装齿轮盖板，并用十字起拧出齿轮盖板紧固螺钉（2颗）
图示			

序号	13	14	15
操作	左手拿拉索一端，右手拿电机，把拉索一端装进摇臂孔内	把电机转至合适的位置，装好模式伺服电机，并用十字起上紧模式伺服电机的3颗紧固螺钉	连接线束
图示			

· 103 ·

任务考评

本节内容的考核与评分见表3-4-2。

表3-4-2 考核与评分表

考核内容	考核要求	评分标准	配分	得分 自评	得分 互评	得分 教师评
1. 车辆基本检查	（1）正确放置车轮挡块。 （2）正确安装座椅套、方向盘套、变速杆手柄套、脚垫。 （3）正确检查蓄电池电压	错误一处扣5分	20			
2. 车辆基本信息检查	准确记录车辆基本信息	错误一处扣5分	10			
3. 模式伺服电机电路识读	（1）正确识读端子号。 （2）正确识读导线。 （3）正确识读元件	错误一处扣3分	10			
4. 模式伺服电机电路故障检修	（1）正确使用检修工具。 （2）正确选择检测部位。 （3）正确测量相关参数。 （4）正确判断测量结果。 （5）正确回收工具。 （6）正确选择维修措施	错误一处扣5分	40			
5. 模式伺服电机与模式拉索拆装	（1）正确插接模式伺服电机插接器。 （2）正确拆装模式伺服电机。 （3）正确拆装齿轮盖板。 （4）正确拆装卡簧。 （5）正确拆装模式拉索	错误一处扣2分	10			
6. 职业素养	（1）学习态度：积极主动参与学习。 （2）团队合作：与小组成员一起分工合作，不影响学习进度。 （3）现场管理：服从工位安排、执行实训室管理规定	不足之处扣3分	10			
7. 安全文明生产	自觉遵守安全文明生产规程	违反一项规定扣5分				
合计	—	—	100			
操作时间	开始时间：	结束时间：		实际用时：		

任务5 鼓风机工作不正常故障检测与维修

学习目标

1. 能描述鼓风机的结构。

2. 能分析鼓风机的电路。
3. 能检测与维修鼓风机电路故障。
4. 能更换鼓风机与调速模块。

任务分析

商用汽车空调温度调节功能离不开鼓风机的参与。鼓风机在空气通过蒸发器时，向车厢内输送低温气体从而降低车厢内温度；鼓风机在空气通过加热器芯时，向车厢内输送高温气体从而提高车厢内的温度。商用汽车空调鼓风机常见的故障有鼓风机不工作、鼓风机出风速度不正常等。作为商用汽车维修人员，需要对照鼓风机的电路图，在电路分解的基础上分析与梳理电路故障点，从而制订检修计划与检修方案，并合理使用工具和仪器检测电路以确定故障点，采用适当的措施开展维修作业，从而恢复商用汽车空调送风性能。

任务准备

一、柳汽乘龙商用汽车自动空调鼓风机电路组成

1. 自动空调控制器

如图 3-5-1 所示，自动空调控制器是鼓风机的控制元件，按下"AUTO"键时，空调处于自动模式，鼓风机风速自动调整。退出"AUTO"模式后，也可通过风量按键（❄+和❄-）进行控制。

图 3-5-1 自动空调控制器

控制时需注意以下事项：

（1）鼓风机风量为 8 挡，按风量增大按键一次，鼓风机风量增加一挡，同时屏幕显示向上增加一格；按风量减小按键一次，鼓风机风量减少一挡，同时屏幕显示向左减少一个填充格。

（2）鼓风机处于最大风量状态时，按风量增加键无效；鼓风机处于最小风量状态时，按风量减少键无效。

（3）风量调整键支持连击响应。持续按住 1s 时，以每 0.3s 增加或减少一挡风量的速度变化。

（4）按键按下后，风量柔和上升或下降，2s 左右到达设定值。

（5）自动空调控制器通过调整控制电压，改变调速模块的开启度，最终调节鼓风机的端电压，达到调速的目的，在 1~8 挡，鼓风机的端电压分别为 11V、13V、15V、17V、19V、

21V、23V、调速模块全通（除去电压降，约为26V）。

（6）当鼓风机回路发生故障（短路或断路）时，自动空调控制器自动切断压缩机。

（7）鼓风机不在0挡时，自动空调控制器输出12V至车内温度传感器，小风扇开始运转。

2．调速模块

商用汽车手动空调控制鼓风机转速的元件是调速电阻，自动空调控制鼓风机转速的元件是调速模块。调速模块的功能与调速电阻一致，可以对鼓风机的功率、风速、风量进行调整。调速模块具有过热保护功能，可以保护鼓风机。当其表面温度达到105℃时，调速模块会自动切断鼓风机电路，鼓风机停止工作。调速模块处于过热保护状态时，风速信号线无信号输入。需重新按任意控制按键，鼓风机才可重新启动。

3．鼓风机

鼓风机与手动空调配置相同。

二、柳汽乘龙商用汽车自动空调鼓风机电路连接

如图3-5-2所示为柳汽乘龙商用汽车自动空调鼓风机电路，电路由熔断器、鼓风机、调速模块、自动空调控制器（自动空调控制面板）组成。

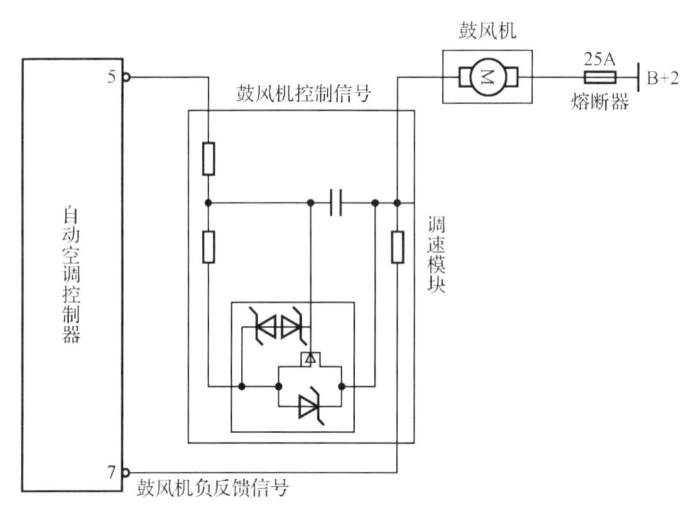

图3-5-2 柳汽乘龙商用汽车自动空调鼓风机电路

1．鼓风机

如图3-5-3所示，鼓风机有两条导线，红色导线经熔断器连接电源正极，黑色导线连接至调速模块，其导线上连接有滤波器。

2．调速模块

如图3-5-4所示，调速模块有3个端子，一个端子连接鼓风机，一个连接自动空调控制器端子5，一个连接自动空调控制器端子7。

3．自动空调控制器

自动空调控制器通过端子5和端子7与调速模块连接，端子5用来传递鼓风机控制信号，调速模块根据此信号控制鼓风机的转速，端子7用来监测鼓风机的转速信号。线束插接器端子分布如图3-5-5所示。

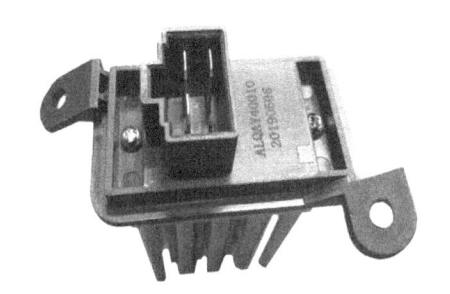

图 3-5-3　鼓风机　　　　　　　　图 3-5-4　调速模块

24	23	22	21	20	19	18	17	16	15	14	13
12	11	10	9	8	7	6	5	4	3	2	1

图 3-5-5　自动空调控制器线束插接器端子分布图

任务实施

一、鼓风机无风或风量不足故障诊断与维修

1．鼓风机（蒸发风机）电路检测

如果自动空调控制器显示故障代码"18"，说明自动空调控制器已检测到鼓风机电路存在故障，此时，可按以下思路开展电路检测。

（1）检测鼓风机供电电压是否正常。先检查熔丝是否熔断，若熔丝熔断说明电路存在短路，则分段检查电路哪个部分存在对搭铁短路的情况；若熔丝未熔断，则检测熔丝前端、后端是否存在开路/电阻过大的情况。

（2）检查鼓风机是否正常。将鼓风机两端直接连接电源正、负极，若鼓风机工作，说明正常；若不工作或转速较慢，说明不正常，应更换。

（3）检测自动控制器端子 7 反馈信号是否正常。按下风量调整键时，测量端子 7 电压。若电压值在 1.9~7.04V 之间变化，说明调速模块工作正常。若电压值不在此范围内变化，需进一步检测调速模块及相关电路连接是否正常。

（4）检测自动空调控制器与调速电阻之间连接导线。检测各导线有无开路/电阻过大、对电压短路、对搭铁短路的情况。

（5）尝试更换调速电阻，观察鼓风机工作是否正常。

（6）更换自动空调控制器。

2．鼓风机无风或风量不足的故障原因与采取措施

鼓风机无风或风量不足故障的原因与措施如表 3-5-1 所示。

表 3-5-1　鼓风机无风或风量不足故障诊断与维修

故　　障	可能的原因	措　　施
无风或风小	控制器保险熔断	更换保险控制器保险
	鼓风机保险熔断	更换保险鼓风机保险
	风机继电器损坏	更换继电器

续表

故 障	可能的原因	措 施
无风或风小	鼓风机线路存在短路或断路	检测修复线路
	控制器故障	更换控制器
	调速模块损坏	更换调速电阻或调速模块
	鼓风机损坏	更换鼓风机
	鼓风机老化导致鼓风机转速过低	更换鼓风机
	蒸发器过滤器脏堵	更换或清洗过滤器
	蒸发器芯体脏堵	清洗蒸发器芯体
	蒸发器表面结冰	检测出风口是否打开，空调线路或系统是否存在其他故障
	发电机不输出电压或无发电	检修发电机

二、鼓风机的更换

鼓风机的更换步骤分为拆卸和安装两大部分。

拆卸流程为：拆下温度传感器、鼓风机插头→拆卸后盖板→拆卸下壳体→取出蒸发器→拆卸鼓风机。

安装流程为：安装鼓风机→安装蒸发器→安装下壳体→安装后盖板→连接温度传感器、鼓风机插头。

1．拆卸鼓风机

鼓风机拆卸步骤如表 3-5-2 所示。

表 3-5-2　鼓风机拆卸步骤

步骤	操作	图示	步骤	操作	图示
1	捏住传感器插头		2	向内按下插头倒钩并往后拉	
3	拔出插头		4	捏住鼓风机插头	

续表

步骤	操作	图示	步骤	操作	图示
5	向内按下插头倒钩并往后拉		6	拔出插头	
7	取下蒸发器芯体插头		8	取下鼓风机插头	
9	用十字起拆卸3颗紧固螺钉		10	取出后盖板	
11	用十字起拆卸8颗紧固螺钉		12	取出下壳体	
13	用工具拆卸5颗紧固螺钉		14	取出鼓风机	

2. 安装鼓风机

鼓风机安装步骤如表 3-5-3 所示。

表 3-5-3 鼓风机安装步骤

步骤	操作	图示	步骤	操作	图示
1	装上鼓风机		2	安装 8 颗紧固螺钉	
3	安装下壳体		4	安装紧固螺钉	
5	安装后盖板		6	把鼓风机电源线放到线槽内	
7	拧紧紧固螺钉		8	安装鼓风机接头	
9	安装温度传感器接头		10	插好蒸发器温度传感器插头	

续表

步骤	操作	图示			
11	插好鼓风机插头				

任务考评

本节内容的考核与评分见表 3-5-4。

表 3-5-4 考核与评分表

考核内容	考核要求	评分标准	配分	得分 自评	互评	教师评
1. 车辆基本检查	（1）正确放置车轮挡块。 （2）正确安装座椅套、方向盘套、变速杆手柄套、脚垫。 （3）正确检查蓄电池电压	错误一处扣 5 分	20			
2. 车辆基本信息检查	准确记录车辆基本信息	错误一处扣 5 分	10			
3. 鼓风机电路识读	（1）正确识读端子号。 （2）正确识读导线。 （3）正确识读元件	错误一处扣 3 分	10			
4. 鼓风机电路故障检修	（1）正确使用检修工具。 （2）正确选择检测部位。 （3）正确测量相关参数。 （4）正确判断测量结果。 （5）正确回收工具。 （6）正确选择维修措施	错误一处扣 5 分	40			
5. 鼓风机与模式拉索拆装	（1）正确插接鼓风机插接器。 （2）正确拆装壳体。 （3）正确拆装鼓风机	错误一处扣 2 分	10			
6. 职业素养	（1）学习态度：积极主动参与学习。 （2）团队合作：与小组成员一起分工合作，不影响学习进度。 （3）现场管理：服从工位安排、执行实训室管理规定	不足之处扣 3 分	10			
7. 安全文明生产	自觉遵守安全文明生产规程	违反一项规定扣 5 分				
合计	—	—	100			
操作时间	开始时间：	结束时间：		实际用时：		

任务6 内外循环伺服电机故障检测与维修

学习目标

1. 能描述内外循环伺服电机的工作原理与电路连接关系。
2. 能分析内外循环伺服电机电路。
3. 能检测与维修内外循环伺服电机电路故障。
4. 能更换内外循环伺服电机。

任务分析

内外循环伺服电机，是商用汽车自动空调用来实现车辆空调系统空气内外循环方式切换的执行元件。内外循环伺服电机异常将导致商用汽车空调的空气来源无法按驾驶员要求进行切换，直接影响到制冷、采暖性能和空气清洁度。作为商用汽车维修人员，需要对照内外循环伺服电机的电路图，在电路分解的基础上分析与梳理电路故障点，从而制订检修计划与检修方案，并合理使用工具和仪器检测电路以确定故障点，采用适当的措施开展维修作业，从而恢复汽车空气来源选择性能。

任务准备

一、商用汽车自动空调空气来源模式调整工作过程

商用汽车空调在工作时，需要向各相应的出风口提供空气，该空气的来源可以是车厢内部的空气，也可以是车厢外部的空气。如果需要较快的制冷/采暖速度时，或者汽车行驶在灰尘较大的环境当中时，应选择内循环模式；如果车内空气较差时，应选择外循环模式将车外的空气吸入车厢内部以改善车厢内部的空气环境。商用汽车空调是通过循环电机来选择空气来源的，该电机被称为内外循环电机，俗称新风电机。如图3-6-1所示，当按下自动空调控制器上的"内外循环控制"按键后，内外循环伺服电机根据空调控制器指令进行正/反转，带动相关部件动作，从而控制新风门翻板打开/关闭，实现空气系统内/外循环模式的切换，同时内外循环状态显示在控制器液晶面板上。另外，"内外循环控制"键带记忆功能，重新开机后，保持断电/关机前的状态。当空调处于"AUTO"模式时，如果外部环境温度处于16~25℃之间时，空调处于外循环模式，若外部环境温度处于其他范围时，空调按照"先在内循环模式工作15min后切换为外循环，外循环1min后再次切换为内循环"的方式循环。

二、柳汽乘龙系列汽车自动空调内外循环伺服电机电路分析

1. 电路连接关系分析

如图3-6-2所示，自动空调控制器直接与内外循环伺服电机连接，两者通过两条导线连接。自动空调控制器端子1通过导线与内外循环伺服电机端子5相连，接入24V电压时，内外循环电机正转；自动空调控制器端子13通过导线连接内外循环伺服电机端子6，接入24V电压

时，内外循环伺服电机反转。

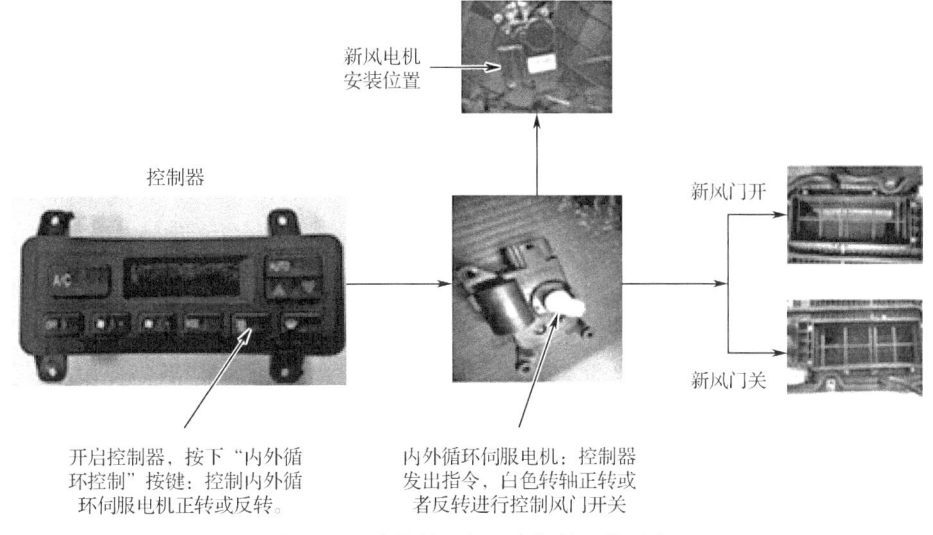

图 3-6-1 内外循环伺服电机的工作过程

2. 电路工作过程分析

（1）进风模式由内循环变为外循环。自动空调控制器端子 1 连接电源，端子 13 连接搭铁，电流方向为：电源正极→自动空调控制器端子 1→导线→内外循环伺服电机端子 5→内外循环伺服电机→内外循环伺服电机端子 6→导线→自动空调控制器端子 13→搭铁，内外循环电机正转，带动相关部件动作控制新风门翻板打开，商用汽车空调进风模式由内循环转换为外循环。

（2）进风模式由外循环变为内循环。自动空调控制器端子 13 连接电源，端子 1 连接搭铁，电流方向为：电源正极→自动空调控制器端子 13→导线→内外循环伺服电机端子 6→内外循环伺服电机→内外循环伺服电机端子 5→导线→自动空调控制器端子 1→搭铁，内外循环伺服电机反转，带动相关部件动作控制新风门翻板关闭，商用汽车空调进风模式由外循环转换为内循环。

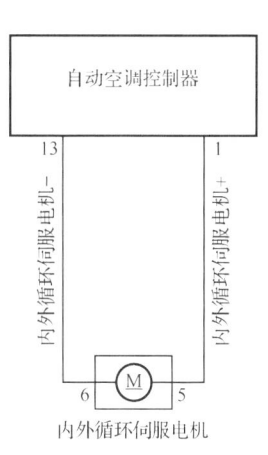

图 3-6-2 内外循环伺服电机电路图

任务实施

一、柳汽乘龙系列汽车自动空调内外循环伺服电机电路检测

内外循环伺服电机只有在电机工作的时候才会通电，所以只有在按下"内外循环控制"键之后进行检测，其检测时间较短，在检测过程中需要及时观察。具体检测方法如下：

（1）检测空调控制器是否正常。操纵"内外循环控制"键切换空调进气模式，分别检测空调控制器端子 13 和端子 1 电压。当外循环模式转换为内循环模式过程中，端子 13 电压应为 24V 电源电压，端子 1 电压应为 0V；当内循环模式转换为外循环模式过程中，端子 13 电压应为 0V，端子 1 电压应为 24V 电源电压。若电压数值异常，说明空调控制器损坏，应更换。

（2）检测内外循环电机是否正常。拆下内外循环电机，将内外循环电机直接连至电源正

· 113 ·

负极,观察电机是否转动。若电机转动,说明电机正常,否则说明电机有故障。

(3)检测连接导线是否存在开路、电阻过大、对电压短路和对搭铁短路的现象。若存在,则进行修理。

二、内外循环伺服电机的更换

拆卸商用汽车中控仪表台,使其能满足内外循环伺服电机拆装空间后,按表3-6-1所示过程更换内外循环伺服电机与模式拉索。

表3-6-1 伺服电机与模式拉索的更换

步骤	操作	图示	步骤	操作	图示
1	向外按下倒钩并往后拉,取下电机线束插接器		2	使用十字起拆下电机紧固螺钉(3颗)	
3	取下拉索卡簧		4	把新风拉索从卡簧取出	
5	将新风摇臂转至拉索防脱位,取出摇臂		6	把回风连杆转至与右回风门摇臂防脱位,取出连杆	
7	把右回风门连杆转至摇臂防脱位,取出连杆		8	取出电机	

· 114 ·

续表

步骤	操作	图示	步骤	操作	图示
9	安装拉索		10	安装拉索卡簧	
11	用胶锤将卡簧敲击到位		12	安装右回风门摇臂	
13	把连杆安装到摇臂内转至防脱位置		14	把另一端连杆安装到摇臂内转至防脱位置	
15	拉索安装到摇臂内转至防脱位置		16	把新风拉索安装到拉索卡簧内	
17	安装拉索卡簧		18	用十字起紧固电机	

任务考评

本节内容的考核与评分见表 3-6-2。

· 115 ·

表 3-6-2　考核与评分表

考核内容	考核要求	评分标准	配分	得分 自评	得分 互评	得分 教师评
1．车辆基本检查	（1）正确放置车轮挡块。 （2）正确安装座椅套、方向盘套、变速杆手柄套、脚垫。 （3）正确检查蓄电池电压	错误一处扣5分	20			
2．车辆基本信息检查	准确记录车辆基本信息	错误一处扣5分	10			
3．内外循环伺服电机电路识读	（1）正确识读端子号。 （2）正确识读导线。 （3）正确识读元件	错误一处扣3分	10			
4．内外循环伺服电机电路故障检修	（1）正确使用检修工具。 （2）正确选择检测部位。 （3）正确测量相关参数。 （4）正确判断测量结果。 （5）正确回收工具。 （6）正确选择维修措施	错误一处扣5分	40			
5．伺服电机与模式拉索拆装	（1）正确插接内外循环伺服电机插接器。 （2）正确拆装内外循环伺服电机。 （3）正确拆装拉索。 （4）正确拆装卡簧	错误一处扣2分	10			
6．职业素养	（1）学习态度：积极主动参与学习。 （2）团队合作：与小组成员一起分工合作，不影响学习进度。 （3）现场管理：服从工位安排、执行实训室管理规定	不足之处扣3分	10			
7．安全文明生产	自觉遵守安全文明生产规程	违反一项规定扣5分				
合计	——	——	100			
操作时间	开始时间：	结束时间：		实际用时：		

项目四　商用汽车驻车空调检测与维修

驻车空调，指在停车等候及休息时，用车载蓄电池直流电源使空调持续运行，对车厢内环境空气的温度、湿度、流速等参数进行调节和控制，充分满足商用汽车司机舒适、降温需求的设备。驻车空调采用DC12V/24V/36V车载蓄电池为空调供电，无须配备发电机设备，是一种更加节能环保的电驱动空调。驻车空调主要为单冷型空调，制冷循环系统主要由驻车空调压缩机、压缩机支架、空调管路、冷凝器总成（带风机）、单向阀、差速锁控制器等构成，连同原车空调箱总成、空调控制器、空调管路等构成整车空调系统。驻车空调在使用中除正常维护与保养外，最常见的故障是不工作，其原因有驻车空调压缩机工作不正常、控制器失效、冷凝风扇不转等。所以本项目从生产实践出发，包括以下4个任务：

任务1　驻车空调使用与维护
任务2　驻车空调压缩机工作异常检测与维修
任务3　差速锁控制器故障检测与维修
任务4　独立暖风系统故障诊断与维修

任务1　驻车空调使用与维护

学习目标

1. 能识别驻车空调系统各个部件。
2. 能检查商用汽车驻车空调的制冷性能。
3. 能检测与维修驻车空调压缩机不工作的故障。

任务分析

据调查，商用汽车司机一年中约 80%的时间都行驶在路上，47.4%的司机会选择在车里过夜。而使用原车空调不仅油耗不菲，还容易磨损发动机，甚至有一氧化碳中毒的风险。驻车空调系统是一套辅助制冷空调系统，它是为长途运输车辆开发的，与传统车载空调相比，驻车空调无须依靠车辆引擎动力，可节省燃料，减少环境污染。商用汽车维修人员需熟悉驻车空调的功能与操作，并能正确维护驻车空调以保持驻车空调性能正常。

任务准备

一、驻车空调系统的组成与规格

1. 驻车空调系统的组成

驻车空调和传统的汽车空调共用控制机构总成（控制开关）、蒸发器、膨胀阀、冷凝器、鼓风机等部件，仅仅是用驻车空调压缩机取代了传统压缩机工作，其主要部件有驻车空调压缩机（含驱动控制器）、差速锁控制器、空调管路、冷凝器风扇、驱动控制器、单向阀。

控制机构总成（如图 4-1-1 所示）和差速锁控制器（如图 4-1-2 所示）是驻车空调的控制中枢，通过按键指令来控制驻车制冷，差速锁控制器通过发动机转速判断是否启动驻车空调。驻车空调压缩机内含电压、温度监控，如果监控到电瓶电压低于 22V 或温度超过 95℃，会自动断开压缩机进行系统保护。单向阀的作用是避免工作的压缩机对停止的压缩机产生液击，确保两套并联系统不会互相影响。

图 4-1-1　控制机构总成　　　　　图 4-1-2　差速锁控制器

2. 驻车空调系统的规格

不同商用汽车驻车空调的规格不尽相同，东风柳汽乘龙系列商用汽车驻车空调的规格如表 4-1-1 所示。

表 4-1-1　东风柳汽乘龙系列商用汽车驻车空调的规格

序　号	总　项　目	分　项　目	项　目　参　数
1	冷媒	代号	R134a
		充入量	0.65kg
2	冷冻油	代号	PAG56、FVC68D
		充入量	120g

续表

序号	总项目	分项目	项目参数
3	驻车空调压缩机	型号	GYES27-24V
		电压	24V
		排量	27cc
4	冷凝器总成	冷凝器散热能力	13500W
5	鼓风机总成	额定电流	0.42A
		额定电压	24V
		额定风量	117CFM
		额定转速	3300

二、驻车空调的工作原理

如图4-1-3所示，在车辆停止后接通空调开关时，差速锁控制器断开传统压缩机，接通驻车空调压缩机和冷凝器风扇。驻车空调压缩机吸入低温低压制冷剂气体，对其进行压缩，使其变成高温高压制冷剂气体。高温高压制冷剂气体通过高压软管被推动到冷凝器，在冷凝器风扇的帮助下，热量向经过冷凝器的空气放热，制冷剂被冷凝成高压中温的液体，流向储液干燥器。经过滤杂质、脱去水分后，通过高压软管流至膨胀阀，经膨胀阀节流降压后变成低压低温的液气混合物，进入蒸发器。制冷剂在液气混合物从经过蒸发器的车内空气吸热从而蒸发为过热的气体后，进入压缩机并开始下一个制冷循环。经过蒸发器的车内空气向蒸发器放热，变为冷空气，同时由于蒸发器表面的温度低于空气露点，空气中的水汽冷凝成为露水排出车外，从而降低车内空气的温度和湿度。当车辆启动后，差速锁控制器断开驻车空调压缩机和冷凝器风扇，传统空调系统开始工作。

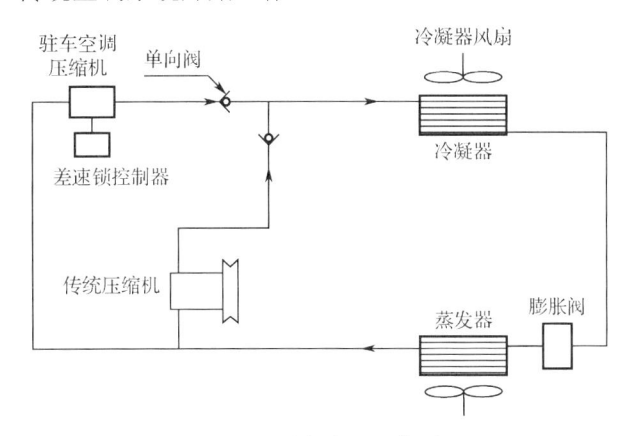

图4-1-3 驻车空调工作原理

三、驻车空调维护

1. 驻车空调维护项目与周期

驻车空调维护项目与周期如表4-1-2所示。

表 4-1-2 驻车空调维护项目与周期

保养项目		内　　容	保养周期				
			每日	每周	每月	每季	每年
制冷系统	制冷剂量	由视液镜处观察液体流动有无气泡		★			
	管　路	软管有无裂纹、损伤				★	
		各接头处是否泄漏				★	
		各固定卡扣是否松动、损坏			★		
压缩机	冷冻机油	更换冷冻机油					★
	压缩机支架	检查有无螺栓松动，支架损坏			★		
冷凝器	冷凝器总成	检查有无污物堵塞，必要时清洗	★				
蒸发器	进出水管	检查卡扣是否松脱				★	
	风机电机	运转是否正常，是否有异响				★	
电器元件	控制机构总成	检查各按键动作与显示是否正常	★				
	接插件	检查线头及接插件有无松动、脱落			★		
	压力开关	检查高、低压压力是否正常			★		
	温度控制	检查四挡风速是否正常			★		
	电磁离合器	检查是否能正常吸合、断开			★		

注：（1）★表示检查、调整、修理，必要时更换；（2）更换冷冻机油时，按压缩机的规定更换新油。

2．驻车空调维护操作注意事项

（1）为防止意外事故发生，并确保相关人员的安全，非专业人员不得拆卸或修理。
（2）操作过程中禁止使用明火，禁止吸烟。
（3）进行作业工作时要穿上工作服，确认保护装置完好。
（4）在通风条件良好的环境下进行操作。
（5）启动发动机之前，确认在运动、转动和电流流经的部件上无工具、测量仪器和其他零部件。
（6）启动发动机之前，要鸣号警告操作的工人和确认安全。
（7）检查电气线路时，小心不要触摸端子等电流流过的部件。否则，可能会由于身体或其他部件引发短路。
（8）使用额定的保险丝，防止烧坏继电器等电器元件或引起火灾。
（9）使用软管、硬管管道时要小心，防止气体泄漏。
（10）对软管、硬管管道连接部位和管道内的尘土要彻底清洗干净，防止气体泄漏和工作异常。
（11）风扇和风扇电机、V形皮带上不要沾上水、油等，防止损坏和火灾。
（12）在确认空调停止工作前，为防止受伤，不要触摸皮带和风机。
（13）不要将制冷剂罐放在发动机或散热器上，以防严重事故。
（14）不要将制冷剂罐储存在阳光直射、潮湿或超过40℃高温处，以防引起严重事故，应将其储存在阴凉干燥处。
（15）要将制冷剂罐储存在没有其他硬物铁器等易发生强烈碰撞处，以防引起严重事故。

（16）操作制冷剂气体时，要戴防护眼镜以防眼睛受伤。如果制冷剂气体进入眼睛，要及时用大量清水冲洗眼睛，以防冻伤，严重的应立即到医院治疗。

任务实施

一、驻车空调操作

驻车空调与自动开关共用一个操纵面板，其操作方式基本相同，由于驻车空调使用车载蓄电池作为动力来源，所以在开启驻车空调前需检查蓄电池电量是否充足。

（1）检查蓄电池电量是否充足，若蓄电池电量不充足，驻车空调无法工作。

（2）按下 A/C 开关后 1~2min，观察出风口是否有冷风送出，测量出风口温度与送风速度。

二、驻车空调检查与维护

1．目视检查

（1）由视液镜处观察液体流动有无气泡。

（2）观察冷凝器风扇是否转动。

（3）观察驻车空调压缩机进出口处是否有污渍。

（4）观察驻车空调压缩机进出口连接软管有无老化、鼓泡、碰擦、割伤、磨损等现象，是否有裂纹和渗漏的油渍。

（5）观察低压回路的结霜情况，表面结霜为正常。

（6）制冷系统运行约 8min 后，观察汽车空调出水口是否有水流出，有水流出为正常。

2．温度与湿度检测

（1）使用干湿温度计，在离发动机至少 2m 的距离测量环境温度与湿度。

（2）将干湿温度计放置在空调相应中央出风口处，读取数值并记录。

（3）使用红外线测温仪测量膨胀阀进出口管路的温度，读取测量数值并记录。

（4）使用红外线测温仪测量冷凝器进出口的温度并记录。

3．压力检测

（1）清洁并拧下汽车空调制冷系统高、低压检修阀防尘帽，放置在工具车上。

（2）取歧管压力表，分别检查确认手动高、低压阀和高、低压快速接头是否处于关闭状态。

（3）连接高、低压管路快速接头，红色连高压、蓝色连低压，确认连接可靠。

（4）打开高、低压管路快速接头，观察并记录高、低压压力表数值（正常情况下应大于 500kPa）。

（5）启动驻车空调。

（6）打开所有空调出风口，并将其调节到全开。将温度风门控制旋钮调至最大制冷位置；风速调整为最大；送风模式设置为吹面部模式；将进气模式调整为外循环模式。按下空调开关，此时压缩机运行，低压压力表数值开始下降，高压压力表数值开始上升。

（7）关闭驻车空调，清洁与回收歧管压力表，清洁与安装防尘帽。

任务考评

本节内容的考核与评分见表 4-1-3。

表 4-1-3 考核与评分表

考核内容	考核要求	评分标准	配分	得分 自评	得分 互评	得分 教师评
1. 车辆基本检查	（1）正确放置车轮挡块。 （2）正确安装座椅套、方向盘套、变速杆手柄套、脚垫。 （3）正确检查蓄电池电压	错误一处扣 5 分	20			
2. 车辆基本信息检查	准确记录车辆基本信息	错误一处扣 5 分	10			
3. 驻车空调系统操作	（1）正确检测蓄电池电量。 （2）正确开启驻车空调	错误一处扣 5 分	10			
4. 驻车空调系统维护	（1）正确使用温度计。 （2）正确选择出风口。 （3）正确读取数值。 （4）正确填写作业记录表。 （5）正确回收工具	错误一处扣 5 分	50			
5. 职业素养	（1）学习态度：积极主动参与学习。 （2）团队合作：与小组成员一起分工合作，不影响学习进度。 （3）现场管理：服从工位安排、执行实训室管理规定	不足之处扣 3 分	10			
6. 安全文明生产	自觉遵守安全文明生产规程	违反一项规定扣 5 分				
合计	——	——	100			
操作时间	开始时间：	结束时间：		实际用时：		

任务 2　驻车空调压缩机工作异常检测与维修

学习目标

1. 能描述驻车空调压缩机的结构与工作原理。
2. 能分析商用汽车驻车空调压缩机电路。
3. 能检测与维修驻车空调压缩机不工作故障。

任务分析

驻车空调压缩机是驻车空调的动力装置，它由蓄电池提供工作需要的动能，在工作时受空调控制面板、差速锁控制器和驻车空调压缩机控制器控制。在商用汽车维修生产实践中，驻车空调压缩机不工作是最常见的故障。为此，商用汽车维修人员需要熟悉驻车空调压缩机电路的结构与工作过程，分析驻车空调压缩机电路故障点，设计驻车空调压缩机故障检测与诊断方案，完成驻车空调压缩机故障修理，恢复驻车空调工作性能。

任务准备

一、驻车空调压缩机的结构与工作原理

1. 驻车空调压缩机的结构

商用汽车驻车空调压缩机外形如图 4-2-1 所示,其额定工作电压为直流 12V 或 24V,柳汽乘龙系列商用汽车常用某品牌的 WXH-086 驻车空调压缩机,其参数如表 4-2-1 所示。

图 4-2-1 驻车空调压缩机外形

表 4-2-1 某品牌 WXH-086 驻车空调压缩机参数

序 号	主 要 参 数	数 值
1	每转排量/cc	86
2	最大允许转速(r/min)	10000
3	最大允许连续转速(r/min)	8000
4	冷冻机油	PAG56
5	冷冻液加注量	120ml
6	额定电压(DC)	12/24V(DC)
7	磨合后脱离扭矩(N·m)	≥30
8	消耗功率(W)	≤48

2. 驻车空调压缩机的工作原理

传统压缩机主要采用的是斜盘式压缩机,驻车空调采用的是电动涡旋压缩机,主要由动、静涡旋盘相互啮合而成。如图 4-2-2 所示,在吸气和排气工作过程中,静涡旋盘固定在机体上,动涡旋盘由偏心轴驱动并防自转机构制约,围绕静盘机圆中心,做小半径的平面摆动,制冷剂通过进气管,进入动、静涡旋盘形成的压缩腔,随着偏心轴的旋转,制冷剂在压缩腔被逐步压缩后,由静盘部分的排气孔连续排出。

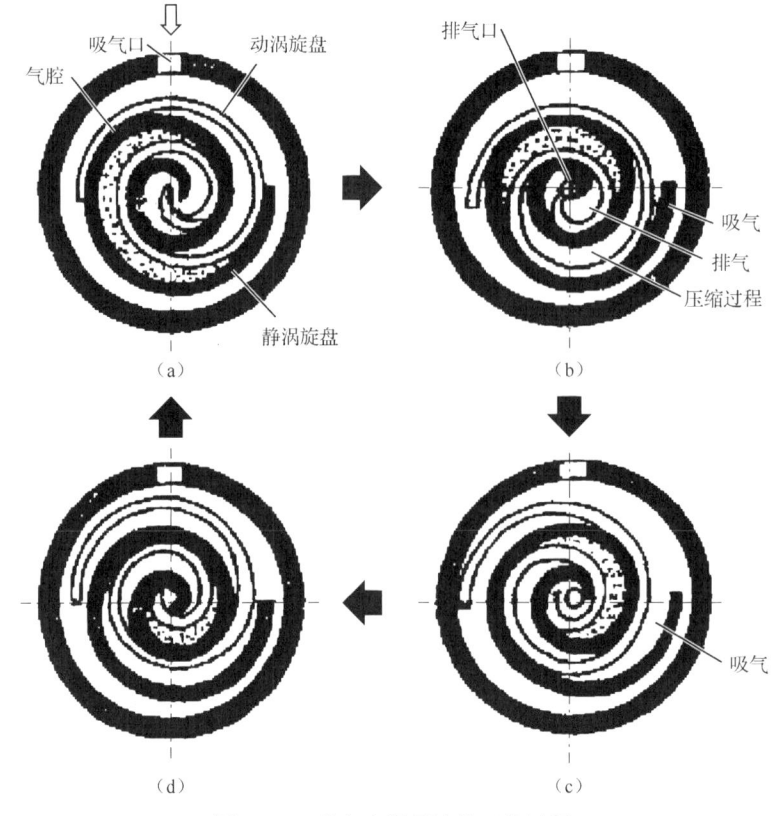

图 4-2-2 驻车空调压缩机工作过程

二、柳汽乘龙系列商用汽车驻车空调压缩机电路分析

1. 柳汽乘龙系列商用汽车驻车空调压缩机电路组成

如图 4-2-3 所示,柳汽乘龙系列驻车空调压缩机电路由空调控制面板、差速锁控制器、驻车空调压缩机控制器、驻车空调压缩机等组成。

(1) 空调控制面板,用以产生并输出开启/关闭压缩机的信号,传给差速锁控制器。

(2) 差速锁控制器,用来监测发动机停止运转信号,并在确认发动机停止运转信号后断开传统压缩机,控制冷凝器风扇继电器控制线圈接通,以使冷凝器风扇工作的同时向驻车空调压缩机控制器发送启动驻车空调压缩机信号。

(3) 驻车空调压缩机控制器,用来接收差速锁控制器信号并控制驻车空调压缩机工作。

(4) 驻车空调压缩机,驻车空调压缩机工作,产生动力,使驻车空调正常工作。

2. 柳汽乘龙系列商用汽车驻车空调压缩机电路分析

由图 4-2-3 可知,柳汽乘龙系列商用汽车驻车空调压缩机电路工作过程如下:

(1) 开关控制信号发送,驾驶员操纵自动空调控制面板,开启/关闭压缩机的信号通过 22 号端子及导线传送至差速锁控制器 6 号端子。

(2) 差速锁控制器监测与发送信号,差速锁控制器通过 6 号端子接收开关信号后,并确定发动机处于停止运转状态后,差速锁控制器通过 2 号端子及连接导线断开传统压缩机,通过 7 号端子接通驻车空调压缩机控制器 2 号端子及冷凝器风扇继电器控制线圈。

(3) 冷凝器风扇工作,差速锁控制器通过 2 号端子及连接导线接通冷凝器风扇继电器控制线圈后,冷凝器风扇开始工作。

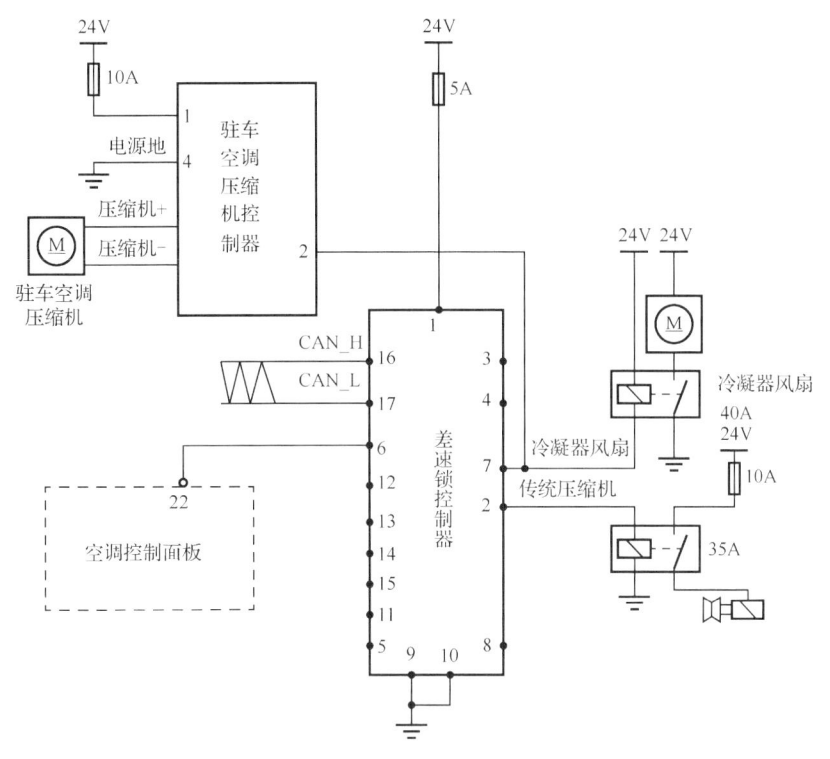

图 4-2-3 驻车空调电路图

（4）驻车空调压缩机工作，驻车空调压缩机控制器通过 2 号端子接收信号，控制驻车空调压缩机开始工作，驻车空调开始运行。

任务实施

一、驻车空调压缩机故障分析及检修方法

柳汽乘龙系列商用汽车驻车空调压缩机常见故障及检修方法如表 4-2-2 所示。

表 4-2-2 柳汽乘龙系列商用汽车驻车空调压缩机常见故障及检修方法

故障模式	原因分析	原因查找	检修方法
压缩机异响或咬死	内部有杂质	压缩机杂质超标	清洗压缩机及空调管路
		空调系统杂质超标	
		装配或维修时异物进入	
	负载过大	设计不合理，压缩机长时工作在大负载区间	重新对系统进行标定
		排气压力长期过大，如冷媒过多或系统堵塞	
		吸气压力过大，如冷媒过多或膨胀阀开口过大	
		冷凝器或冷凝器风扇坏	
	长时液击	膨胀阀故障或是蒸发风扇故障、蒸发温度传感器故障等	更换膨胀阀或温度传感器
	缺油	压缩机内缺油	按要求补充适量冷冻机油
		系统设计时油量不合理	-
		冷媒泄漏导致无法回油润滑	-

续表

故障模式	原因分析	原因查找	检修方法
压缩机控制器烧坏	电源正负极反接	正负极接反	调整正负极接线方式
	控制器温度高烧坏	因不正常原因导致压缩机温度高，控制器内温度保护功能失效未能起到保护作用	更换控制器
	长时大电流烧坏	长时间大电源，控制器内温度保护功能失效未能起到保护作用	
	控制器内进水烧坏	控制器受到外力不正常破坏，导致腔体不密封，进水导致损坏	
压缩机无通信	接插件松脱	采用防松脱插件	重新按要求完成插件对接工作
	接插件进水短路	采用防水型插接件，但需注意防水塞是否装好	
空调无法启动	电压不足	使用空调时，不能在电不足时反复启停。此时易造成电压不足	给整车充电后启动压缩机

二、驻车空调压缩机电路检修流程

在发动机停止运转时，在确认蓄电池电量充足的情况下按下 A/C 开关，如果驻车空调压缩机不工作时，按以下步骤进行检修。驻车空调压缩机电路以差速锁控制器为界，可将电路分为输出部分（含冷凝器风扇、驻车空调压缩机等）、输入部分（含自动空调控制面板及相关电路）和差速锁控制器三个部分。

1．检测输出部分是否正常

找出差速锁控制器，在不断开差速锁控制器线束接头的情况下，按图 4-2-4 所示将端子 A2、A16 和 A17 连接搭铁，观察电动压缩机和冷凝器风扇是否工作。如果两者均工作，则说明输出正常，则检测输入部分。如果两者不工作，则继续检测驻车空调压缩机控制器、驻车空调压缩机、冷凝器风扇电路等。

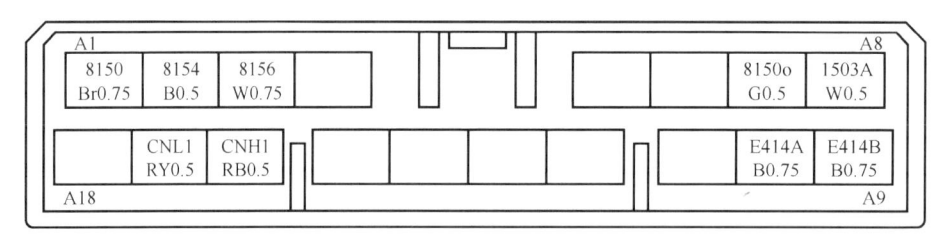

图 4-2-4　差速锁控制器插接器

2．检测输入部分是否正常

启动发动机，按下空调面板的 A/C 开关，如果传统空调正常工作，说明自动空调控制面板功能正常。测量 A3 端子电压是否为电源电压。如果电压为电源电压，说明输入正常，如果电压不正常，则检查该连接导线是否正常。自动空调控制面板常见故障如表 4-2-3 所示。

表 4-2-3　自动空调控制面板常见故障信息表

故障模式	原因分析	原因查找	检修方法
功能失效	开关功能失效	开关按键功能失效	更换控制器
		控制器电路板损坏，功能失效	

续表

故障模式	原因分析	原因查找	检修方法
功能失效	显示屏不显示	显示屏功能失效	更换控制器
		显示屏驱动电路损坏	
	控制器所有功能全部失效	控制器电源正负极接反，导致电源电路损坏	恢复线束、更换控制器
		控制器电源电路损坏	更换控制器
		整车电压不足	给整车充电后启动控制器
功能时好时坏	接插件接触不良	重新插拔接插件	更换控制器
	内部元器件虚焊	更换控制器	
	线束接触不良	排查线束	排查线束

3．检测差速锁控制器上电是否正常

检测差速锁控制器端子 A9 和端子 A10 对搭铁的电阻是否小于 5Ω，小于 5Ω 说明差速锁控制器搭铁正常。将点火开关置于 ACC 挡，检测差速锁控制器端子 A8 电压是否为电源电压，有电源电压说明差速锁控制器正常，电压不正常说明差速控制器上电不正常。

若输入和输出正常，而驻车空调压缩机仍不工作，说明差速锁控制器有故障，需要更换。

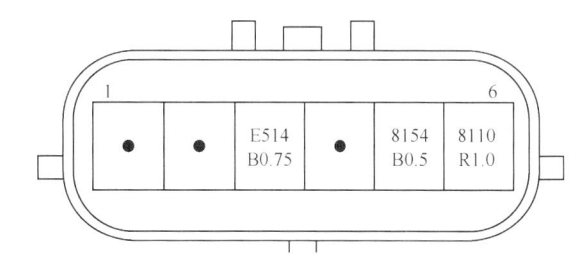

4．检测驻车空调压缩机与驻车空调压缩机控制器是否正常

断开驻车空调压缩机线束，将驻车空调压缩机 2 号端子连接蓄电池正极，将 1 号端子连接蓄电池负极，如图 4-2-5 所示。观察驻车空调压缩机是否工作。若工作，说明驻车空调压缩机正常，若不工作，说明驻车空调压缩机不正常，需要更换新件。点火开关置于 ON 位置时，不断开驻车空调压缩机控制器插接器时，将 5 号端子直接搭铁，若驻车空调压缩机工作，说明驻车空调压缩机控制器正常。若驻车空调压缩机不工作，在不断开驻车空调压缩机控制器插接器的情况下，点火开关置于 OFF 位置时，测量端子 3 对搭铁电阻是否小于 5Ω，小于 5Ω 说明搭铁正常，若不小于 5Ω 说明搭铁不正常，需要进一步检测导线和搭铁点。点火开关置于 ON 位置时，检测 6 号端子电压是否为电源电压，是电源电压说明供电正常，不是电源电压说明供电不正常。检测 5 号端子电压，未接通 A/C 开关时应为电源电压，接通 A/C 开关后应为 0V，否则应进一步检测导线。

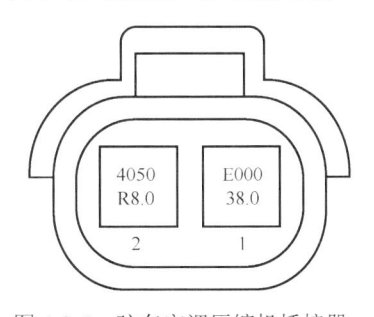

图 4-2-5　驻车空调压缩机插接器　　　图 4-2-6　驻车空调压缩机控制器插接器

任务考评

本节内容的考核与评分见表 4-2-4。

表 4-2-4 考核与评分表

考核内容	考核要求	评分标准	配分	得分 自评	得分 互评	得分 教师评
1. 车辆基本检查	（1）正确放置车轮挡块。 （2）正确安装座椅套、方向盘套、变速杆手柄套、脚垫。 （3）正确检查蓄电池电压	错误一处扣 5 分	20			
2. 车辆基本信息检查	准确记录车辆基本信息	错误一处扣 5 分	10			
3. 驻车空调压缩机电路检修	（1）正确检测输入部分。 （2）正确检测输出部分。 （3）正确检测驻车空调压缩机。 （4）正确检测驻车空调压缩机控制器。 （5）正确更换差速锁控制器	错误一处扣 5 分	60			
4. 职业素养	（1）学习态度：积极主动参与学习。 （2）团队合作：与小组成员一起分工合作，不影响学习进度。 （3）现场管理：服从工位安排、执行实训室管理规定	不足之处扣 3 分	10			
5. 安全文明生产	自觉遵守安全文明生产规程	违反一项规定扣 5 分				
合计	——	——	100			
操作时间	开始时间：	结束时间：		实际用时：		

任务 3　差速锁控制器故障检测与维修

学习目标

1. 能描述差速锁控制器的功用。
2. 能分析差速锁连接电路。
3. 能检测与维修差速锁控制器。

任务分析

差速锁控制器，也称为驻车空调控制器，是驻车空调的控制装置，它在接收到空调开启信号后，判断启动传统空调压缩机还是驻车空调压缩机。在商用汽车驻车空调维修生产实践中，商用汽车维修人员需要在理解差速锁控制器功能的基础上，分析差速锁连接电路，在差速锁插接器处完成插接外部电路检测后，判定差速锁控制器是否发生故障，从而根据检测结果完成驻车空调的维修。

任务准备

一、差速锁控制器的功用

如图 4-3-1 所示,差速锁控制器,也称驻车空调控制器,是驻车空调的控制单元,其功用是根据空调开关信号及发动机运行状态选择启动传统压缩机或驻车空调压缩机。差速锁控制器是一个总成,它不能够被维修,经检测损坏后只能更换新件。

图 4-3-1 差速锁控制器

二、差速锁控制器的电路连接

柳汽商用汽车空调配备的差速锁控制器连接端口如图 4-3-2 所示,其连接端口定义与功能如表 4-3-1 所示。

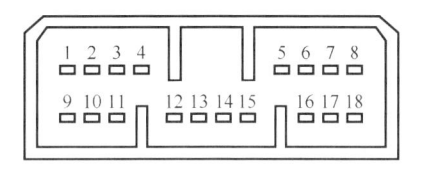

图 4-3-2 柳汽商用汽车空调配备的差速锁控制器

表 4-3-1 差速锁控制器连接端口定义与功能

端 子 号	端 子 定 义	端 子 功 能
1	电源	为差速锁控制器提供 24V 工作电压
2	传统压缩机继电器	控制传统压缩机继电器接通/断开,从而控制传统空调制冷装置工作
6	A/C 开关	接收 A/C 开关的信号
7	冷凝器风扇继电器 驻车空调压缩机控制器	控制冷凝器风扇继电器接通/断开,从而控制冷凝器风扇工作。 输出驻车空调压缩机启停控制信号给驻车空调压缩机控制器
9	搭铁	连接搭铁
10	搭铁	连接搭铁
16	CAN 高	CAN 网络高电位信号
17	CAN 低	CAN 网络低电位信号

注意:未列明的端子号未使用。

任务实施

一、差速锁控制器故障分析及检修思路

差速锁控制器故障分析及检修思路如表 4-3-2 所示。

表 4-3-2　差速锁控制器故障分析及检修思路

故障模式	原因分析	原因查找	检修方法
驻车状态下，按下 A/C 开关，冷凝器风扇不启动	A/C 信号输入不正常	空调控制器 A/C 信号是否为高电平	测量控制器 6 脚对地电压
	CAN 信号接收不正常	整车 CAN 网络不正常	
	控制器所有功能全部失效	控制器电源正负极接反，导致电源电路损坏	恢复线束、更换控制器
		控制器电源电路损坏	更换控制器
		整车电压不足	给整车充电后启动控制器
功能时好时坏	接插件接触不良	重新插拔接插件	更换控制器
	内部元器件虚焊	更换控制器	
	线束接触不良	排查线束	

二、差速锁控制器故障检修流程

1．检测控制器电源

点火开关置于"ON"时，测量 1 号端子与 9 号端子或 10 号端子之间电压是否大于 24V。若电压大于 24V，说明差速锁控制器电源连接正常；否则应进一步检测线路的熔断丝是否烧断，导线连接是否良好。

2．检测开关输入信号量

接通 A/C 开关后，测量 6 号端子位置电压是否大于 24V。若大于 24V 说明开关输入信号量正常，否则需进一步检测连接线束是否良好，连接导线是否正常。

3．检测驻车空调功能

（1）关闭 A/C 开关，测量 7 号端子电压是否大于 20V。若大于 20V 说明此功能正常；若不大于 20V 需要进一步测量 7 号端子至冷凝器风扇继电器和驻车空调压缩机导线是否断路或对搭铁短路。

（2）在不启动发动机的情况下打开 A/C 开关，测量 7 号端子电压是否小于 5V。若小于 5V 说明此功能正常；若电压等于或大于 5V，说明差速锁控制器可能损坏，建议更换控制器后重新测试。

4．检测传统空调功能

启动发动机后接通 A/C 开关，测量 2 号端子电压。若电压小于 18V，说明控制器可能损坏，建议更换控制器后重新测试；若电压大于 18V，建议排查传统压缩机继电器。

任务考评

本节内容的考核与评分见表 4-3-3。

表 4-3-3 考核与评分表

考核内容	考核要求	评分标准	配分	得分 自评	得分 互评	得分 教师评
1. 车辆基本检查	（1）正确放置车轮挡块。 （2）正确安装座椅套、方向盘套、变速杆手柄套、脚垫。 （3）正确检查蓄电池电压	错误一处扣 5 分	20			
2. 车辆基本信息检查	准确记录车辆基本信息	错误一处扣 5 分	10			
3. 差速锁控制器电路检修	（1）正确检测差速锁控制器电源。 （2）正确检测差速锁控制器输入信号量。 （3）正确检测差速锁控制器驻车空调功能。 （4）正确检测差速锁控制器传统空调功能。 （5）正确更换差速锁控制器	错误一处扣 5 分	60			
4. 职业素养	（1）学习态度：积极主动参与学习。 （2）团队合作：与小组成员一起分工合作，不影响学习进度。 （3）现场管理：服从工位安排、执行实训室管理规定	不足之处扣 3 分	10			
5. 安全文明生产	自觉遵守安全文明生产规程	违反一项规定扣 5 分				
合计	—	—	100			
操作时间	开始时间：	结束时间：		实际用时：		

任务 4　独立暖风系统故障诊断与维修

学习目标

1．能叙述独立暖风系统的组成。
2．能叙述独立暖风系统的工作过程。
3．能识别独立暖风系统各个部件。
4．能检测与维修独立暖风系统故障。

任务分析

独立暖风系统，是一套独立于商用汽车发动机而单独运作的小型燃烧循环系统，它通过燃烧车内燃油来加热空气从而达到对车厢内送暖的目的，使商用汽车在高寒地区等恶劣的环境下仍能获得良好的采暖效果并为车窗玻璃除霜，在冬季气温较低的地区使用较为广泛。独立暖风系统不工作，将严重影响冬季商用汽车安全，从而危及汽车行驶安全。商用汽车维修人员应能快速分析独立暖风系统故障的原因，掌握独立暖风系统的检测与诊断方法，并能采取适宜的维修措施以恢复汽车空调的暖风性能。

任务准备

一、独立暖风系统的组成

商用汽车独立暖风系统，是一套独立于发动机单独运作的小型燃烧循环系统，通过燃烧车内燃油来加热空气达到为车厢内送暖的目的，使商用汽车在高寒地区等恶劣的环境下仍能获得良好的采暖效果并为车窗玻璃除霜。如图4-4-1所示，独立暖风系统由控制元件、加热器、油泵、燃油滤清器、油箱取油器、排气消声器等组成，其核心部件为加热器。如图4-4-2所示，加热器由加热器转子、控制器、助燃空气风扇（驱动器）、热交换器、过热传感器等组成。

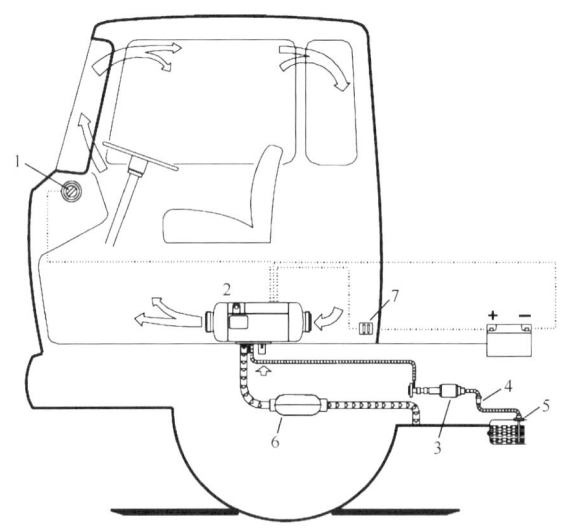

1—控制元件；2—加热器；3—油泵；4—燃油滤清器；5—油箱取油器；6—排气消声器；7—保险丝

图 4-4-1　商用汽车独立暖风系统

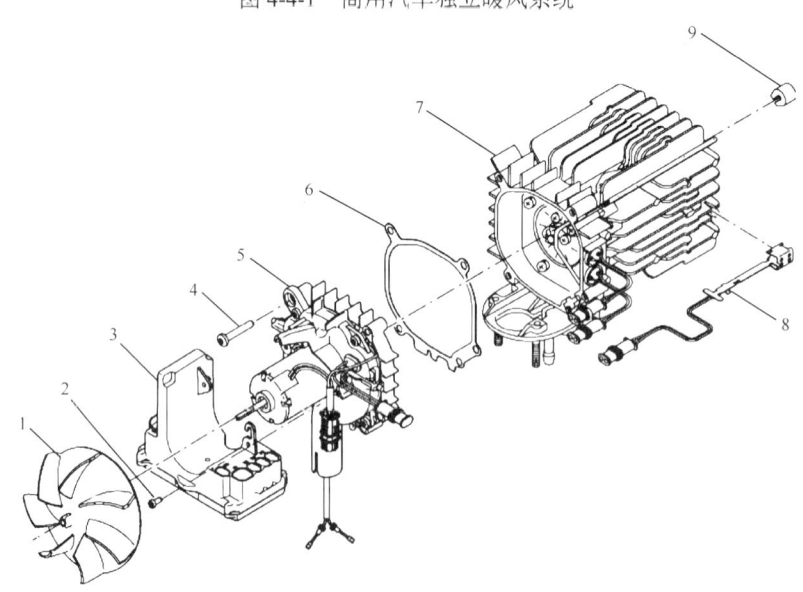

1—加热器转子；2—固定螺栓；3—控制器；4—紧固螺栓；5—助燃空气风扇（驱动器）；
6—密封圈；7—热交换器；8—过热传感器；9—绝缘体

图 4-4-2　加热器

1. 驱动器

如图 4-4-3 所示，驱动器由驱动电机、助燃空气风扇、热空气风扇和进气机壳组成。助燃空气风扇把燃烧所需的空气从助燃空气进气口输送到燃烧器芯。热空气风扇把热空气从进气口通过热交换器输送到出气口。

2. 热交换器

如图 4-4-4 所示，在热交换器中通过，将燃烧过程中产生的热量传递给由助燃空气和热空气风扇输送的空气。

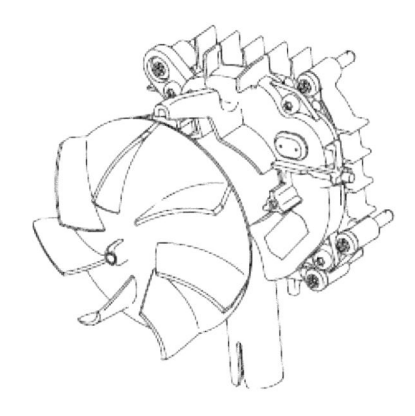

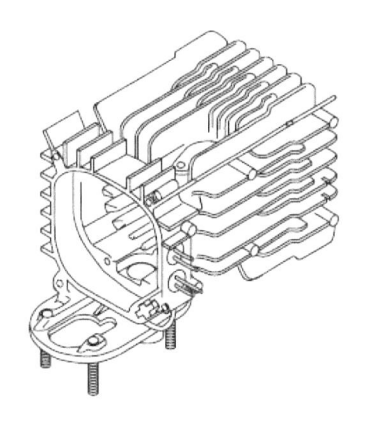

图 4-4-3　驱动器　　　　　　　　图 4-4-4　热交换器

3. 燃烧器芯

如图 4-4-5 所示，在燃烧器芯中，燃油被均匀散布到燃烧管内的整个燃烧器横截面。在燃烧管中，燃油空气混合物实现燃烧，由此使热交换器变热。

4. 控制器

如图 4-4-6 所示，控制器是确保加热器功能正常，并对其运行实施监测的核心部件。安装在控制器内部的温度传感器用于调节车厢内的温度。当气暖型加热器出现故障后，则会在组合式定时器或标准定时器的显示器上输出一个故障代码。

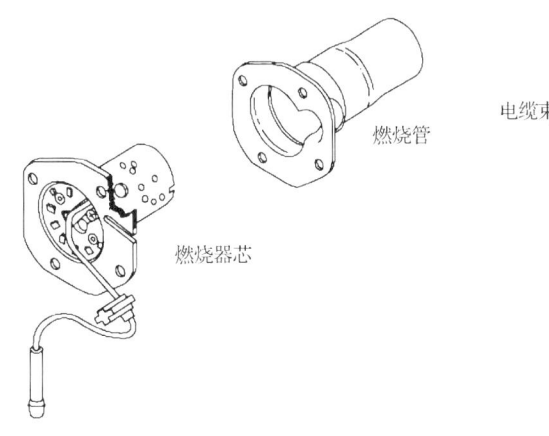

图 4-4-5　燃烧器芯　　　　　　　　图 4-4-6　控制器

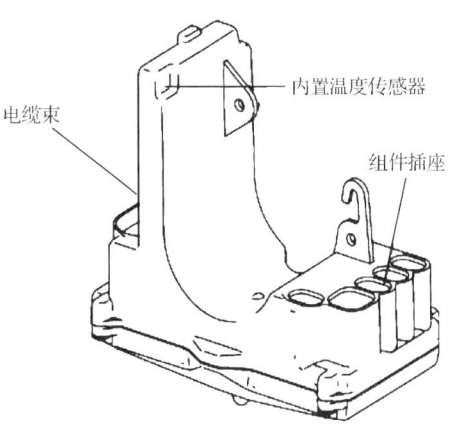

5. 电热塞

如图 4-4-7 所示，通过电热塞，在加热器启动时点燃燃油空气混合物。在燃烧器内部，设计为电阻的电热塞布置在远离火焰的一侧。

6. 过热传感器

在加热器运行期间，过热传感器用来测量热交换器散热肋片部位的温度并将信号传送给控制器，如图 4-4-8 所示。控制器对信号进行分析，并通过关闭燃烧程序和向加热器吹冷风，保护加热器的热空气出口处的温度不超过 150℃，表面温度不超过 80℃。

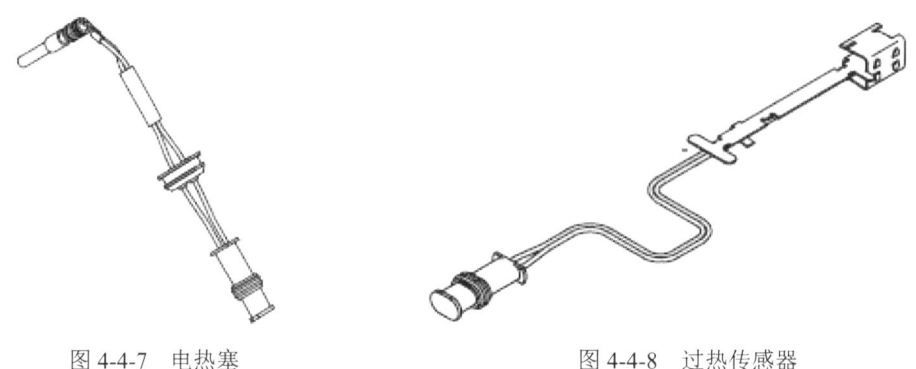

图 4-4-7　电热塞　　　　　　　　图 4-4-8　过热传感器

7. 油泵

如图 4-4-9 所示，油泵是一个集燃油输送、供油和燃油切断于一体的组合式系统，用于从车辆的油箱向加热器供应燃油。

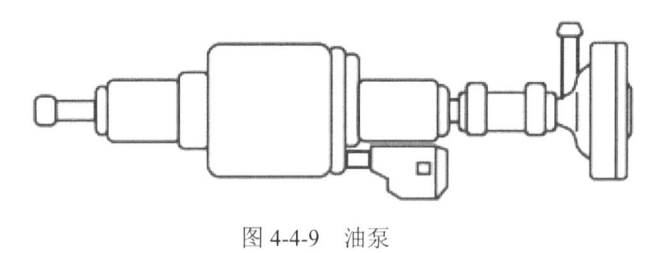

图 4-4-9　油泵

二、独立暖风系统的工作过程

1. 开关控制

如图 4-4-10 所示，独立暖风系统由控制元件操纵，控制元件可开启和关闭加热器，调节所需的车厢内温度（进气温度在 5℃ 和 35℃ 之间），以及在出现故障后解除锁止。绿色的 LED 指示灯用作状态指示灯（LED 灯长亮）和故障指示灯（LED 灯闪烁）。

旋钮的功能如下：
-开机/关机
-设置车内温度
-解除故障锁止

运行指示灯/故障代码显示

图 4-4-10　控制元件

1）开机启动

把控制元件调节到所需的温度后，如果热空气温度低于设定的温度，则加热器开始启动。

随着加热器启动，状态指示灯就亮起，电热塞也随之启动（循环）。把热空气和助燃空气风扇电机的转速调节到最大转速的约 50%。大约 40 秒后，油泵启动，开始形成火焰。为了提高启动质量，以不同的频率和转速控制油泵和助燃空气风扇。再经过 110 秒后，关闭电热塞，稳定的火焰形成。如果没有识别到火焰，则重复启动过程。重新启动电热塞（循环）。把热空气和助燃空气风扇电机的转速调节到最大转速的约 25%。大约 50 秒后，油泵启动，开始形成火焰，再经过 90 秒钟后，关闭电热塞，稳定的火焰形成。如果仍没有正常燃烧，加热器将以最大转速运转，进入停机程序，180 秒后加热器进入"故障锁止"状态。

2）加热模式

在加热器运行期间，燃烧气体流过热交换器。此时，燃烧热量被传递给热交换器的内壁，被热空气风扇所输送的热空气吸收，然后导入车厢内。用一个安装在加热器吸气一侧的温度传感器，或者用一个外置的温度传感器测量所吸入热空气的温度。如果测得的温度低于在控制元件上设置的温度，那么加热器的热输出量持续升高，直到达到最大的热输出量为止。为了在连续运行情况下提高燃烧器的使用寿命，把油泵的输送量每隔 10 分钟减少 10 秒。此外，每隔 8 小时把加热模式短暂中断一次，和调节间歇模式一样。

3）调节模式

在调节模式，风扇转速和油泵的输送量取决于热输出量。电热塞处于关闭状态。如果进气温度超过了控制元件所设定的温度，且加热器在最小供热状态下运行，则油泵被关闭，燃烧过程暂停。为了使火焰正确熄灭，在 20 秒后风扇转速下降到弱火转速，接着在 15 秒后重新恢复到初始转速，然后在 3 分钟后降低到调节间歇模式时的转速，并在整个调节间歇模式期间一直保持该转速。如果温度传感器测得的温度低于在控制元件上设置的温度，那么加热器将重新启动。

4）关机

随着关闭加热器，控制元件上的状态指示灯熄灭。如果还没有输送燃油或者加热器处于调节间歇模式，那么加热器不经停机过程就立即关闭。如果已经开始了燃油输送，那么随着关闭加热器燃油输送被立即停止。关闭加热器的过程，与从调节模式到调节间歇模式的过渡是一样的。接着，自动关闭加热器。

5）故障锁止

控制器可以识别各加热器元件的故障，以及在启动和加热期间的故障。如果出现下列状况，则加热器被关闭，并进入故障锁止状态：

① 不启动或者不正确启动；
② 温度传感器损坏；
③ 过热传感器断路或短路；
④ 过热传感器安装错误；
⑤ 热塞断路或短路；
⑥ 风扇电机过载、堵塞、短路或断路；
⑦ 火焰传感器断路或短路；
⑧ 油泵电路或过热保护装置电路故障（仅在启动阶段）；
⑨ 欠电压小于 21V，并且超过 20s；
⑩ 过电压大于 32V，并且超过 6s；
⑪ 控制器损坏。

在过热时（指示灯闪烁 10 次，提示出现了过热现象），中断燃油输送。和手动关机时一样，加热器进入停机过程。如果过热计数器的值大于数据库中的程序值，那么停机过程结束后控制器便处于故障锁止状态。

2．组合式定时器显示

如图 4-4-11 所示，可以通过组合式定时器显示，加热器可以在 7 天的范围内选择启动时间和设定一个温度定值。当点火开关接通时，定时器显示当前的时间和日期，当加热器运行时，显示屏和按键都点亮。

注意：在接通电源后，如果显示屏中的所有符号闪烁，则必须设置时间和日期。

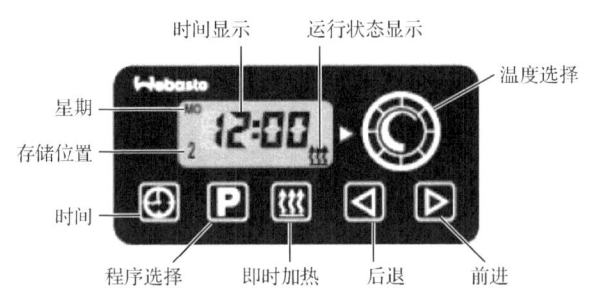

图 4-4-11 组合式定时器

（1）"星期"符号——用来显示当前日期。

（2）"存储位置"符号——显示通过程序设置起动时间的代号（注意：可以通过程序设置 3 个启动时间，但只能激活其中一个时间）。

（3）"时间"按键——设置与查看时间。按住该按键超过 2 秒，"时间显示"符号出现闪烁后，使用"后退"和"前进"按键即可设置时间；另外在点火装置关闭时，按下"时间"按键也可查看时间。

（4）"程序选择"按键——设定/查看/删除选择的时间。设定时间的方法：按下"程序选择"按键，待"存储位置"符号闪烁后，使用"后退"和"前进"按键即可设置加热开始时间，待"星期"符号闪烁后，即可设定星期。多次按下"程序选择"按键时，就可以设定"存储位置 2"和"存储位置 3"，或者切换到时间模式。查看时间的方法：几次按下"程序选择"按钮，直至显示出所需要的"存储位置"程序号码即可。删除选择的时间方法：待显示出所需要的"存储位置"时，长按"程序选择"按键，直至虽有时间显示，但不再显示程序号码即可。

（5）控制设备开关。按下即时加热按钮，即可进入持续加热模式，再次按下即时加热按钮，即可关机。

（6）"后退"和"前进"按键——设定运行时间与剩余时间（1 至 120 分钟）。当加热器处于关闭状态时，按住"后退"按键 3 秒，待"运行持续时间"闪烁后，即可使用"前进"和"后退"按键设置所需的运行时间（10 至 120 分钟）。当加热器正在运行并且点火开关关闭时，使用"前进"和"后退"按键即可设置剩余时间。

（7）"温度选择"按键——设置工作温度。

（8）"运行状态"符号——用来显示当前的运行状态。

（9）"时间显示"符号——用来显示当前的时间。

任务实施

一、独立暖风系统常见故障诊断与维修

1. 独立暖风系统常见故障代码与维修方法

独立暖风系统常见故障代码与维修方法如表 4-4-1 所示。

表 4-4-1　独立暖风系统常见故障代码与维修信息表

序号	故障代码	故障组	PC 诊断系统的辅助信息	维修方法
1	F00	控制器故障	01 控制器故障。 81 EOL 校验错误。 11 安装了编码错误的控制器或错误的加热器（在燃油类型方面），在出现这种故障时加热器不运行。 91 控制器被无效编码或被锁止，在出现这种故障时加热器不运行。 92 保存指令失败，在出现这种故障时加热器不运行。 18 客户端总线故障	更换控制器
2	F01	无法启动	02 即使在重新启动后，也没有形成火焰。 82 在试验运转时不启动	检查燃油供应（油箱无燃油，管路堵塞），更换过热传感器/控制器
3	F02	没有火焰	03 火焰在加热器运行时熄灭，即使在尝试重新启动后也不再形成火焰。 83 火焰在一个加热周期内熄灭的次数超过了火焰熄灭定时器的计数（EEPROM）	检查燃油供应（油箱无燃油，管路堵塞），更换过热传感器/控制器
4	F03	电压过低或过高	84 电压持续 20 秒以上低于 10.5 V 或 21 V。 04 电压持续 6 秒以上高于 16 V 或 32 V	给蓄电池充电
5	F04	识别到火焰过早出现	05 在燃烧过程开始前识别到火焰	更换过热传感器/控制器
6	F06	温度传感器断路或短路	14 温度传感器电路接地短路。 94 温度传感器电路断路或对正极短路	检查导线或终端电阻/更换温度传感器
7	F07	油泵断路或短路	88 断路或对正极短路。 08 接地短路	检查导线/更换油泵
8	F08	风扇电机断路或短路，或风扇电机过载或卡住	89 断路或对正极短路。 09 驱动器（助燃空气和热空气风扇）的连接导线接地短路，或者驱动器过载。 15 燃烧器电机阻塞保护装置被触发。 95 燃烧器电机运转不畅识别装置被触发	排除引起阻塞/运转不畅的原因 更换驱动器（助燃空气和热空气风扇）
9	F09	电热塞断路或短路	8A 电热塞：断路或对正极短路。 19 加热电路：电路元件的连接导线接地短路	更换电热塞
10	F10	过热	06 过热锁止装置被触发（加热器过热）。 17 错误使用或出现了不允许出现的绝热措施（过热保护装置斜率太大）	查找和排除过热的原因，如果过热没有其他原因，则肯定是热空气分配所造成的压力损失太大（阻力点太多），或者热空气滤清器太脏

续表

序号	故障代码	故障组	PC 诊断系统的辅助信息	维修方法
11	F11	过热传感器断路或短路	AB 过热传感器电路断路或对正极短路。 1B 过热传感器电路元件的连接导线接地短路	更换过热传感器
12	F12	加热器锁止	07 加热器锁止已激活	拔出保险丝并再次装回
13	F14	过热传感器安装不正确	97 过热传感器位置错误（过热保护斜率过小）	正确定位过热传感器
14	F15	定值器断路	9B 额定值电位计电路断路或对正极短路	检查电缆的敷设情况/更换控制元件

2．独立暖风系统常见故障症状与维修方法

独立暖风系统常见故障症状与维修方法如表 4-4-2 所示。

表 4-4-2 独立暖风系统常见故障症状与维修信息表

序号	故障症状	可能原因	排除方法
1	加热器自动关闭	在启动和重新启动后，燃烧状态指示灯不闪烁。 运行时火焰熄灭，状态指示灯闪烁。 加热器过热状态指示灯闪烁。 蓄电池电压过低状态指示灯闪烁	短暂地关闭并重新启动加热器。 短暂地关闭并重新启动加热器。 检查热空气通道是否通畅，待加热器冷却后短暂地关闭并重新启动加热器。 为蓄电池充电，短暂关闭并重新启动加热器
2	加热器冒烟	助燃空气管或排气管堵塞	检查助燃空气管和排气管是否通畅

二、独立暖风系统元件的更换

1．更换加热器

1）拆卸

（1）断开与车载蓄电池的连接。

（2）将盖板从上部壳体去除。

（3）从控制器上拔下电缆束的插头。

（4）从分离点拔下连接到油泵的电缆。

（5）必要时断开与热空气软管的连接。

（6）从加热器上拔下与燃油进口的接管。

（7）从加热器上拔下与助燃空气进口和排气口的接管。

（8）取下加热器上的 4 个螺母和止动垫圈。

（9）取下加热器，并将排气口上的密封圈作废弃处理。

2）安装

（1）把排气口上装有新的密封圈的加热器放入安装位置，并用 4 个螺母和止动垫圈将其固定好。

（2）以 6N·m 的扭矩拧紧螺母。

（3）把燃油进口的接管固定在加热器上。

（4）把助燃空气进口和排气口的接管固定在加热器上。

（5）把油泵电缆与油泵电缆束连接好。

（6）把电缆束的插头连接到控制器的插座上。

（7）装上盖板并使其固定。

（8）必要时安装和固定好热空气软管。

（9）接通车载蓄电池。

（10）排出燃油供应系统中的空气。

2．更换控制器

1）拆卸

（1）拆卸加热器。

（2）拆除壳体零件。

（3）张开加热器转子的卡紧装置。

（4）用手将加热器转子从电机轴上拉出。

（5）拔下控制器上的连接插头。

（6）卸掉螺丝并取下控制器。

2）安装

（1）将控制器置于安装位置并用螺丝将其固定。

（2）以 0.7±0.07N·m 的扭矩拧紧螺栓。

（3）将加热器转子推向电机轴，直至触及挡片时可听见。

（4）两侧的凸出部分卡入轴的凹槽中。

（5）将连接插头插入控制器的插座中。

（6）装配壳体零件。

（7）安装加热器。

（8）检查 CO_2 设置值，必要时重新设置。

（9）用手检查加热器转子是否运转灵活，并在稍后启动时注意可能出现的噪声。

任务考评

本节内容的考核与评分见表 4-4-2。

表 4-4-2　考核与评分表

考核内容	考核要求	评分标准	配分	得分 自评	得分 互评	得分 教师评
1．车辆基本检查	（1）正确放置车轮挡块。 （2）正确安装座椅套、方向盘套、变速杆手柄套、脚垫。 （3）正确检查蓄电池电压	错误一处扣 5 分	20			
2．车辆基本信息检查	准确记录车辆基本信息	错误一处扣 5 分	10			
3．独立暖风系统元件识别	能识别独立暖风系统元件各部件	错误一处扣 3 分	20			
4．独立暖风系统检修	（1）正确读取故障代码。 （2）正确制订检修计划。 （3）正确使用工、量具。 （4）正确采取维修措施	错误一处扣 5 分	40			

续表

考 核 内 容	考 核 要 求	评 分 标 准	配分	得分 自评	互评	教师评
5．职业素养	（1）学习态度：积极主动参与学习。 （2）团队合作：与小组成员一起分工合作，不影响学习进度。 （3）现场管理：服从工位安排、执行实训室管理规定	不足之处扣3分	10			
6．安全文明生产	自觉遵守安全文明生产规程	违反一项规定扣5分				
合计	——	——	100			
操作时间	开始时间：	结束时间：		实际用时：		

目　　录

项目一　商用汽车空调性能检测与维修 ··· 1
　　任务 1　送风装置性能检测与维修 ··· 1
　　任务 2　制冷装置性能检测与维修 ··· 6
　　任务 3　制冷装置泄漏检测与维修 ··· 10
　　任务 4　采暖装置检测与维修 ··· 12
　　任务 5　动力传递装置与管路检测与维修 ··· 14

项目二　商用汽车手动空调检测与维修 ··· 17
　　任务 1　送风异常故障检测与维修 ··· 17
　　任务 2　气流分配异常故障检测与维修 ·· 21
　　任务 3　制冷异常故障检测与维修 ··· 25
　　任务 4　暖风异常故障检测与维修 ··· 28

项目三　商用汽车自动空调检测与维修 ··· 31
　　任务 1　温度传感器信号异常故障检测与维修 ··· 31
　　任务 2　压缩机不工作故障检测与维修 ·· 34
　　任务 3　暖风水阀电机工作异常故障检测与维修 ·· 37
　　任务 4　模式伺服电机工作异常故障检测与维修 ·· 40
　　任务 5　鼓风机工作不正常故障检测与维修 ·· 43
　　任务 6　内外循环伺服电机故障检测与维修 ·· 46

项目四　商用汽车驻车空调检测与维修 ··· 50
　　任务 1　驻车空调使用与维护 ··· 50
　　任务 2　驻车空调压缩机工作异常检测与维修 ··· 53
　　任务 3　差速锁控制器故障检测与维修 ·· 56
　　任务 4　独立暖风系统故障诊断与维修 ·· 58

项目一　商用汽车空调性能检测与维修

任务 1　送风装置性能检测与维修

专业		班级		姓名	
学号		日期		教室	
任务描述	一辆重型载货汽车进站维修保养，维修人员需对该车的送风性能进行检查，并根据作业要求对送风装置开展维护作业					
任务要求	1．能准确识别商用汽车空调送风装置各个部件。 2．能精确检查商用汽车空调的送风性能。 3．能规范完成商用汽车送风装置维护。 4．能及时发现空调送风装置存在的潜在问题					

📋 任务准备

1．汽车空调，全称为_____，简称为_____。它是指在汽车封闭的空间内（车厢），对_____、_____、_____进行调节控制的装置。

2．汽车空调的主要功能是_____，车厢内的湿度一般应保持在_____，汽车空调对湿度的调节一般都是_____。

3．舒适的气流速度一般为_____左右，根据人体生理特点，_____对冷比较敏感，_____对热比较敏感，应让冷风吹到乘员的_____，暖风吹到乘员的_____。

4．_____用来对车内空气或由外部进入车内的新鲜空气进行冷却和除湿，使车内空气变得凉爽舒适，使司机保持警醒。它由_____、_____、_____、_____、_____、_____等组成。

5．采暖装置主要利用_____给车内空气或由外部进入车内的新鲜空气加热，以达到取暖、除湿的目的。在冬天还可以给前、后风窗玻璃_____，由_____、_____、_____、_____等组成。

6．通风装置的作用主要是控制车厢内空气的_____和_____，并_____车厢内空气。通风装置包括_____、_____、_____、_____及_____。

7．汽车空调通风装置的作用是根据需要输出_____、_____的清洁空气。汽车空调的通风装置一般有_____、_____和_____三种。

8．自然通风装置的作用是利用_____使车厢外部的空气进入车厢内部。强制通风装置的作用是利用_____迫使空气进入车厢内部。

9．为了把经过空调处理的空气送向所需要的位置，在_____、_____、_____、_____、_____设有出风口。

10. 简述汽车空调送风装置的组成与功能。

任务实施

1. 手动空调控制面板识别。

根据图 1-1-1 所示填写表 1-1-1。

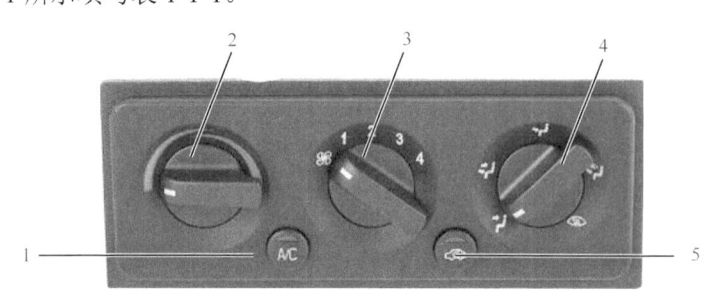

图 1-1-1　柳汽乘龙系列汽车手动空调控制面板

表 1-1-1　手动空调控制面板各部件名称与功能

序　号	名　　称	功　　能
1		
2		
3		
4		
5		

2. 自动空调控制面板识别。

根据图 1-1-2 所示填写表 1-1-2。

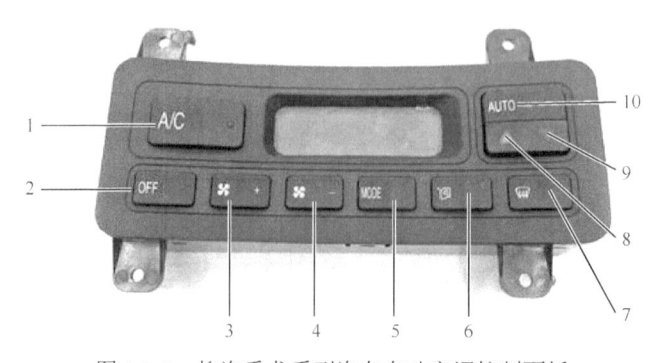

图 1-1-2　柳汽乘龙系列汽车自动空调控制面板

表 1-1-2　自动空调控制面板各部件名称与功能

序　号	名　　称	功　　能
1		
2		
3		
4		
5		
6		
7		
8		
9		
10		

3．汽车空调送风装置检测。

根据表 1-1-3 所示完成汽车空调送风装置检测。

表 1-1-3　汽车空调送风装置检测

送风模式	鼓风机挡位	驾驶员左出风口风速（m/s）		驾驶员右出风口风速（m/s）		副驾驶左出风口风速（m/s）		副驾驶右出风口风速（m/s）		挡风玻璃出风口风速（m/s）	
		外循环	内循环	外循环	内循环	外循环	内循环	外循环	内循环	外循环	内循环
面部送风	0										
	1										
	2										
	3										
	4										
	5										
	6										
	7										
	8										
脚部送风	0										
	1										
	2										
	3										
	4										
	5										
	6										
	7										
	8										

续表

送风模式	鼓风机挡位	驾驶员左出风口风速（m/s）		驾驶员右出风口风速（m/s）		副驾驶左出风口风速（m/s）		副驾驶右出风口风速（m/s）		挡风玻璃出风口风速（m/s）	
		外循环	内循环	外循环	内循环	外循环	内循环	外循环	内循环	外循环	内循环
面部+脚部	0										
	1										
	2										
	3										
	4										
	5										
	6										
	7										
	8										
除霜	0										
	1										
	2										
	3										
	4										
	5										
	6										
	7										
	8										
脚部+除霜	0										
	1										
	2										
	3										
	4										
	5										
	6										
	7										
	8										

4．空调滤清器检查与更换。

根据表 1-1-4 所示完成空调滤清器的检查与更换。

表 1-1-4　空调滤清器的检查与更换

序　号	操　作	检查结果	采取措施
1	拆下空调滤清器罩，取出空调滤清器		
2	检查空调滤清器是否脏污、变形或损坏		

续表

序　号	操　作	检查结果	采取措施
3	装入空调滤清器，注意空调滤清器箭头朝内		
4	装入空调滤清器罩		

5．清洗送风管道。

（1）拆下空调滤清器罩，取出空调滤清器。

（2）启动发动机，打开鼓风机开关至最高挡，选择面部送风模式。

（3）将各出风口用湿毛巾盖住，以防泡沫喷出。

提示：湿毛巾重量大，不容易被吹开。

（4）将汽车空调清洗剂摇匀后对准空调滤清器安装口喷射，观察出风口有无泡沫流出。

（5）如果鼓风机不能使送风口出来泡沫，则拿开毛巾并关掉鼓风机，从送风口喷入泡沫。

（6）静置 10～15min，让清洁剂把送风管道中的脏污泡软，并从空调出水口流到地下。

提示：可事先在车下放置接污水的油盆或将车辆停在排污管道旁边，以免污染地面环境。

（7）将温度控制旋钮开到最热，轮流变换送风模式，利用热风将各管道吹干。

提示：如果还有异味，可再使用清洁剂清洁一次，如还不行，则需要拆开仪表台进行手工清洁。

（8）安装空调滤清器。

任务小结

按既定要求完成汽车空调送风性能检查与维护的学习与作业，并将学习与作业过程记录至表 1-1-5。

表 1-1-5　任务小结表

项目	内　容	要　求	学习情况记录 差	学习情况记录 一般	学习情况记录 良好	改进建议
职业素养	小组合作	和谐有序				
职业素养	沟通讨论	积极、主动、有效				
职业素养	设备运行	安全、有序、高效				
职业素养	现场 6S	是否遵循				
任务准备	汽车空调的功能	准确描述汽车空调的功能				
任务准备	汽车空调的组成	准确描述汽车空调的组成与各装置的作用				
任务准备	汽车空调通风装置的作用	准确描述通风装置的类型与各种类型的工作过程				
任务准备	汽车送风装置的组成	准确描述各部分的组成及作用				
任务准备	汽车空调的净化方式	准确描述净化方式的类型与特点				

续表

项目	内 容	要 求	学习情况记录			改进建议
			差	一般	良好	
任务实施	工作准备与使用	正确使用风速计				
	制冷装置检查与维护	正确操作汽车空调控制面板				
		正确检测风速				
		正确检查、清洁与更换空调滤清器				
		正确清洗汽车空调送风管道				

任务2 制冷装置性能检测与维修

专业		班级		姓名	
学号		日期		教室	
任务描述	一辆重型载货汽车进站维护保养，维修人员需对该车的制冷性能进行检查，并根据作业要求对制冷装置开展维护作业					
任务要求	1. 能准确识别商用汽车空调制冷装置各个部件。 2. 能精确检查商用汽车空调的制冷性能。 3. 能规范完成汽车制冷装置的维护。 4. 能及时发现空调制冷装置存在的潜在问题					

任务准备

1. 物质有_____、_____和_____三种存在形态。_____具有一定形状与体积，_____具有一定的体积但无固定的形状，_____则是既无固定的体积也无固定的形状。

2. 由_____转变成_____的现象称为溶化；由_____转变成_____的现象称为汽化或蒸发；由_____转变为_____的现象称为液化或凝结；由_____转变成_____的现象称为凝固；从_____转变成_____的现象称为凝华；由_____直接转变成_____而不经过_____过程的现象称为升华。

3. _____是物体冷热程度的度量，常用 T 或 t 表示，常用的表示单位是_____，用符号_____表示。

4. 相对湿度=_____，人体感觉舒适的湿度在夏季为_____，冬季为_____。

5. 当物体两点之间有温度差时，热量将通过物体内部从高温度点向低温度点移动，这种现象就是热的_____。气体或液体中较热部分和较冷部分之间通过流体循环流动使温度趋于均匀的过程称为_____。_____是指发热源直接向其周围的空间散发热量，通过辐射波将热量传递给其他物体的过程。

6. _____是推动制冷剂在制冷装置中不断循环的动力源，其功能是将已在蒸发器内吸收热量的_____的制冷剂气体压缩成_____的制冷剂气体后输送至_____。

7. 冷凝器是一种由_____与_____组合起来的热交换器，一般安装在发动机散热器之

_____，其作用是将压缩机排出的_____制冷剂气体进行_____，使之凝结成_____的制冷剂_____。

8. 储液干燥器安装在空调高压管路中，其作用是：1）_____；2）_____；3）_____。

9. 蒸发器安装在_____，通常与_____、_____等集成在蒸发箱内，它将经过_____后的_____制冷剂在蒸发器内_____，吸收蒸发器表面周围空气的热量而使之降温，鼓风机再将冷风吹到车厢内，以达到降温的目的。

10. 膨胀阀安装在蒸发器_____上，分为 F 型膨胀阀和 H 型膨胀阀两种。

11. 高压管路用来连接_____、_____、_____、_____，温度较高，压力较大。低压管路用来连接_____和_____，温度较低，压力较小。

12. 制冷剂，俗称_____，是制冷装置中的工作介质，通过自身_____的变化来实现热交换，从而达到制冷的目的。

13. 冷冻机油的作用有_____、_____、_____和_____。

14. 简述汽车空调制冷装置的工作过程。

任务实施

1. 目视检查商用汽车空调制冷装置。

查看商用汽车空调制冷装置的各部件，将查看结果填至表 1-2-1。

表 1-2-1 商用汽车空调制冷装置外观检查表

序号	零部件	检查标准	检查结果	采取措施
1	冷凝器	表面是否清洁，叶片是否阻塞或损坏		
2	连接部件	是否有污渍，是否有明显的泄漏		
3	软管	有无老化、鼓泡、碰擦、割伤、磨损、裂纹和渗漏		
4	电磁离合器	电磁离合器吸合后转动且无异常		
5	调温门	改变气流分配的方向，看其流量是否正常；改变气流温度，看混合情况是否正常		
6	低压回路	表面结霜		
7	蒸发器渗水	制冷装置运行约 8min 后，是否有水从汽车空调出水口流出		

2. 检测商用汽车空调制冷装置。

（1）静态测量。

使用干湿温度计，在离发动机至少 2m 的距离测量环境温度与湿度。

环境温度值为：_____℃，环境湿度值为：_____%。

清洁并拧下汽车空调制冷装置高、低压检修阀防尘帽，放置在工具车上。取歧管压力表，分别检查手动高、低压阀和高、低压快速接头是否处于关闭状态。连接高、低压管路快速接头，红色连高压、蓝色连低压，确认连接可靠。打开高、低压管路快速接头，观察高、低压压力表数值。

高压侧压力为：_____kPa，低压侧压力为：_____kPa。

（2）测量空调出风口温度与湿度。

启动发动机，打开所有空调出风口，并将其调节到全开，将温度调节旋钮调至最大制冷位置；风速调整为最大；送风模式设置为面部送风模式；将进气模式调整为外循环模式。按下空调开关，空调压缩机工作正常并保持 5min 后，将发动机转速控制在 1500～2000r/min，读取歧管压力表的计数。

高压侧压力为：_____kPa，低压侧压力为：_____kPa。

使用干湿温度计红外线测试功能测量各部件表面温度，并将测量数值填入表 1-2-2 中。

表 1-2-2 汽车空调制冷装置部件表面温度测量表

序 号	检测部位	实测温度（℃）	检查结论
1	压缩机入口		
2	压缩机出口		
3	冷凝器入口		
4	冷凝器出口		
5	干燥器		
6	膨胀阀入口		
7	膨胀阀出口		
8	蒸发器入口		
9	蒸发器出口		
10	出风口温度		
11	出风口湿度		

3．维护商用汽车空调制冷装置。

根据情况对商用汽车空调制冷装置进行维护并填写表 1-2-3。

表 1-2-3 商用汽车空调制冷装置检查与保养表

元 器 件	检查内容与标准	检查结果	保养措施
压缩机			
冷凝器与冷却风扇			
蒸发器			
电磁离合器			
储液干燥器			
膨胀阀			
传动皮带			
冷冻机油			
安全装置			

任务小结

按既定要求完成制冷装置检查与维护的学习与作业,并将学习与作业过程记录至表 1-2-4。

表 1-2-4 任务小结表

项目	内容	要求	学习情况记录 差	学习情况记录 一般	学习情况记录 良好	改进建议
职业素养	小组合作	和谐有序				
职业素养	沟通讨论	积极、主动、有效				
职业素养	设备运行	安全、有序、高效				
职业素养	现场 6S	是否遵循				
任务准备	物质的三种基本形态	准确描述形态与转换过程				
任务准备	温度与湿度	准确描述定义与单位				
任务准备	热量的传递	准确描述传递过程				
任务准备	制冷装置的组成	准确描述各部件的作用				
任务准备	制冷装置的工作过程	准确描述过程与制冷剂形态与温度变化				
任务实施	工作准备与使用	正确使用干湿温度计				
任务实施	工作准备与使用	正确使用红外线测温仪				
任务实施	工作准备与使用	正确使用歧管压力表				
任务实施	制冷装置检查与维护	正确检查与维护冷凝器				
任务实施	制冷装置检查与维护	正确检查与维护连接件				
任务实施	制冷装置检查与维护	正确检查与维护连接软管				
任务实施	制冷装置检查与维护	正确检查与维护电磁离合器				
任务实施	制冷装置检查与维护	正确检查与维护调温门				
任务实施	制冷装置检查与维护	正确检查与维护低压回路				
任务实施	制冷装置检查与维护	正确检查与维护蒸发器				
任务实施	制冷装置的温度与湿度测量	正确测量环境温度与湿度				
任务实施	制冷装置的温度与湿度测量	正确测量出风口温度与湿度				
任务实施	制冷装置的温度与湿度测量	正确测量膨胀阀进出口温度				
任务实施	制冷装置的温度与湿度测量	正确测量冷凝器进出口温度				
任务实施	制冷装置的压力检测	正确拆下防尘帽				
任务实施	制冷装置的压力检测	正确连接歧管压力表				
任务实施	制冷装置的压力检测	正确操作空调与发动机				
任务实施	制冷装置的压力检测	正确读取歧管压力表读数				
任务实施	制冷装置的压力检测	正确恢复车辆与工具				

任务 3　制冷装置泄漏检测与维修

专业		班级		姓名	
学号		日期		教室	
任务描述	一辆柳汽 H7 重型载货汽车进站维护保养，维修人员需对该车的制冷装置进行检漏，并根据检漏情况进行制冷剂加注作业					
任务要求	1．能识别商用汽车空调制冷装置高、低压检修阀。 2．能检测商用汽车空调的密封性能。 3．能加注商用汽车空调制冷剂与冷冻机油。 4．锻炼科学的分析和解决问题的能力					

任务准备

1．真空检漏时，应使用真空泵抽真空至装置真空度低于_____。关闭歧管表阀门，停止抽真空，并保持真空度至少_____，检查压力表数值变化。如果压力未回升，则_____；如果累计抽真空时间超过_____压力仍回升，则可以判定制冷装置有泄漏，应检修制冷装置，并重复进行真空检漏的操作。

2．采用电子检漏时，在制冷装置中充入_____或_____的制冷剂，采用相应的制冷剂检漏设备进行检漏，应反复检查_____次。电子检漏设备的_____不应直接接触元器件或接头，并置于检测部位的_____。

3．采用加压检漏时，应在制冷装置中充入_____，用加压设备在保持压力_____，如压力表数值下降，则制冷装置_____，应在各接头处和可疑位置_____进一步检查。

4．采用荧光检漏时，应在制冷装置中充入_____，运行_____后，用_____照射各接头处和可疑位置，如有_____，证明该处存在泄漏。

5．通过检漏操作确定泄漏点后，应进行_____，并按微小泄漏量检测的要求重复进行微小泄漏量检漏，直到确认制冷装置_____。

6．制冷装置重点检漏部件有_____、_____、_____、_____、_____。

7．冷冻机油的作用有____、____、____、_____。冷冻机油的性能要求有_____、_____、_____、_____、_____、_____。

任务实施

1．制冷装置抽真空

（1）将歧管压力表组高压表软管接入制冷装置高压检修阀，低压表软管接入制冷装置低压检修阀，中间软管接入真空泵接口上。

（2）打开歧管压力表组的高、低压手阀，启动真空泵，观察装置真空度能否低于-90kPa。

观察结果：_____。

（3）待真空度达到-98kPa后，关闭高、低压手阀。保压1h后观察指针。观察结果：_____。检测结论：_____。

2．制冷装置加压检漏

（1）将歧管压力表的高压表和空调装置的高压端充注口相连，将歧管压力表中间的黄色软管与氮气装置减压阀相连。

（2）依次开启歧管压力表上的高压手阀、氮气减压阀、氮气钢瓶阀门，使氮气缓缓进入空调系统。

（3）高压表指示数值达到1.0MPa时，依次关闭氮气钢瓶阀门、氮气减压阀、高压手阀。

（4）观察高压表是否发生变化？观察结果：_____。

（5）用海绵块吸收肥皂泡沫水涂在接头处，查看是否有气泡产生。观察结果：_____。

3．制冷装置电子检漏

制冷装置中充入0.35～0.5MPa的制冷剂，采用相应的制冷剂检漏设备进行检漏，应反复检查2～3次。检查结果：_____。

4．荧光检漏

制冷装置中充入含有荧光剂的制冷剂，运行10～15min后，使用紫外线灯照射各接头处和可疑位置。检查结果：_____。

5．冷冻机油与制冷剂加注

（1）启动真空泵，打开歧管压力表组的低压手阀，待真空度达到-98kPa后继续抽真空15min，然后关闭低压手阀。

（2）抽真空结束后，关闭歧管压力表高、低压手阀和真空泵，将连接真空泵上的歧管压力表卸下插入计量好油量的量筒内，尽量插到底部。然后打开低压手阀，冷冻机油会在真空作用下吸入空调系统低压端，直到预定的油量吸完，并观察视液镜中的油量。冷冻机油加注量为：_____ml。

（3）加注制冷剂

加注方式：□高压端加注　　　　□低压端加注　　　　□补充加注

加注步骤：

_____

_____

_____

_____

_____

_____

任务小结

按既定要求完成制冷装置检查与维护的学习与作业,并将学习与作业过程记录至表1-3-1。

表1-3-1 任务小结表

项目	内容	要求	学习情况记录			改进建议
			差	一般	良好	
职业素养	小组合作	和谐有序				
	沟通讨论	积极、主动、有效				
	设备运行	安全、有序、高效				
	现场6S	是否遵循				
任务准备	商用汽车空调检漏工艺要求	准确描述汽车空调检漏工艺要求				
	制冷剂	准确描述制冷剂特点				
		准确描述制冷剂性质				
		准确描述制冷剂使用注意事项				
	冷冻机油	准确描述冷冻机油的作用				
		准确描述冷冻机油的性能要求				
		准确描述冷冻机油的选用事项和使用注意事项				
任务实施	工作准备与使用	正确使用电子卤素检漏仪				
		正确使用真空泵				
		正确使用制冷剂注入阀				
	制冷装置检漏	正确实施加压检漏				
		正确实施真空检漏				
		正确实施电子检漏				
		正确实施荧光检漏				
	加注制冷剂与冷冻机油	正确实施抽真空				
		正确加注冷冻机油				
		正确加注制冷剂				

任务4 采暖装置检测与维修

专业		班级		姓名	
学号		日期		教室	
任务描述	一辆重型载货汽车进站维护保养,维修人员需对该车的采暖性能进行检查,并根据作业要求对采暖装置开展维护作业					
任务要求	1. 能准确识别商用汽车空调采暖装置各个部件。 2. 能精确检查商用汽车空调的采暖性能。 3. 能规范完成汽车采暖装置维护。 4. 能及时发现空调采暖装置存在的潜在问题					

任务准备

1. 利用_____来加热空气的装置称为水暖式采暖装置,利用_____来加热空气的装置,称为气暖式采暖系统,装有_____来加热空气的装置,称为独立燃烧式采暖装置。

2. 根据空气循环方式不同,汽车空调采暖装置分为_____、_____和_____三类。

3. 不论是利用何种热源,热量都是通过_____传递给空气,并通过_____后将_____送入车厢。将_____、_____和_____组合在一起的装置称为汽车空气加热器。

4. 采暖装置所用的能量大多来自_____,称为_____。主要由_____、_____、_____、_____和_____组成。

5. _____安装在发动机冷却液通道中,用于控制进入热交换器的发动机冷却液数量,通过操作面板上的_____便可操纵_____。它可由_____控制,也可由_____控制。

6. 加热器芯由_____和_____等构成,加热器芯的管道上有凹坑,可以改善_____。当热水阀打开时,加热后的发动机冷却液_____流经热交换器芯,以便为车厢内乘客提供所需的热量。

7. 余热水暖式采暖装置可以分为_____和_____。_____与发动机的冷却系统相通。

8. 商用汽车空调采暖装置的检测参数主要是_____与_____,其使用的工具是_____和_____。

任务实施

1. 测量环境温度与湿度

使用干湿温度计,在离发动机至少 2m 的距离测量环境温度与湿度。

环境温度为:_____。环境湿度为:_____。

2. 采暖装置测量

启动发动机并加热发动机冷却液温度至 90℃ 左右,将空调工作方式设置为采暖模式,将空调风源设置为外循环,送风模式设置为面部送风模式,将风速开关设置为最大。

将干湿温度计放置在空调相应中央出风口处,读取空调出风口温度与湿度数值。

出风口温度为:_____。出风口湿度为:_____。

使用红外线测温仪测量热水阀进出口管路的温度。

热水阀进口管路的温度为:_____。热水阀出口管路的温度为:_____。

任务小结

按既定要求完成采暖装置检查的学习与作业,并将学习与作业过程记录至表 1-4-1。

表 1-4-1 任务小结表

项目	内容	要求	学习情况记录			改进建议
			差	一般	良好	
职业素养	小组合作	和谐有序				
	沟通讨论	积极、主动、有效				
	设备运行	安全、有序、高效				
	现场 6S	是否遵循				
任务准备	汽车空调采暖装置的分类	准确描述汽车空调采暖装置的分类				
	水暖式采暖装置的结构	准确描述水暖式采暖装置的结构与各部件的功用				
	余热水暖式采暖装置的结构原理	准确描述余热水暖式采暖装置的结构与各部件的功用				
任务实施	工作准备与使用	正确使用干湿温度计				
		正确使用红外线测温仪				
	采暖装置检查	正确测量环境温度与湿度				
		正确测量空调出风口温度与湿度				
		正确测量热水阀进出口管路的温度				

任务 5　动力传递装置与管路检测与维修

专业		班级		姓名	
学号		日期		教室	
任务描述	一辆重型载货汽车进站维护保养，维修人员需对该车的空调管路和动力传递部分进行检查，并根据作业要求对商用汽车空调系统开展维护作业					
任务要求	1. 能准确识别商用汽车空调管路与动力传递装置各个部件。 2. 能精确检查商用汽车空调传动皮带的松紧度和挠度。 3. 能规范完成商用汽车空调管路与动力传递装置维护。 4. 能及时发现商用汽车空调存在的潜在问题					

任务准备

1．空调管路是连接空调系统各主要部件的通路，主要以＿＿＿＿＿＿＿为主。制冷装置管路主要由＿＿＿＿＿、＿＿＿＿＿、＿＿＿＿＿、＿＿＿＿＿、＿＿＿＿＿等组成。

2．压力开关是空调系统的保护装置，在空调系统压力异常时切断＿＿＿＿＿＿及＿＿＿＿＿＿工作，商用汽车使用的压力开关有＿＿＿＿＿和＿＿＿＿＿＿两种。

3．视液镜位于＿＿＿＿＿＿＿，最高工作温度为＿＿＿＿＿＿，最大工作压力为＿＿＿＿＿。

4．充注阀的主要作用是＿＿＿＿＿＿＿＿＿＿＿＿，分为＿＿＿＿＿＿＿＿和＿＿＿＿＿＿＿＿两种，由＿＿＿＿＿＿和＿＿＿＿＿＿两部分构成。

5．汽车空调广泛使用的 O 型密封圈的作用是＿＿＿＿＿＿＿＿，在安装密封圈时，应在密封圈涂抹＿＿＿＿＿＿＿＿＿＿，以减少密封和管路紧固时的摩擦，并根据要求力矩拧紧。

6. 加压检漏，也称为_____，其操作方法是往制冷装置中注入氮气，使制冷管路压力增大，达到_____，用_____检查装置的各连接处和焊接处，仔细观察有无泄漏。

7. 真空检漏时，真空度应达到_____，保压_____观察压力表指针无回升即可。

8. 在发动机停转的情况下，检查空调皮带张紧度时，用手指向皮带施加_____左右的力，皮带下压量以_____为宜；检查传动皮带松紧度时，在驱动带中间位置用手拨动驱动带，以能翻转_____为佳。

任务实施

1. 空调管路密封的检测。

（1）检测方法_____。

（2）检测步骤

_____
_____
_____
_____
_____
_____
_____
_____
_____

（3）检测结果

_____

2. 空调管路部件检测。

按既定要求完成空调管路部件检测，并将学习与作业过程记录至表 1-5-1。

表 1-5-1 空调管路部件检测

部　件	检　查　方　法	检　查　结　果
压力开关		
视液镜		
气门芯		
硬管和软管扣压处		

3. 传动皮带的检查、调整与更换。

（1）传动皮带挠度_____。

（2）传动皮带松紧度_____。

（3）采取措施_____。

任务小结

按既定要求完成空调管路和传动皮带的检查与维护的学习与作业，并将学习与作业过程记录至表1-5-2。

表1-5-2　任务小结表

项目	内容	要求	学习情况记录			改进建议
			差	一般	良好	
职业素养	小组合作	和谐有序				
	沟通讨论	积极、主动、有效				
	设备运行	安全、有序、高效				
	现场6S	是否遵循				
任务准备	汽车空调管路	准确描述汽车空调采暖装置的分类				
	汽车空调制冷管路密封性的检查	准确描述水暖式采暖装置的结构与各部件的功用				
	传动皮带的检查	准确描述余热水暖式采暖装置的结构与各部件的功用				
任务实施	工作准备与使用	正确使用电子卤素检漏仪				
		正确使用荧光式检漏仪				
	汽车空调管路密封性检查	加压检漏				
		负压检漏				
		电子检漏				
		荧光检漏				
	汽车空调管路部件检查与更换	压力开关检查与更换				
		视液镜检查与更换				
		气门芯检查与更换				
		软/硬管及接口检查与更换				
	传动皮带检查与更换	传动皮带检查				
		传动皮带更换				

项目二　商用汽车手动空调检测与维修

任务 1　送风异常故障检测与维修

专业		班级		姓名	
学号		日期		教室	
任务描述	一辆重型载货汽车因送风异常进站维修，维修人员需根据故障现象对该车的送风装置进行检测，科学制订检测方案，合理使用各类工量具进行针对性检测，并采取适宜的维修措施以恢复该车的送风性能			
任务要求	1．能描述商用汽车手动空调鼓风机电路的组成与调速原理。 2．能检测与维修商用汽车手动空调鼓风机不工作故障。 3．能更换商用汽车手动空调鼓风机、调速电阻、控制器等相关部件。 4．通过故障分析建立电路检测的思路与方法			

任务准备

1．商用汽车空调鼓风机电路由_____、_____、_____、_____等组成，用来控制出风口空气的流动速度。

2．根据图2-1-1，写出各序号所代表的开关定义。1—_____；2—_____；3—_____；4—_____；5—_____。

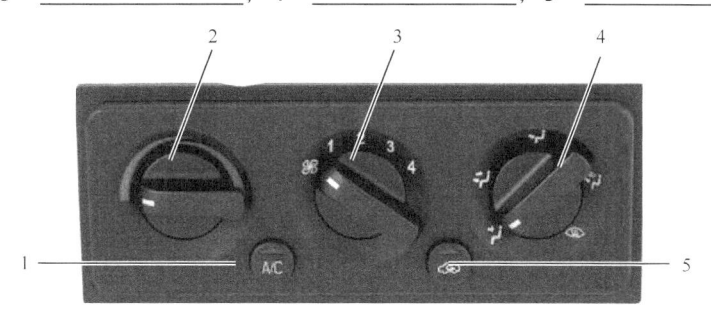

图 2-1-1　柳汽乘龙系列汽车手动空调控制器面板

3．调速电阻用于对手动空调的_____和_____进行控制，并对鼓风机有保护作用。当调速电阻温度达到_____时，调速电阻内置的熔断保险熔断。调速电阻接入电路时，通过接入不同数量的电阻来调节鼓风机的转速。1挡时____电阻接入电路，以_____运行；2挡时_____电阻接入电路，以_____运行；3挡时____电阻接入电路，以_____运行；4挡时_____电阻接入电路，以_____运行。

4．商用汽车鼓风机，又称为_____，是空调冷、暖风输出的部件。商用汽车通常采用_____鼓风机，额定工作电压为_____。

5．商用汽车鼓风机继电器是_____V的_____型继电器，端子_____和端子内部连接一个电磁线圈，端子_____和端子_____连接一组活动触点。

6．在表 2-1-1 中画出鼓风机开关的连接关系并写明各端子的连接位置。

表 2-1-1　鼓风机开关连接关系表

端子号	a	b	c	d	e	f
OFF 挡						
1 挡						
2 挡						
3 挡						
4 挡						
连接位置						

任务实施

一、商用汽车手动空调鼓风机电路分析

1．画出商用汽车手动空调鼓风机电路。在下面空白位置处画出商用汽车手动空调鼓风机电路连接示意图。要求：元件内部的结构与连接关系不用画出，但必须注明连接导线的颜色和元件的端子号。

2．在下列空白处写出商用汽车手动空调鼓风机各挡位工作时电流流过的路径。
（1）1 挡。

（2）2 挡。

（3）3挡。

（4）4挡。

二、商用汽车手动空调无风故障检测

教师准备一台有送风不良故障的商用汽车空调台架或整车，学生按照本节所学内容开展故障检测，并将相应检测结果填入表2-1-2。

表2-1-2 商用汽车手动空调送风异常故障检修作业记录表

故障现象：
检测流程：
故障原因：
维修措施：

三、商用汽车手动空调送风装置元件更换

1. 简单写出手动空调控制器的更换流程。

2．简单写出调速电阻的更换流程。

3．简单写出鼓风机（蒸发风机）的更换流程。

任务小结

按既定要求完成商用汽车手动空调不出风故障检测与维修的学习与作业，并将学习与作业过程记录至表 2-1-3。

表 2-1-3　任务小结表

项目	内　容	要　　求	学习情况记录			改进建议
			差	一般	良好	
职业素养	小组合作	和谐有序				
	沟通讨论	积极、主动、有效				
	设备运行	安全、有序、高效				
	现场 6S	是否遵循				
任务准备	商用汽车手动空调鼓风机电路的组成	准确描述各组成部件及各部件的作用				
	商用汽车手动空调鼓风机电路分析	能描述商用汽车手动空调风速控制原理				

续表

项目	内 容	要 求	学习情况记录			改进建议
			差	一般	良好	
任务准备	商用汽车手动空调鼓风机电路分析	能描述商用汽车手动空调鼓风机电路工作过程				
任务实施	故障现象	正确描述故障现象				
	故障检修	正确使用工量具				
		合理安排检测步骤				
		准确记录测量结果				
		精准发现故障部位				
	部件更换	正确更换控制器				
		正确更换调速电阻				
		正确更换鼓风机（蒸发风机）				

任务2 气流分配异常故障检测与维修

专业		班级		姓名	
学号		日期		教室	
任务描述	一辆重型载货汽车因出风位置异常进站维修，维修人员需根据故障现象对该车的气流分配装置进行检测，科学制订检测方案，合理使用各类工量具进行针对性检测，采取适宜的维修措施以恢复该车的出风性能				
任务要求	1．能描述商用汽车手动空调气流分配装置的结构。 2．能检测与维修商用汽车手动空调循环伺服电机电路故障。 3．能检测与维修商用汽车空调的送风模式调整装置的故障。 4．能及时发现空调制冷系统存在的潜在问题				

任务准备

1．商用汽车空调气流分配主要通过_____来完成，风门主要包含_____、_____、_____、_____。

2．汽车空调通风装置在工作时，选择不同的送风模式可得到不同_____的送风。在汽车空调中，常见的送风模式有_____、_____、_____、_____。

3．在表2-2-1内写出商用汽车手动空调各部件的名称。

表2-2-1 商用汽车手动空调各部件外形图

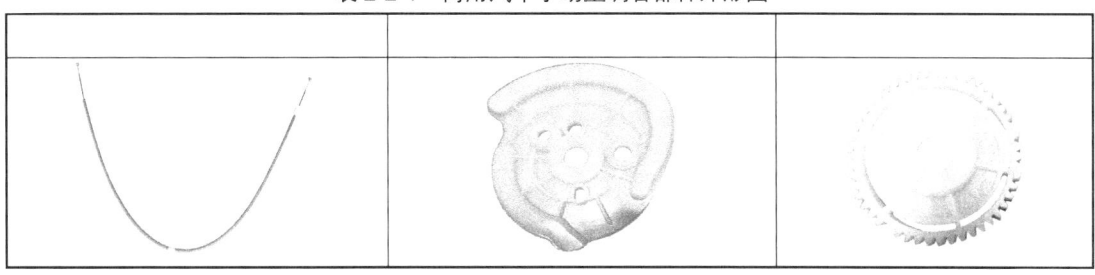

续表

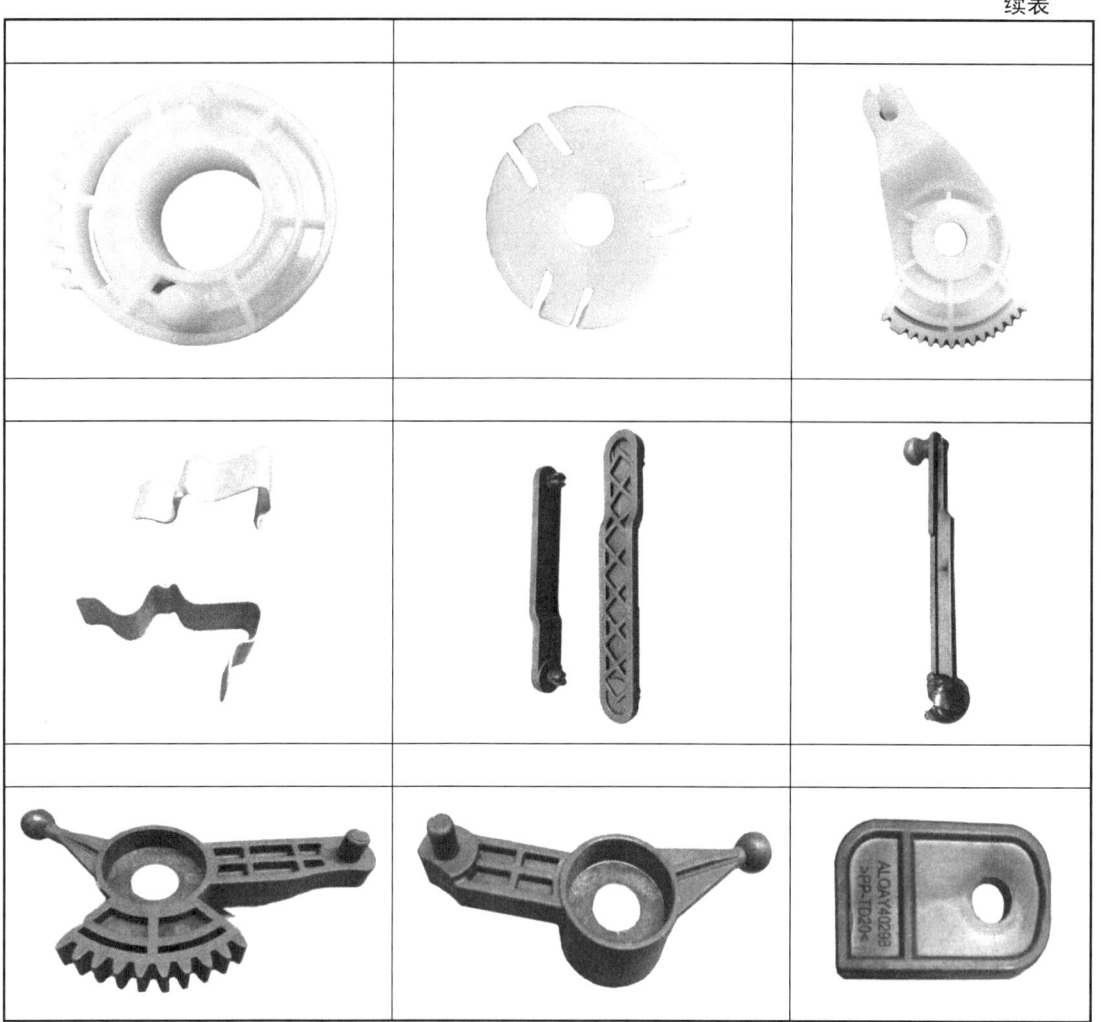

📖 任务实施

一、商用汽车手动空调气流分配模式工作过程分析

在下面空白处写出商用汽车手动空调各送风模式的工作过程。

要求：从手动空调控制器开始到相应风门为止。

1. 面部送风模式：

2. 面部+脚部送风模式：

3．脚部送风模式：

4．面部+除霜模式：

5．除霜模式：

二、商用汽车手动空调出风位置异常故障检测

教师准备一台有出风位置异常故障的商用汽车空调台架或整车，学生按照本节课所学内容开展故障检测，并将相应检测结果填入表 2-2-2。

表 2-2-2　商用汽车手动空调出风位置异常故障检修作业记录表

故障现象：
检测流程：
故障原因：
维修措施：

三、商用汽车手动空调送风装置元件更换

1．简单写出手动空调模式拉索的更换流程。

2. 简单写出模式拨盘与模式传动机构的更换流程。

任务小结

按既定要求完成商用汽车手动空调不出风故障检测与维修的学习与作业,并将学习与作业过程记录至表 2-2-3。

表 2-2-3 任务小结表

项目	内 容	要 求	学习情况记录			改进建议
			差	一般	良好	
职业素养	小组合作	和谐有序				
	沟通讨论	积极、主动、有效				
	设备运行	安全、有序、高效				
	现场 6S	是否遵循				
任务准备	汽车空调的气流分配路径	能描述面部送风模式的气流分配路径				
		能描述面部+脚部送风模式的气流分配路径				
		能描述脚部送风模式的气流分配路径				

续表

项目	内 容	要 求	学习情况记录			改进建议
			差	一般	良好	
任务准备	汽车空调的气流分配路径	能描述除霜模式气流的分配路径				
		能描述脚部送风+除霜模式的气流分配路径				
	商用汽车手动空调气流分配模式调节装置结构与工作原理分析	能描述商用汽车手动空调气流分配模式调节装置的结构				
		能描述商用汽车手动空调气流分配模式调节装置的工作过程				
任务实施	故障现象	正确描述故障现象				
	故障检修	正确使用工量具				
		合理安排检测步骤				
		准确记录测量结果				
		精准发现故障部位				
	部件更换	正确更换模式拉索				
		正确更换模式拨盘与模式传动机构				

任务3 制冷异常故障检测与维修

专业		班级		姓名	
学号		日期		教室	
任务描述	一辆重型载货汽车因制冷异常进站维修，维修人员需根据故障现象对该车的制冷装置进行检测，科学制订检测方案，合理使用各类工量具进行针对性检测，并采取适宜的维修措施以恢复该车的制冷性能				
任务要求	1．能描述商用汽车手动空调制冷性能相关的检测参数。 2．能识别影响商用汽车手动空调制冷性能的部件。 3．能检测商用汽车手动空调管路的压力与维修手动空调管路压力异常故障。 4．能检测与维修商用汽车手动空调压缩机故障。 5．能检测冷凝器与蒸发器性能。 6．能检测与维修温控风门控制装置故障				

任务准备

1．商用汽车空调制冷性能是由_____与_____共同配合而实现的，_____保证蒸发器的工作温度为_____，_____保证_____通过蒸发器和_____工作正常。

2．商用汽车空调制冷性能相关检测参数有_____、_____、_____、_____。

3．商用汽车空调制冷性能相关的检测部件有_____、_____、_____、_____。

_____、_____。

4．汽车空调压缩机起着_____、_____和_____制冷剂在制冷装置中循环的作用，目前商用汽车上广泛采用_____压缩机。

5．简述商用汽车空调压缩机电磁离合器的作用。

6．汽车空调电磁离合器主要由_____、_____及电磁线圈组成。电磁线圈由_____、_____及接线组成，受_____、_____、_____、_____、_____及_____等组件的控制。

7．简述柳汽商用汽车手动空调电磁离合器的控制逻辑。

8．压力开关分为_____和_____两种，其作用是保护_____。

任务实施

一、商用汽车手动空调压缩机电路分析

1．在下面空白位置处画出商用汽车手动空调压缩机电路连接示意图。要求：元件内部的结构与连接关系不用画出，但必须注明连接导线的颜色和元件的端子号。

2．在下面空白处写出商用汽车手动空调压缩机工作时电流流过的路径。

二、商用汽车手动空调制冷异常故障检测

教师准备一台有制冷异常故障的商用汽车空调台架或整车，学生按照本节课所学内容开展故障检测，并将相应检测结果填入表 2-3-1。

表 2-3-1　商用汽车手动空调制冷异常故障检修作业记录表

故障现象：
检测流程：
故障原因：
维修措施：

三、商用汽车手动空调制冷装置元件更换

1. 简单写出鼓风机（蒸发风机）的更换流程。

2. 简单写出手动空调控制器的更换流程。

任务小结

按既定要求完成商用汽车手动空调制冷不良故障检测与维修的学习与作业，并将学习与作业过程记录至表 2-3-2。

表 2-3-2 任务小结表

项目	内容	要求	学习情况记录			改进建议
			差	一般	良好	
职业素养	小组合作	和谐有序				
	沟通讨论	积极、主动、有效				
	设备运行	安全、有序、高效				
	现场 6S	是否遵循				
任务准备	商用汽车空调制冷性能的影响因素	能准确列举商用汽车空调制冷性能相关检测参数并能描述其与制冷性能的关系				
		能准确列举影响商用汽车空调制冷性能的部件并能描述各部件与制冷性能的关系				
	商用汽车手动空调压缩机的工作原理	能描述商用汽车空调压缩机的结构				
		能描述商用汽车空调压缩机的工作原理				
		能描述电磁离合器的结构				
		能描述电磁离合器的工作原理				
	商用汽车手动空调压缩机电磁离合器电路分析	能描述电磁离合器的控制逻辑				
		能描述 A/C 空调开关和温控开关的作用				
		能描述压力开关的作用与类型				
		能描述电磁离合器电路的工作过程				
任务实施	故障现象	正确描述故障现象				
	故障检修	正确使用工量具				
		合理安排检测步骤				
		准确记录测量结果				
		精准发现故障部位				
	部件更换	正确更换蒸发风机（鼓风机）和蒸发器芯				
		正确更换手动控制器				

任务 4　暖风异常故障检测与维修

专业		班级		姓名	
学号		日期		教室	
任务描述	一辆重型载货汽车因暖风异常进站维修，维修人员需根据故障现象对该车的送风装置进行检测，科学制订检测方案，合理使用各类工量具进行针对性检测，采取适宜的维修措施以恢复该车的暖风性能				
任务要求	能掌握暖风异常故障的检测与维修方法				

任务准备

1. 商用汽车手动空调普遍采用_____采暖系统，它主要由_____和_____组成。商用汽车手动空调利用_____进行循环给空调加热。

2. 暖风芯体安装时需要借助的辅件有_____、_____、_____、_____。

3. 简述暖风芯体外部脏堵导致商用汽车空调采暖性能不佳的故障机理。

4. 简述加热器管子内部有空气导致除霜热风不足的故障机理。

任务实施

一、商用汽车手动空调鼓风机电路分析

1. 在下面空白位置处写出商用汽车手动空调采暖过程中的冷却液流动路线。

2. 在下面空白处写出商用汽车手动空调控制暖风水阀的动力路线。

二、商用汽车手动空调暖风异常故障检测

教师准备一台有暖风异常故障的商用汽车空调台架或整车，学生按照本节课所学内容开展故障检测，并将相应检测结果填入表2-4-1。

表 2-4-1　商用汽车手动空调暖风异常故障检修作业记录表

故障现象:
检测流程:
故障原因:
维修措施:

任务小结

按既定要求完成商用汽车手动空调暖风异常故障检测与维修的学习与作业，并将学习与作业过程记录至表 2-4-2。

表 2-4-2　任务小结表

项目	内　容	要　　求	学习情况记录			改进建议
			差	一般	良好	
职业素养	小组合作	和谐有序				
	沟通讨论	积极、主动、有效				
	设备运行	安全、有序、高效				
	现场 6S	是否遵循				
任务准备	商用汽车手动空调采暖装置主要零部件与常见故障	能列举手动空调采暖装置的组成				
		能描述手动空调采暖装置的工作过程				
		能描述各部位的常见故障与处理措施				
	商用汽车手动空调采暖装置常见故障及原因	能描述不供暖或供暖不足故障常见原因				
		能描述除霜热风不足故障常见原因				
		能描述加热器过热故障常见原因				
任务实施	故障现象	正确描述故障现象				
	故障检修	正确使用工量具				
		合理安排检测步骤				
		准确记录测量结果				
		精准发现故障部位				
	部件更换	正确更换暖风芯体与水阀拉索				

项目三　商用汽车自动空调检测与维修

任务1　温度传感器信号异常故障检测与维修

专业		班级		姓名	
学号		日期		教室	
任务描述	一辆重型载货汽车因不制冷故障进站维修，维修人员经初步检查后发现故障代码为"11"。为此维修人员需对该车的车内温度传感器电路进行检测，科学制订检测方案，合理使用各类工量具进行针对性检测，并采取适宜的维修措施以恢复该车的制冷性能					
任务要求	1. 能识别与拆装车内温度传感器、车外温度传感器和蒸发器温度传感器部件。 2. 能分析车内温度传感器、车外温度传感器和蒸发器温度传感器电路。 3. 能列举车内温度传感器、车外温度传感器和蒸发器温度传感器电路的故障点。 4. 能制订车内温度传感器、车外温度传感器和蒸发器温度传感器电路的故障检修方案。 5. 能检测与维修车内温度传感器、车外温度传感器和蒸发器温度传感器电路故障					

📖 任务准备

1. 车内温度传感器，也称为＿＿＿＿＿＿＿、＿＿＿＿＿＿＿，是汽车自动空调的重要传感器之一，它的作用是检测＿＿＿＿＿＿＿，根据车型温度变化将信号反馈至＿＿＿＿＿＿＿，通常安装在＿＿＿＿＿＿＿。按强制导向车内温度传感器的＿＿＿＿＿＿＿不同，车内温度传感器可分为吸气器型和电动机型两种。

2. 汽车空调控制器根据车内温度传感器测出的温度值，用以计算控制器控制的温度与实际温度是否一致，如不一致需要控制器再去调节＿＿＿＿＿＿＿、＿＿＿＿＿＿＿、＿＿＿＿＿＿＿、＿＿＿＿＿＿＿等方式，使车内温度来达到汽车空调控制器所设定的温度。

3. 车内温度传感器指示的车内温度越高，混合门就越朝＿＿＿＿＿＿＿的方向移动，出风口的温度就越＿＿＿＿＿＿＿；鼓风机的转速就越＿＿＿＿＿＿＿；进气门均处于＿＿＿＿＿＿＿。

4. 车外温度传感器，也称为＿＿＿＿＿＿＿、＿＿＿＿＿＿＿或＿＿＿＿＿＿＿，它能影响＿＿＿＿＿＿＿、＿＿＿＿＿＿＿、＿＿＿＿＿＿＿、＿＿＿＿＿＿＿、＿＿＿＿＿＿＿等。

5. 蒸发器温度传感器的热敏电阻一般安装在＿＿＿＿＿＿＿或＿＿＿＿＿＿＿，其作用是测量＿＿＿＿＿＿＿并防止蒸发器＿＿＿＿＿＿＿，对系统造成伤害。通过蒸发器温度传感器的信号，空调控制单元可以修正＿＿＿＿＿＿＿，控制＿＿＿＿＿＿＿。

6. 当自动空调蒸发器表面温度低于＿＿＿＿＿，手动空调蒸发器表面温度低于＿＿＿＿＿＿＿时，蒸发器温度传感器内部断开；蒸发器表面温度高于＿＿＿＿＿＿＿时内部接通。

7．简述蒸发温度过低对制冷装置造成的伤害。

8．在工作范围内，电阻值随温度升高而_____的称为负温度系数热敏电阻，电阻值随温度升高而_____的称为正温度系数热敏电阻。在临界温度时，电阻值随温度的增加发生_____的热敏电阻称为临界温度系数热敏电阻。

9．商用汽车空调温度传感器通过_____条导线与空调控制单元连接，当温度低时，热敏电阻的阻值_____，空调控制单元的输入信号电压_____；当温度高时，热敏电阻的阻值_____，空调控制单元的输入信号电压_____。

任务实施

一、商用汽车自动空调温度传感器电路分析

1．在下面空白位置处画出商用汽车自动空调车内温度传感器电路连接示意图。要求：元件内部的结构与连接关系不用画出，但必须注明连接导线的颜色和元件的端子号。

2．在下面空白位置处画出商用汽车自动空调车外温度传感器电路连接示意图。要求：元件内部的结构与连接关系不用画出，但必须注明连接导线的颜色和元件的端子号。

3．在下面空白位置处画出商用汽车自动空调蒸发器温度传感器电路连接示意图。要求：元件内部的结构与连接关系不用画出，但必须注明连接导线的颜色和元件的端子号。

4. 根据蒸发器温度传感器电路，写出自动空调控制器采集蒸发器表面温度数据的工作过程。

二、商用汽车自动空调温度传感器故障检测

教师准备一台车内温度传感器、车外温度传感器或蒸发器温度传感器电路有故障的商用汽车自动空调台架或整车，学生按照本节课所学内容开展故障检测，并将相应检测结果填入表 3-1-1。

表 3-1-1　商用汽车自动空调温度传感器电路故障检修作业记录表

故障现象/故障代码：
检测流程：
故障原因：
维修措施：

任务小结

按既定要求完成商用汽车温度传感器信号异常故障检测与维修的学习与作业，并将学习与作业过程记录至表 3-1-2。

表 3-1-2 任务小结表

项目	内容	要求	学习情况记录			改进建议
			差	一般	良好	
职业素养	小组合作	和谐有序				
	沟通讨论	积极、主动、有效				
	设备运行	安全、有序、高效				
	现场 6S	是否遵循				
任务准备	商用汽车自动空调温度传感器概述	准确描述车内温度传感器的功能与类型				
		准确描述车内温度传感器数值对自动空调的影响				
		准确描述车外温度传感器的功能与类型				
		准确描述车外温度传感器数值对自动空调的影响				
		准确描述蒸发器温度传感器的作用				
		准确描述蒸发器温度传感器的工作机理				
		准确描述蒸发温度过低对制冷装置的影响				
	温度传感器的工作原理与检修	准确描述温度传感器的组成与类型				
		准确描述温度传感器电路的工作原理				
		准确描述温度传感器电路的组成				
		准确列举温度传感器电路故障点				
		准确描述温度传感器电路检修思路				
任务实施	故障现象	正确描述故障现象				
		正确读取自动空调故障代码				
	故障检修	正确使用工量具				
		合理安排检测步骤				
		准确记录测量结果				
		精准发现故障部位				
	部件更换	正确更换车内温度传感器				
		正确更换车外温度传感器				
		正确更换蒸发器温度传感器				

任务 2 压缩机不工作故障检测与维修

专业		班级		姓名	
学号		日期		教室	
任务描述	一辆重型载货汽车因自动空调不制冷故障进站维修,维修人员初步检查后发现故障原因为压缩机不工作。为此,维修人员需在分析商用汽车空调压缩机电路的基础上,科学制订检测方案,合理使用各类工量具进行针对性检测,采取适宜的维修措施以恢复该车的制冷性能					

任务要求	1. 能识别空调压缩机并叙述空调压缩机的结构。 2. 能识别电磁离合器并叙述电磁离合器的工作原理。 3. 能分析电磁离合器电路。 4. 能检测与维修压缩机电路故障

续表

📄 任务准备

1. 简述商用汽车自动空调压缩机的工作过程。

2. 简述电磁离合器的功能。

3. 根据有无继电器，空调压缩机电磁离合器的控制方式可分为_____和_____两种类型。开关安装于电源与空调压缩机电磁离合器之间，直接控制电源通断的是_____，其缺点是_____。采用小电流控制大电流的是_____，开关安装在_____的电路中，可以起到保护作用。

4. 空调压缩机电磁离合器受_____、_____、_____、_____和_____的控制。

5. 压缩机吸合时有异响的主要故障原因为_____、_____、_____。

6. 压缩机常见的泄漏位置有_____、_____、_____、_____。

7. 压缩机未吸合时有异响的主要原因有_____、_____、_____、_____、_____。

8. 压缩机吸合后不运转的主要原因有_____、_____、_____、_____。

📄 任务实施

一、商用汽车手动空调压缩机电路分析

1. 在下面空白位置处画出商用汽车自动空调压缩机电路连接示意图。要求：元件内部的结构与连接关系不用画出，但必须注明连接导线的颜色和元件的端子号。

2．在下面空白处写出商用汽车自动空调压缩机工作时电流流过的路径。

二、商用汽车自动空调压缩机不工作故障检测

教师准备一台压缩机不工作的商用汽车自动空调台架或整车，学生按照本节所学内容开展故障检测，并将相应检测结果填入表 3-2-1。

表 3-2-1　商用汽车自动空调压缩机不工作故障检修作业记录表

故障现象/故障代码：
检测流程：
故障原因：
维修措施：

任务小结

按既定要求完成商用汽车自动空调压缩机不工作故障检测与维修的学习与作业,并将学习与作业过程记录至表3-2-2。

表3-2-2 任务小结表

项目	内容	要求	学习情况记录			改进建议
			差	一般	良好	
职业素养	小组合作	和谐有序				
	沟通讨论	积极、主动、有效				
	设备运行	安全、有序、高效				
	现场6S	是否遵循				
任务准备	空调压缩机的结构	准确描述空调压缩机的作用				
		准确描述空调压缩机的工作过程				
		准确描述空调压缩机的工作原理				
	电磁离合器	准确描述电磁离合器的功能				
		准确描述电磁离合器的结构				
		准确描述电磁离合器的工作原理				
	汽车空调压缩机电磁离合器控制电路	准确描述商用汽车空调压缩机电磁离合器控制方式的类型与特点				
		能画出电磁离合器基本控制电路				
		能画出自动空调压缩机电磁离合器电路				
任务实施	故障现象	正确描述故障现象				
	故障检修	正确使用工量具				
		合理安排检测步骤				
		准确记录测量结果				
		精准发现故障部位				
	部件更换	正确更换压缩机				

任务3 暖风水阀电机工作异常故障检测与维修

专业		班级		姓名	
学号		日期		教室	
任务描述	一辆重型载货汽车因采暖异常进站维修,维修人员经初步检查后发现故障代码为"14"。为此,维修人员需在分析暖风水阀电机电路的基础上,科学制订检测方案,合理使用各类工量具进行针对性检测,并采取适宜的维修措施以恢复该车的采暖性能					
任务要求	1. 能识别暖风水阀并描述其作用与结构。 2. 能依据暖风水阀的电路图描述其工作过程。 3. 能检测与维修暖风水阀电路故障。 4. 能更换暖风水阀					

任务准备

1．简述汽车空调水暖式采暖装置的工作过程。

2．暖风水阀用来控制进入_____的_____。在商用汽车手动空调中，可由_____控制，也可由_____控制。在商用汽车电动空调中，由_____控制。

3．电动暖风水阀由_____和_____两部分组成，_____可以单独更换。

4．简述电动暖风水阀的工作过程。

5．在手动状态下水阀开度可随设定温度的降低而逐渐减小，当温度调整为_____时，水阀完全关闭；当设定温度升高时，水阀逐渐开启，在_____时水阀完全打开。在_____范围内水阀线性打开。

6．电动水阀无法打开的故障原因有_____、_____、_____、_____、_____。

7．电动水阀电机异响的原因有_____、_____。

任务实施

一、商用汽车自动空调电动暖风水阀电路分析

1．在下面空白位置处画出商用汽车自动空调电动暖风水阀电路连接示意图。要求：元件内部的结构与连接关系不用画出，但必须注明连接导线的颜色和元件的端子号。

2．在下面空白处写出商用汽车自动空调电动暖风水阀电流经过的路径。

（1）电机正转。

（2）电机反转。

二、商用汽车自动空调采暖异常故障检测

教师准备一台暖风水阀有故障的商用汽车空调台架或整车，学生按照本节课所学内容开展故障检测，并将相应检测结果填入表3-3-1。

表3-3-1　商用汽车自动空调暖风水阀异常故障检修作业记录表

故障现象/故障代码：
检测流程：
故障原因：
维修措施：

三、简单写出电动暖风水阀的更换流程

任务小结

按既定要求完成商用汽车自动空调暖风水阀电机故障检测与维修的学习与作业,并将学习与作业过程记录至表3-3-2。

表3-3-2 任务小结表

项目	内容	要求	学习情况记录 差	学习情况记录 一般	学习情况记录 良好	改进建议
职业素养	小组合作	和谐有序				
	沟通讨论	积极、主动、有效				
	设备运行	安全、有序、高效				
	现场6S	是否遵循				
任务准备	暖风水阀概述	准确描述水暖式采暖装置的工作原理				
		准确描述暖风水阀的工作原理				
		准确描述电动暖风水阀的组成				
	暖风水阀电机电路分析	准确描述暖风水阀的工作过程				
		准确描述暖风水阀各端子的定义				
		准确描述暖风水阀两部分电路的连接关系				
任务实施	故障现象	正确描述故障现象				
		正确读取故障代码				
	故障检修	正确使用工量具				
		合理安排检测步骤				
		准确记录测量结果				
		精准发现故障部位				
	部件更换	正确更换鼓风机(蒸发风机)和蒸发器芯				
		正确更换手动控制器				

任务4 模式伺服电机工作异常故障检测与维修

专业		班级		姓名	
学号		日期		教室	
任务描述	一辆重型载货汽车因送风位置异常进站维修,维修人员经初步检查后发现存在故障代码"16"。为此,维修人员需在分析模式伺服电机电路的基础上,科学制订检测方案,合理使用各类工量具进行针对性检测,采取适宜的维修措施以恢复该车的出风性能				
任务要求	1. 能识别模式伺服电机并描述模式伺服电机的电路连接关系。 2. 能分析模式伺服电机电路。 3. 能检测与维修模式伺服电机电路故障。 4. 能更换模式伺服电机				

任务准备

1．商用汽车空调送风模式调整的部件是_____，而在商用汽车自动空调中驱动风门工作的是_____。

2．简述商用汽车自动空调调整送风模式的工作原理。

3．模式伺服电机电路按照功能分为_____和_____两个部分。_____用来控制伺服电机正转/反转，_____用来向空调控制器反馈模式伺服电机的位置。

4．模式伺服电机是通过变换_____来实现正/反转的。模式伺服电机还具有_____、_____等功能。

5．模式伺服电机处于不同位置时，反馈电压不同。处于吹面模式时电机反馈电压为_____，处于吹面+吹脚模式时电机反馈电压为_____V，处于吹脚模式时电机反馈电压为_____V，处于吹脚+除霜模式时电机反馈电压为_____V，处于除霜模式时电机反馈电压为_____V。

任务实施

一、商用汽车自动空调模式伺服电机电路分析

1．在下面空白位置处画出商用汽车自动空调模式伺服电机连接示意图。要求：元件内部的结构与连接关系不用画出，但必须注明连接导线的颜色和元件的端子号。

2．在下面空白处写出商用汽车自动空调模式伺服电机工作时电流流过的路径。

（1）电机正转：

（2）电机反转：

二、商用汽车自动空调出风口异常故障检测

教师准备一台模式伺服电机电路存在故障的商用汽车空调台架或整车，学生按照本节课所学内容开展故障检测，并将相应检测结果填入表 3-4-1。

表 3-4-1　商用汽车自动空调模式伺服电机电路故障检修作业记录表

故障现象/故障代码：
检测流程：
故障原因：
维修措施：

三、简单写出模式伺服电机的更换流程

任务小结

按既定要求完成商用汽车自动空调模式伺服电机电路故障检测与维修的学习与作业，并将学习与作业过程记录至表 3-4-2。

表 3-4-2 任务小结表

项目	内容	要求	学习情况记录			改进建议
			差	一般	良好	
职业素养	小组合作	和谐有序				
	沟通讨论	积极、主动、有效				
	设备运行	安全、有序、高效				
	现场 6S	是否遵循				
任务准备	商用汽车自动空调送风模式调整工作过程	准确描述调节商用汽车空调送风模式的部件				
		准确描述商用汽车自动空调送风模式调整过程				
	柳汽乘龙系列商用汽车自动空调模式伺服电机电路分析	按功能准确分析模式伺服电机电路				
		准确描述电机工作电路的工作原理				
		准确描述电机位置传感器电路工作原理				
任务实施	故障现象	正确描述故障现象				
		正确读取故障代码				
	故障检修	正确使用工量具				
		合理安排检测步骤				
		准确记录测量结果				
		精准发现故障部位				
	部件更换	正确更换模式伺服电机				
		正确更换模式拉索				

任务 5　鼓风机工作不正常故障检测与维修

专业		班级		姓名	
学号		日期		教室	
任务描述	一辆重型载货汽车因空调不出风进站维修，维修人员经初步检查后发现存在故障代码"18"。为此，维修人员需在分析鼓风机电路的基础上，科学制订检测方案，合理使用各类工量具进行针对性检测，采取适宜的维修措施以恢复该车的送风性能				
任务要求	1. 能描述鼓风机的结构。 2. 能分析鼓风机的电路。 3. 能检测与维修鼓风机电路故障。 4. 能更换鼓风机与调速模块				

任务准备

1. 鼓风机的控制元件是_____，按下_____键时，空调处于自动模式，鼓风机风速自动调整，鼓风机风量为_____挡，各挡位时风机端电压分别为_____、_____、_____、_____、_____、_____、_____、_____。

2. 商用汽车手动空调控制鼓风机转速的元件是＿＿＿＿＿＿＿，自动空调控制鼓风机转速的元件是＿＿＿＿＿＿＿，可以对鼓风机（也称蒸发风机）进行＿＿＿＿、＿＿＿＿、＿＿＿＿调整。

3. 自动空调鼓风机控制元件具有过热保护功能，当其表面温度达到＿＿＿＿＿时，会自动切断鼓风机电路，鼓风机停止工作。

4. 鼓风机有＿＿＿条导线，分别连接＿＿＿＿＿＿＿和＿＿＿＿＿＿＿。

5. 鼓风机无风或风量不足的常见原因有＿＿＿＿＿＿、＿＿＿＿＿＿、＿＿＿＿＿＿、＿＿＿＿＿＿、＿＿＿＿＿＿、＿＿＿＿＿＿、＿＿＿＿＿＿、＿＿＿＿＿＿、＿＿＿＿＿＿。

📖 任务实施

一、商用汽车自动空调鼓风机电路分析

1. 在下面空白位置处画出商用汽车自动空调鼓风机电路连接示意图。要求：元件内部的结构与连接关系不用画出，但必须注明连接导线的颜色和元件的端子号。

2. 在下面空白处写出商用汽车自动空调鼓风机工作时电流流过的路径。

二、商用汽车自动空调无风或风小故障检测

教师准备一台无风或风小的商用汽车自动空调台架或整车，学生按照本节课所学内容开展故障检测，并将相应检测结果填入表 3-5-1。

表 3-5-1　商用汽车自动空调无风或风小故障检修作业记录表

故障现象/故障代码：
检测流程：
故障原因：
维修措施：

三、简单写出鼓风机的更换流程

任务小结

按既定要求完成商用汽车自动空调无风或风小故障检测与维修的学习与作业，并将学习与作业过程记录至表 3-5-2。

表 3-5-2　任务小结表

项目	内容	要求	学习情况记录			改进建议
			差	一般	良好	
职业素养	小组合作	和谐有序				
	沟通讨论	积极、主动、有效				
	设备运行	安全、有序、高效				
	现场 6S	是否遵循				

续表

项目	内容	要求	学习情况记录			改进建议
			差	一般	良好	
任务准备	商用汽车自动空调鼓风机电路组成	准确描述自动空调控制器控制鼓风机的注意事项				
		准确描述调速模块的功能				
	柳汽乘龙系列商用汽车自动空调鼓风机电路连接	准确描述鼓风机的电路连接				
		准确描述调速模块的电路连接				
		准确描述自动空调控制器的电路连接				
任务实施	故障现象	正确描述故障现象				
		正确读取故障代码				
	故障检修	正确使用工量具				
		合理安排检测步骤				
		准确记录测量结果				
		精准发现故障部位				
	部件更换	正确更换鼓风机				

任务6 内外循环伺服电机故障检测与维修

专业		班级		姓名	
学号		日期		教室	
任务描述	一辆重型载货汽车因进气异常进站维修，维修人员需根据故障现象对该车的送风装置进行检测，科学制订检测方案，合理使用各类工量具进行针对性检测，采取适宜的维修措施以恢复该车的进气性能					
任务要求	1. 能描述内外循环伺服电机的工作原理与电路连接关系。 2. 能分析内外循环伺服电机电路。 3. 能检测与维修内外循环伺服电机电路故障。 4. 能更换内外循环伺服电机					

任务准备

1. 商用汽车空调出风口空气的来源可以是＿＿＿＿＿＿的空气，也可以是＿＿＿＿＿＿＿＿的空气。商用汽车空调是通过＿＿＿＿＿＿＿来选择空气来源的，该电机被称为＿＿＿＿＿＿，俗称＿＿＿＿＿＿＿。

2. 如果需要较快的制冷/采暖速度时或者汽车行驶在灰尘较大的环境当中时，应选择＿＿＿＿＿＿模式；如果车内空气较差时，应选择＿＿＿＿＿＿＿模式将车外的空气吸入车厢内部以改善车厢内部的空气环境。

3. 当空调处于"AUTO"模式时，如果外部环境温度处于16~25℃之间时，空调处于＿＿＿＿＿＿＿模式，若外部环境温度处于其他范围时，空调按照"先在＿＿＿＿＿＿＿＿＿模式工作15min后切换为＿＿＿＿＿＿，＿＿＿＿＿＿1min后再次切换为＿＿＿＿＿＿＿＿"的方式循环。

4. 简述自动空调内外循环模式切换的工作过程。

任务实施

一、商用汽车内外循环伺服电机电路分析

1. 在下面空白位置处画出商用汽车内外循环伺服电机电路连接示意图。要求：元件内部的结构与连接关系不用画出，但必须注明连接导线的颜色和元件的端子号。

2. 在下面空白处写出商用汽车手动空调压缩机工作时电流流过的路径。
（1）由内循环变外循环：

（2）由外循环变内循环：

二、商用汽车自动空调进风异常故障检测

教师准备一台有进风异常故障的商用汽车自动空调台架或整车，学生按照本节课所学内容开展故障检测，并将相应检测结果填入表3-6-1。

表 3-6-1 商用汽车自动空调进风异常故障检修作业记录表

故障现象：
检测流程：
故障原因：
维修措施：

三、简单写出内外循环伺服电机的更换流程

_____

_____

_____

_____

_____

_____

_____

_____

任务小结

按既定要求完成商用汽车手动空调制冷不良故障检测与维修的学习与作业，并将学习与作业过程记录至表 3-6-2。

表 3-6-2 任务小结表

项目	内容	要求	学习情况记录			改进建议
			差	一般	良好	
职业素养	小组合作	和谐有序				
	沟通讨论	积极、主动、有效				
	设备运行	安全、有序、高效				
	现场 6S	是否遵循				

续表

项目	内容	要求	学习情况记录			改进建议
			差	一般	良好	
任务准备	商用汽车自动空调空气来源模式调整工作过程	能准确描述自动空调空气来源模式调整的工作过程				
		能准确描述为什么商用汽车空调要调节空气来源				
		能准确描述使用内、外进气模式的情景				
	外循环伺服电机电路分析	能描述内外循环伺服电机的电路连接关系				
		能描述内外循环模式切换时的电路流向				
任务实施	故障现象	正确描述故障现象				
	故障检修	正确使用工量具				
		合理安排检测步骤				
		准确记录测量结果				
		精准发现故障部位				
	部件更换	正确更换内外循环电机				

· 49 ·

项目四　商用汽车驻车空调检测与维修

任务 1　驻车空调使用与维护

专业		班级		姓名	
学号		日期		教室	
任务描述	一辆重型载货汽车进站保养与维护，维修人员需对该车的驻车空调进行检查，并根据作业要求对驻车空调开展维护作业				
任务要求	1．能识别驻车空调系统各个部件。 2．能检查商用汽车驻车空调的制冷性能。 3．能检测与维修驻车空调压缩机不工作故障				

任务准备

1．驻车空调和传统的汽车空调共用_____、_____、_____、_____、_____、_____，仅仅是将_____取代了传统压缩机工作，其主要部件有_____、_____、_____、_____、_____、_____。

2．驻车空调的控制中枢是_____和_____，_____通过发动机转速可以判断是否启动驻车空调。

3．驻车空调压缩机内含电压、温度监控，如果监控到电瓶电压_____或温度_____，会自动断开压缩机进行系统保护。

4．单向阀的作用是_____。

5．驻车空调的工作过程是：在车辆_____时，_____断开传统压缩机，接通_____和_____。_____吸入_____制冷剂气体对其进行压缩后变成_____，_____通过高压软管被推动到_____，在_____的帮助下热量向经过_____的空气放热，制冷剂被冷凝成_____，流向储液干燥器经_____、_____后，通过高压软管流至_____，经_____节流降压后变成_____，进入_____。经过蒸发器的车内空气向蒸发器放热，变为_____，同时由于蒸发器表面的温度低于_____，空气中的水汽冷凝成为_____排出车外，从而降低了车内空气的温度和湿度。当车辆启动后，_____断开_____和_____，传统空调系统开始工作。

6．在表 4-1-1 内选择驻车空调各维护项目的周期。

· 50 ·

表 4-1-1　驻车空调维护项目与周期

保养项目		内　容	保养周期				
			每日	每周	每月	每季	每年
制冷系统	制冷剂量	由视液镜处观察液体流动有无气泡					
	管路	软管有无裂纹、损伤					
		各接头处是否泄漏					
		各固定卡箍是否松动、损坏					
压缩机	冷冻机油	更换冷冻机油					
	压缩机支架	检查有无螺栓松动，支架损坏					
冷凝器	冷凝器总成	检查有无污物堵塞，必要时清洗					
蒸发器	进出水管	检查卡箍是否松脱					
	鼓风机电机	运转是否正常，是否有异响					
电器元件	控制机构总成	检查各按键动作与显示是否正常					
	接插件	检查线头及接插件有无松动、脱落					
	压力开关	检查高、低压压力是否正常					
	温度控制	检查四挡风速是否正常					
	电磁离合器	检查是否能正常吸合、断开					

任务实施

1．驻车空调开机

（1）检查蓄电池电量是否充足。检测数据：_____，检测结果：_____。

（2）在鼓风机开启的情况下按下 A/C 开关。等待 1～2min，观察出风口，_____有__无冷风出，测量出风口温度：_____，送风速度：_____。

2．驻车空调检查

（1）由视液镜处观察液体流动有无气泡。观察结果：_____。

（2）观察冷凝器散热风扇是否转动。观察结果：_____。

（3）观察驻车空调压缩机进出口处是否有污渍。观察结果：_____。

（4）观察驻车空调压缩机进出口连接软管有无老化、鼓泡、碰擦、割伤、磨损等现象，是否有裂纹和渗漏的油渍。观察结果：_____。

（5）观察低压回路的结霜情况。观察结果：_____。

（6）制冷系统运行约 8min 后，观察汽车空调出水口是否有水流出。观察结果：_____。

3．温度与湿度测量

（1）使用干湿温度计，在离发动机至少 2m 的距离测量环境温度与湿度。环境温度：_____，环境湿度：_____。

（2）将干湿温度计放置在空调相应中央出风口处，测量出风口温度与湿度。出风口温度：_____，出风口湿度：_____。

（3）使用红外线测温仪测量膨胀阀进出口管路的温度。膨胀阀进口管路温度：_____，膨胀阀出口管路温度：_____。

（4）使用红外线测温仪测量冷凝器进出口的温度。冷凝器进口温度：_____，冷凝器出口温度：_____。

4．压力检测

（1）清洁并拧下汽车空调制冷系统高、低压检修阀防尘帽，放置在工具车上。

（2）取歧管压力表，分别检查手动高、低压阀和高、低压快速接头是否处于关闭状态。

（3）连接高、低压管路快速接头，红色连高压、蓝色连低压，确认连接可靠。

（4）打开高、低压管路快速接头，观察并记录高、低压压力表数值（正常情况下应大于500kPa）。检测结果：_____。

（5）启动驻车空调。

（6）打开所有空调出风口，并将其调节到全开。将温度旋钮调至最大制冷位置；风速调整为最大；送风模式设置为吹面部模式；将进气模式调整为外循环模式。按下空调开关，此时压缩机运行，低压压力表数值开始下降，高压压力表数值开始上升，待压力值数值稳定后，记录数据。

低压压力：_____；高压压力：_____。

5．检查结论：_____。

6．采取措施：_____。

📖 任务小结

按既定要求完成商用汽车手动空调制冷不良故障检测与维修的学习与作业，并将学习与作业过程记录至表 4-1-2。

表 4-1-2　任务小结表

项目	内容	要求	学习情况记录			改进建议
			差	一般	良好	
职业素养	小组合作	和谐有序				
	沟通讨论	积极、主动、有效				
	设备运行	安全、有序、高效				
	现场 6S	是否遵循				
任务准备	驻车空调的组成与规格	准确描述驻车空调的组成				
		准确描述差速锁控制器的功能				
		准确描述单向阀的作用				
		准确描述驻车空调压缩机各项目参数的涵义				
	驻车空调的工作原理	准确描述驻车空调的工作原理				
	驻车空调维护	准确描述驻车空调各项目的维护周期				
		遵守驻车空调维护操作的注意事项				

续表

项目	内 容	要　　求	学习情况记录			改进建议
			差	一般	良好	
任务实施	驻车空调开机	正确检测蓄电池电量				
		正确开启驻车空调				
	驻车空调检查	正确目视检查				
		合理检测温度与湿度并记录数据				
		正确检测压力并记录数据				
		正确判断驻车空调技术状况				
	维护措施	正确抽真空				
		正确加注冷冻机油				
		正确加注制冷剂				

任务2　驻车空调压缩机工作异常检测与维修

专业		班级		姓名	
学号		日期		教室	
任务描述	一辆重型载货汽车因驻车空调不工作进站维修，维修人员经初步检查后发现驻车空调压缩机不工作。为此，维修人员需对该车的驻车空调压缩机电路进行分析，科学制订检测方案，合理使用各类工量具进行针对性检测，采取适宜的维修措施以恢复该车的送风性能				
任务要求	1．能描述驻车空调压缩机的结构与工作原理。 2．能分析柳汽商用汽车驻车空调压缩机电路。 3．能检测与维修驻车空调压缩机不工作故障				

任务准备

1．驻车空调压缩机的额定工作电压为_____，加注的冷冻机油型号为_____，最大允许转速为_____，冷冻机油的加注量为_____。

2．传统压缩机主要采用的是_____，驻车空调采用的是_____，主要由_____相互啮合而成。

3．驻车空调压缩机的_____固定在机体上，_____由偏心轴驱动并防自转机构制约，围绕_____，做_____。

4．驻车空调压缩机的工作过程分为_____和_____两个过程。制冷剂通过_____进入压缩腔，随着_____的旋转，制冷剂被逐步压缩后，经_____连接排出。

5．驻车空调压缩机电路由_____、_____、_____、_____等组成。

6．空调控制面板用以产生并输出_____的信号通给_____。

7．差速锁控制器用来监测_____，在确认信号后断开_____

_____，控制_____接通以使冷凝器风扇工作的同时向驻车空调压缩机控制器发送_____信号。

8．驻车空调压缩机控制器用来接收_____信号并控制_____工作。

9．引起驻车空调压缩机异响或咬死的故障原因有_____、_____、_____、_____。

10．引起压缩机控制烧坏的原因有_____、_____、_____、_____。

11．引起自动空调控制面板功能失效的原因有_____、_____、_____、_____。

12．自动空调控制面板功能失效的故障原因有_____、_____、_____、_____。

任务实施

一、商用汽车驻车空调压缩机电路分析

1．在下面空白位置处画出商用汽车驻车空调压缩机电路连接示意图。要求：元件内部的结构与连接关系不用画出，但必须注明连接导线的颜色和元件的端子号。

2．在下列空白处写出商用汽车驻车空调压缩机工作时电流流过的路径。

二、商用汽车驻车空调制冷异常故障检测

教师准备一台有驻车空调制冷异常的商用汽车空调台架或整车,学生按照本节所学内容开展故障检测,并将相应检测结果填入表 4-2-1。

表 4-2-1　商用汽车驻车空调制冷异常检修作业记录表

故障现象:
检测流程:
故障原因:
维修措施:

任务小结

按既定要求完成商用汽车驻车空调制冷不良故障检测与维修的学习与作业,并将学习与作业过程记录至表 4-2-2。

表 4-2-2　任务小结表

项目	内　　容	要　　求	学习情况记录			改进建议
			差	一般	良好	
职业素养	小组合作	和谐有序				
	沟通讨论	积极、主动、有效				
	设备运行	安全、有序、高效				
	现场 6S	是否遵循				
任务准备	驻车空调压缩机的结构与工作原理	准确描述驻车空调各参数数值的涵义				
		准确描述驻车空调压缩机的结构				
		准确描述驻车空调压缩机的工作原理				
	驻车空调压缩机电路分析	准确列举驻车空调压缩机电路组成部件				
		准确描述电路各部件的功能				
		准确描述电路的工作过程				
	驻车空调压缩机常见故障及检修方法	准确描述压缩机异响或咬死故障原因与检修方法				
		准确描述压缩机控制器烧坏故障原因与检修方法				
		准确描述压缩机无通信故障原因与检修方法				
		准确描述空调无法启动故障原因与检修方法				

续表

项目	内容	要求	学习情况记录			改进建议
			差	一般	良好	
任务实施	故障现象	正确描述故障现象				
	故障检修	正确使用工量具				
		合理安排检测步骤				
		准确记录测量结果				
		精准发现故障部位				
	部件更换	正确更换驻车空调压缩机				

任务3　差速锁控制器故障检测与维修

专业		班级		姓名	
学号		日期		教室	
任务描述	一辆重型载货汽车因驻车空调工作异常进站维修，维修人员需根据故障现象对该车的驻车空调进行检测，科学制订检测方案，合理使用各类工量具进行针对性检测，采取适宜的维修措施以恢复该车的驻车空调工作性能					
任务要求	1. 能描述差速锁控制器的功用。 2. 能分析差速锁连接电路。 3. 能检测与维修差速锁控制器					

📖 任务准备

1. 差速锁控制器，也称为_____，是驻车空调的_____，其功用是根据空调开关信号及发动机运行状态选择启动_____或_____。差速锁控制器是一个_____，它不能够被维修，经检测损坏后只能_____。

2. 差速锁控制器工作时需要连接_____、_____、_____、_____、_____、_____。

3. 差速锁控制器连接电源的端子是_____，它为差速锁控制器提供_____的工作电压。

4. 差速锁控制器控制的部件有_____、_____、_____、_____。

5. 差速锁控制器需接收的信号有_____、_____。

6. 引起冷凝器风扇不转的故障原因中，与差速锁有关的是_____、_____、_____。

7. 引起差速锁控制器功能时好时坏的原因有_____、_____、_____。

· 56 ·

任务实施

一、画出商用汽车差速锁控制器电路

在下面空白位置处画出商用汽车差速锁控制器电路连接示意图。要求：元件内部的结构与连接关系不用画出，但必须注明连接导线的颜色和元件的端子号。

二、商用汽车差速锁控制器故障检测

教师准备一台有差速锁控制器故障的商用汽车空调台架或整车，学生按照本节所学内容开展故障检测，并将相应检测结果填入表 4-3-1。

表 4-3-1　商用汽车差速锁控制器故障检修作业记录表

故障现象：	
检测流程：	
故障原因：	
维修措施：	

任务小结

按既定要求完成商用汽车差速锁控制器故障检测与维修的学习与作业，并将学习与作业过程记录至表 4-3-2。

表 4-3-2　任务小结表

项目	内容	要　　求	学习情况记录			改进建议
			差	一般	良好	
职业素养	小组合作	和谐有序				
	沟通讨论	积极、主动、有效				
	设备运行	安全、有序、高效				
	现场 6S	是否遵循				
任务准备	差速锁控制器的功用	准确描述差速锁控制器的功用				
	差速锁控制器的电路连接	准确描述差速锁控制器各端子功能				
	差速锁控制器故障分析	准确描述差速锁控制器故障原因与检修方法				
任务实施	故障现象	正确描述故障现象				
	故障检修	正确使用工量具				
		合理安排检测步骤				
		准确记录测量结果				
		精准发现故障部位				
	部件更换	正确更换差速锁控制器				

任务 4　独立暖风系统故障诊断与维修

专业		班级		姓名	
学号		日期		教室	
任务描述	一辆重型载货汽车因独立暖风系统异常进站维修，维修人员需根据故障现象对该车的独立暖风系统进行检测，科学制订检测方案，合理使用各类工量具进行针对性检测，采取适宜的维修措施以恢复该车的独立暖风系统性能					
任务要求	1. 能叙述独立暖风系统的组成。 2. 能叙述独立暖风系统的工作过程。 3. 能识别独立暖风系统各个部件。 4. 能检测与维修独立暖风系统故障					

任务准备

1. 商用汽车独立暖风系统，是一套独立于_____单独运作的_____，通过燃烧_____来_____达到对车厢内送暖的目的，使商用汽车在_____等恶劣的环境下仍能获得良好的_____效果并为_____。

2. 独立暖风系统由_____、_____、_____、_____、_____、_____等组成，其核心部件为_____。

3. 独立暖风系统加热器由_____、_____、_____、_____、_____、

____、_____等组成。

4．驱动器由_____、_____、_____和_____组成 _____把燃烧所需的空气从助燃空气进气口输送到燃烧器芯。_____把热空气从进气口通过热交换器输送到出气口。

5．根据独立暖风系统加热器的组成，填写表 4-4-1。

表 4-4-1 独立暖风系统加热器的组成

序 号	部 件 名 称	部 件 功 用
1		
2		
3		
4		
5		
6		
7		

6．独立暖风系统控制元件的功能是_____、_____、_____。

7．引发加热器被关闭，并进入故障锁止状态的原因有：_____、_____、_____、_____、_____、_____、_____、_____、_____、_____。

8．根据图 4-4-1，完成表 4-4-2。

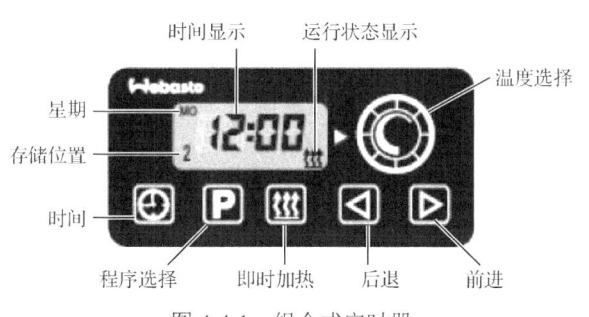

图 4-4-1 组合式定时器

表 4-4-2 组合式定时器符号功能

序 号	名 称	功 用
1	"星期"符号	
2	"存储位置"符号	
3	"时间"按键	
4	"程序选择"按键	
5	控制设备开关	
6	"后退"和"前进"按键	

续表

序 号	名 称	功 用
7	"温度选择"按键	
8	"运行状态"符号	
9	"时间显示"符号	

任务实施

一、商用汽车独立暖风系统异常故障检测

教师准备一台独立暖风系统有故障的商用汽车空调台架或整车，学生按照本节所学内容开展故障检测，并将相应检测结果填入表4-4-3。

表4-4-3 商用汽车独立暖风系统故障检修作业记录表

故障现象/故障代码：
检测流程：
故障原因：
维修措施：

二、独立暖风系统部件更换

1. 简单写出加热器的更换流程。

_____

_____

_____

_____

_____

2. 简单写出差速锁控制器的更换流程。

_____

_____

_____

_____

_____

任务小结

按既定要求完成商用汽车手动空调制冷不良故障检测与维修的学习与作业，并将学习与作业过程记录至表 4-4-4。

表 4-4-4 任务小结表

项目	内容	要求	学习情况记录			改进建议
			差	一般	良好	
职业素养	小组合作	和谐有序				
	沟通讨论	积极、主动、有效				
	设备运行	安全、有序、高效				
	现场 6S	是否遵循				
任务准备	独立暖风系统的组成	准确描述独立暖风系统的功用与组成				
		准确描述加热器的组成及各部件功用				
	独立暖风系统的工作过程	准确描述独立暖风系统的开机启动工作过程				
		准确描述独立暖风系统加热模式工作过程				
		准确描述独立暖风系统调节模式工作过程				
		准确描述独立暖风系统关机工作过程				
		准确描述独立暖风系统故障锁止工作过程				
		准确描述组合式定时器各符号的涵义				
任务实施	故障现象	正确描述故障现象				
		正确读取故障代码				
	故障检修	正确使用工量具				
		合理安排检测步骤				
		准确记录测量结果				
		精准发现故障部位				
	部件更换	正确更换加热器				
		正确更换控制器				